现代科技的
民法议题

王康 等 著

上海交通大学出版社
SHANGHAI JIAO TONG UNIVERSITY PRESS

内容提要

  本书在结构上分为两编、八章，分别着眼于人类基因编辑、人体冷冻、器官捐献、数据财产、健康医疗大数据、医疗人工智能、智能网联汽车等领域的民法规制。本书认为，对现代生命科技、信息科技的法律规范必须在研究自由、技术进步和风险防范、国家安全、权利保护等方面予以衡平考量；应合理协调可能的利益或价值冲突，以维护人的尊严、自由、社会安全，实现风险情境中的团结和共同责任。

图书在版编目(CIP)数据

现代科技的民法议题／王康等著. —上海：上海
交通大学出版社，2021
ISBN 978-7-313-24437-6

Ⅰ.①现…　Ⅱ.①王…　Ⅲ.①民法-研究-中国
Ⅳ.①D923.04

中国版本图书馆 CIP 数据核字 (2020) 第 265059 号

现代科技的民法议题
XIANDAI KEJI DE MINFA YITI

著　　者：王康　等			
出版发行：上海交通大学出版社	地　　址：上海市番禺路 951 号		
邮政编码：200030	电　　话：021-64071208		
印　　制：苏州市古得堡数码印刷有限公司	经　　销：全国新华书店		
开　　本：710 mm×1000 mm　1/16	印　　张：18.25		
字　　数：281 千字			
版　　次：2021 年 3 月第 1 版	印　　次：2021 年 3 月第 1 次印刷		
书　　号：ISBN 978-7-313-24437-6			
定　　价：78.00 元			

前　　言

　　现代科技的迅猛发展正深刻地改变着社会生活和人类未来,在提升社会福祉的同时,也在伦理和社会维度方面带来了一系列负面风险,进而对人类价值观念和现行法律秩序产生重大影响。在现代科学技术驱动的社会情势变局中,民法的理念与制度亦应顺应历史趋势而成长。我国《民法典》①已经对这一趋势中的风险控制、权益保障等问题进行了初步的规范表达。

　　本书从民法视角观察现代科技的法律问题,尤其对生命科技、信息科技的风险控制和损害救济法律机制的研究。本书在内容上,主要对人类基因编辑、人体冷冻、器官捐献、数据财产、健康大数据、医疗人工智能、智能网联汽车等民法问题予以展开。在结构上分为两编八章。上编聚焦生命科技民法议题;下编聚焦信息科技民法议题。

　　第一章讨论人类基因编辑技术多维风险的法律规制。人类基因编辑技术已经展示了充满诱惑力的前景,但同时也引发多方面风险。针对人类基因编辑技术的不确定性风险、伦理性风险、公平性风险以及合法性风险,世界各国分别确定法律规制的基本原则和重点措施。我国目前对人类基因技术问题的法律规范体系尚不完善,特别是对人类基因编辑技术的法律监管和伦理控制相对宽松,未来应形成能够与伦理规范有效结合的基因技术规制的法律体系,尽快制定人类基因资源管制法,更需在民法上形成基因权利保护法。在研究自由、技术进步、产业发展和风险防范、权利保护等方面予以衡平考量,以维护人的尊严、自由和社会安全,避免基因成为人类社会不平等的新根源。

---

① 出于行文便利,本书有关我国法律名称的表述,除非引用等特别情形,则一概省略名称中的"中华人民共和国"一词。

第二章就人类生殖系基因编辑受试者的权利保护问题进行探讨。2018年年底出现的"基因编辑婴儿"事件再次引发国际社会对人类基因编辑（尤其是生殖系基因编辑）技术应用的广泛关注。本事件暴露出我国在人类基因编辑试验的行政监管、风险控制、受试者权利保护方面存在不足之处，应予完善。未来应实施人类生殖系基因编辑试验的个案审批制度，提高伦理审查规范的效力位阶，协调伦理审查和科学审查的关系，保障伦理审查机构的独立性。在现行法的视野下，受害人有多个可能竞合的请求权。鉴于本事件中的人体试验"合同"因违背公序良俗而无效，受试者可以主张基于合同无效的赔偿损失请求权。此外，受害人（受试者及"基因编辑婴儿"）也可以主张基于知情同意权、人身自由和人格尊严等法益受侵害的侵权责任请求权。为更好地应对人类基因编辑试验可能产生的风险，应在法律层面提供一个综合性的损害救济体系。

第三章着眼于近年来多次出现的人体（器官、组织、生殖细胞和胚胎等）冷冻事件，首次系统地讨论了低温冷冻技术人体应用的法律问题。选择冷冻自己的卵子是女性自己决定权的体现，但对冷冻卵子的利用和处置可能涉及家庭秩序、代孕等伦理和法律问题，对这一自决权应当加以适当限制。对人类胚胎冷冻时的自决权的行使也需要进行严格的法律规制。关于冷冻人体的法律属性及其法益保护，目前缺乏理论基础和法律依据，需要深入探讨。

第四章围绕未成年人器官捐献的决定权进行研究。随着社会观念、法治文明的进步，未成年人器官捐献行为多有发生，并受到赞誉。一概禁止未成年人捐献活体器官、组织、细胞等未必符合社会现实生活。未成年人捐献器官的决定不仅与其本人切身利益相关，而且还与法定代理人或继承人的权利、社会利益有关。应完善法律规则体系，以未成年人最佳利益的实现为主线，协调各方利益关系，切实有效地保护未成年人器官捐献决定权。

第五章以数据财产权的法律规范为研究主题。目前，数据正在成为重要的生产要素，数据经济的地位越来越重要。虽然对于有关数据权利纠纷的解决往往按照传统的法律模式做出裁判，大多是通过援引《反不正当竞争法》第2条来解决纠纷，但是这一模式并未触及数据权利纠纷的核心。美国和欧盟的立法和司法实践表明，应当承认数据控制者对其所合法控制的数据享有财产权益,但是这种权利不应当绝对化,因为还需要保护其他主体获取数据的权利。我国立法并未在私法领域规定详尽的数据财产权利,但结合权属理论和司法实践来看,构建数据财产权具备可行性。数据财产的权利主体为数据控制者,要赋予其一定的处置数据的自主决定权,也应对其经营行为进行适当的限制。需在数据安全法、数据权利法中对数据的监管、利用、跨境流动以及损害救济等制度作出规定。

第六章研究健康医疗大数据应用隐私风险的法律规制问题。在健康医疗大数据的实际应用中,处理隐私保护与数据共享间的关系几乎是一直存在争议的话题。但是,健康医疗大数据的价值最终还是在于发挥大数据技术的优势,促进社会发展,提升社会福利,平衡自由与安全。健康医疗大数据隐私风险不同于传统的医疗数据隐私风险,基于健康医疗大数据的结构性特征,应该从个人隐私权和群体隐私利益两方面出发来进行合理的法律规制。以隐私保护与数据共享之间的利益协调与冲突为核心,结合"风险场景"理论,根据数据敏感度进行分类、分级管理。本章还讨论了科学研究、商业利用以及以新冠肺炎疫情防控等几个健康医疗大数据应用场景中的隐私风险控制问题。

第七章聚焦医疗人工智能的侵权责任问题。目前,人工智能正深度融入医疗场景,人们在享受信息化、智能化便利的同时,也面临着不同形式的侵权问题(例如算法歧视、信息泄露等),这给现行责任体系带来了挑战。《民法典》有关产品责任、医疗损害责任的规定,无法完全解决医疗人工智能的侵权责任问题,应区分不同阶段的医疗人工智能,采取差别化责任规则。对于弱医疗人工智能可以根据具体情形而适用产品责任、医疗损害责任、高度危险责任的规范;对于强医疗人工智能则应探索独立担责的可能,并结合具体的应用场景而确定其他相关主体的责任。应确立风险预防原则,对风险成本进行合理分配,确立损害的社会化救济体系。

第八章以智能网联汽车交通事故受害人的请求权为视角,分析不同情形下智能网联汽车交通事故受害人在现行法上的损害赔偿请求权及其实现困境,同时提出未来立法完善的解决方案。建议通过立法明确智能网联汽车交通事故责任规则,新增智能网联汽车道路交通责任条款,完善保险、技术监管、伦理算法监管、基金等制度,建立综合性的损害救济机制。

　　本书系合著作品，各位作者均系上海政法学院民法方法与案例研究中心的专职或兼职研究人员，在获得博士、硕士学位后分别从事法学研究或法律实务工作。王康负责本书的选题、研究思路和框架的设计，并撰写前言和第一章，第二章至第八章初稿的撰写人依次为：徐杨、徐秀秀、肖瑶、邹宁、赵静、徐格云、高聪迪，王康在结构、内容、观点及表达等方面对各章做了修改。

　　本书的出版，受益于上海政法学院侯怀霞教授的推动和支持，离不开上海交通大学出版社汪娜编辑的耐心和专业的工作。我的硕士研究生姚旭鑫、张晓雪、刘蓓、何嫣然在文献资料整理方面提供了大力帮助。何小俦、陈絮菲、罗兰、陶蕾、蒋欣汝、唐克、陈梦霞参与了书稿的校对工作。特致谢意！

王　康

2020 年 10 月 2 日

目　　录

上编　生命科技的民法议题

| 上　编 |

生命科技的民法议题

第一章
人类基因编辑
多维风险的法律控制

第一节　问题的提出

2018 年 11 月曝光的"基因编辑婴儿"事件①不仅在全球范围引发恶劣影响,而且对中国现行法律秩序提出了挑战。此前,已发生多起人类胚胎基因编辑试验,但都没有用于生殖临床。2015 年 4 月,我国中山大学研究人员在《蛋

---

① 2016 年以来,南方科技大学原副教授贺某某得知人类胚胎基因编辑技术可获得商业利益,即与广东省某医疗机构张某某、深圳市某医疗机构覃某某等人共谋,在明知违反国家有关规定和医学伦理的情况下,以通过编辑人类胚胎 CCR5 基因可以生育免疫艾滋病的婴儿为名,将未经严格验证的人类胚胎基因编辑技术应用于辅助生殖医疗。2017 年 3 月,经贺某某授意,覃某某等人物色男方为艾滋病病毒感染者的 8 对夫妇,并安排他人冒名顶替其中 6 名男性,伪装成接受辅助生殖的正常候诊者,通过医院的艾滋病病毒抗体检查。后贺某某指使张某某等人伪造医学伦理审查材料,并安排他人从境外购买仅允许用于内部研究、严禁用于人体诊疗的试剂原料,调配基因编辑试剂。2017 年 8 月,经贺某某授意,张某某违规对 6 对夫妇的受精卵注射基因编辑试剂,之后对培养成功的囊胚取样送检。贺某某根据检测结果选定囊胚,由张某某隐瞒真相,通过不知情的医生将囊胚移植入母体,使得 A、B 先后受孕。2018 年,A 生下双胞胎女婴。2019 年,B 生下 1 名女婴。2018 年 5 月—6 月,贺某某、覃某某还安排另两对夫妇前往泰国,覃某某对其中 1 对夫妇的受精卵注射基因编辑试剂,由泰国当地医院实施胚胎移植手术,后因失败而未孕。2018 年 11 月 26 日,贺某某对外宣布其创造了一对基因编辑婴儿,引发哗然。广东省随即成立调查组进行调查,并于 2019 年 1 月公布调查结果。2019 年 7 月 31 日,深圳市南山区人民检察院提起公诉。南山区法院于同年 12 月 27 日开庭审理该案,于 12 月 30 日作出一审宣判,贺某某、张某某、覃某某等 3 名被告人构成非法行医罪,分别被依法追究刑事责任。贺某某被判处有期徒刑 3 年,并处罚金人民币 300 万元;张某某被判处有期徒刑 2 年,并处罚金人民币 100 万元;覃某某被判处有期徒刑 1 年 6 个月,缓刑 2 年,并处罚金人民币 50 万元。法院认为,贺某某等 3 人在法律不允许、伦理不支持、风险不可控的情况下,采取欺骗、造假手段,恶意逃避国家主管部门监管,多次将基因编辑技术应用于辅助生殖医疗,造成多名基因编辑的婴儿出生。上述行为严重逾越了科学实验的边界,应当认定为医疗行为,并且 3 人均未取得医生执业资格,其行为严重扰乱了医疗管理秩序,应属情节严重。若予以放任,则会引起效仿,将对人类基因安全带来不可预测的风险。参见肖思思、李雄鹰:《广东初步查明"基因编辑婴儿事件"》,《人民日报》2019 年 1 月 22 日,第 12 版;王攀、肖思思、周颖:《聚焦"基因编辑婴儿"案件》,《人民日报》2019 年 12 月 31 日,第 11 版。

白质与细胞》(Protein & Cell)期刊公开发表了"首次对人类胚胎 DNA 进行刻意编辑"的实验报告。[①] 这一在人类胚胎上进行的基因编辑试验一度引发持续的争议。虽然美国早在 2012 年就已培育出含"一父两母"三人基因的胚胎,[②] 英国也在 2015 年通过"三亲婴儿"立法,[③]但是均不属于对人类胚胎进行的基因编辑。《科学》杂志还将第三代基因编辑技术 CRISPR/Cas9 列为"2015 年度十大科学发现"之首。[④] 据 2016 年 6 月的消息,科学家甚至拟定了"从头开始合成人类基因组"的冒险计划。[⑤] 2017 年 8 月,《自然》期刊在线发表了美国第一例人类胚胎基因改造试验的研究成果。[⑥] 大约一个月后,该期刊又发表了英国首次批准进行的人类胚胎基因编辑试验报告。[⑦] 面对 CRISPR/Cas9 基因编辑技术,科技、产业、投资和金融领域一片兴奋。但是,公众也日益担心科学家热衷于"扮演上帝"并进而引发的一系列伦理和社会问题,2018 年年底的"基

---

① 参见陈丹:《"修改人类胚胎基因"论文,发还是不发?》,《科技日报》2015 年 4 月 30 日,第 2 版。2017 年 9 月 23 日,《蛋白质与细胞》(Protein & Cell)期刊再次发表了中山大学研究团队的基因编辑试验成果,该团队利用改进后的 CRISPR/Cas9 技术,成功地对导致 β-地中海贫血的一种单核苷酸错误进行校正。Liang P., Ding C., Sun H., et al. Correction of β-Thalassemia Mutant by Base Editor in Human Embryos. *Protein & Cell*, 2017(5). 2016 年 4 月,国际期刊《辅助生殖与遗传学》发表了广州医科大学研究人员运用人类胚胎基因编辑技术的研究成果,在总共 26 个试验胚胎中,编辑成功的有 4 个,在一定程度上实现了艾滋病免疫的预期目标,这是国际范围内第二次关于人类胚胎基因编辑试验的正式报道。参见郑渝:《中国科学家运用人类胚胎基因编辑技术实现 HIV 免疫》,http://china.cnr.cn/xwwgf/20160413/t20160413_521866407.shtml, 2020 年 1 月 23 日访问。
② 沈姝华:《科学家首次培育出含一父两母 3 人基因胚胎》,http://news.qq.com/a/20121025/001827.htm,2016 年 1 月 23 日访问。
③ 袁达:《英国批准"三个人一起造孩子",最早明年诞生首例》,http://www.thepaper.cn/newsDetail_forward_1305504,2017 年 1 月 23 日访问。
④ 正如《科学》杂志文章的断言:"夸张点说,科学家们如果想要什么,CRISPR 就能帮他们实现"。See John Travis. Making the Cut, CRISPR Genome-Editing Technology Shows its Power. *Science*, Vol.350, Issue 6267, 18 Dec., 2015, pp.1456 - 1457.
⑤ See Kelly Servick. Scientists Reveal Proposal to Build Human Genome from Scratch, Science. http://www.sciencemag.org/news/2016/06/scientists-reveal-proposal-build-human-genome-scratch, June. 2, 2016.
⑥ 该试验由美国俄勒冈州健康和科学大学的俄裔研究员舒赫拉特·米塔利波夫(Shoukhrat Mitalipov)团队及其合作者(包括来自中国、韩国的科学家)进行。在这次研究中,米塔利波夫团队采用了 CRISPR/Cas9 基因编辑技术,目的是修复携带 MYBPC3(心肌肌球蛋白结合蛋白 C3)突变基因的人类胚胎细胞。参见聂翠蓉:《美国首批基因编辑人类胚胎"浮出水面"》,《科技日报》2017 年 7 月 28 日,第 2 版;贺梨萍、叶娜妮:《首批"美国制造"的基因编辑人类胚胎诞生,华大基因参与研究》,http://www.thepaper.cn/newsDetail_forward_1750588,2017 年 8 月 3 日访问。
⑦ 该试验运用 CRISPR/Cas9 基因编辑技术,研究对胚胎发育非常重要的 OCT4 蛋白在人类早期胚胎发育中的作用。该试验使用了来源于生育诊所体外受精手术过程中产生的、被捐献用于研究的 58 个人类胚胎。2016 年 2 月 1 日,英国人类生育与胚胎学管理局(Human Fertilisation and Embryology Authority)宣布批准弗朗西斯·克里克(Francis Crick)研究所的发育生物学家凯西·尼亚坎(Kathy Niakan)对人类胚胎基因编辑试验的申请,这是英国监管机构对此类研究的首次批准。

因编辑婴儿"事件已经将这种忧虑呈现得更加直观和生动。

诚然,这些担心并非杞人忧天。无论是当前的研发试验或未来的临床应用,还是可能的商业利用,人类基因编辑技术都对现行法律秩序产生诸多风险挑战。其中,在合法性、公平性、隐私、保密与自主决定、临床治疗与辅助生殖、医师责任、保险、专利与商业化等方面均涉及人类基因编辑多维风险的法律规制问题。

我国已经跻身基因技术先进行列,基因医疗和基因产业相对发达,但有关产业发展、风险规制的法律政策尚不清晰,具体的法律应对措施还有待进一步完善。事实上,对人类基因编辑技术形成相对稳定、合理的风险规制政策,完善相应的法律规范,不仅在我国,而且在世界范围内也都具有相当程度的必要性和紧迫性。

对这一新问题,可资借鉴的文献尚不多见,本章拟对人类基因编辑的多维风险进行描述,在检讨现行规范框架的基础上,借鉴比较法经验和国际伦理共识,对我国未来的法律规制提出建议。

第二节　人类基因编辑的多维风险及规制方向

人类基因编辑①技术的风险不是今天才出现的新问题。考虑到种种风险因素,人类基因组计划(Human Genome Project,HGP)在实施之初便拨出3%~5%的预算经费用于伦理、法律与社会问题(Ethical, Legal and Social

---

① 严格来说,将"基因编辑"(Gene Editing)表达为"基因组编辑"(Genome Editing)或许更为合适。美国国家科学院、美国国家医学院的报告就采用了"基因组编辑"术语。之所以用这个术语代替"基因编辑"是因为它更准确。"基因组编辑"指的是通过添加、替换或去除DNA碱基对来改变基因组序列的过程,而"编辑"则可以针对不属于基因本身的序列,例如调节基因表达的区域。See National Academies of Sciences, Engineering and Medicine. *Human Genome Editing: Science, Ethics, and Governance.* Washington DC: The National Academies Press, 2017, p. 1.该报告的中文版,参见[美]美国国家科学院、美国国家医学院主编:《人类基因组编辑:科学、伦理和监管》,马慧、王海英、郝荣章、宋宏彬主译,科学出版社2019年版。一般文献中往往采取"基因编辑"用语,本书前两章可能根据情况同时采用这两种表达。

Issues, ELSI)研究。[①] 人类基因编辑技术可以用于疾病的个性化精准治疗, 因此具有光明的远期前景,受到科技、产业和投资等领域的推崇。但是,就现状及趋势而言,在医疗(尤其是生殖医学)及非医疗领域大力推广人类基因编辑技术的研发和应用,已经带来了以下几个方面的风险。

一、在技术上具有高度的不确定性和不可逆性

人类基因编辑技术是一种对人的 DNA 序列进行改造、修复等操作以改变特定遗传性状的现代生物技术,通过个性化的治疗措施使恶性疾病尤其是严重遗传病的根治成为可能。现在广泛使用的第三代基因编辑技术 CRISPR/Cas9 的实施原理为:用具有定位功能的 RNA(核糖核酸)去识别细胞中的特定 DNA,接着用具有切割功能的 Cas9 蛋白酶剪断缺陷 DNA,最后在该缺陷基因的位置插入已被编辑的 DNA 序列,由此进行疾病治疗或遗传缺陷修复。[②] 这一对基因的编辑过程,就像在电脑上进行词句检索、替换、修改、删除、增加等文本编辑一样。

目前,人类基因编辑基本分为两种:一是体外编辑,主要是在肿瘤和血液系统疾病(地中海贫血、镰状细胞贫血等)治疗中,对 T 细胞或干细胞进行特定的基因删除、增加、修复或替代等编辑操作;二是体内编辑,主要是在艾滋、乙肝等病毒性疾病以及严重的遗传性疾病的治疗中,向体内注射经过基因编辑的特殊病毒载体,以对体细胞进行相应的基因修改。但是,在作为"生命密码"的基因上做人体实验,完全不同于此前的任何医学实践。在过去,通常实验规模比较小,研究的对象大多是无生命的物质,人们预设在自然上作出的一些改变,结果也容易得到估计,即使有损害也是可逆转的。伽利略做落体实验的那块石头,他能够把它再放回到原地,但是已被释放出来的、被改造的人类基因则无法让它再"收回来"。[③] 同样,在基因层面的"大胆"操作(例如基因置换、修饰、重组等),一旦技术上出现不可预测的差错,其不良后果可能要在数代人之后才被觉察。尤其是基因上的操作具有不可逆性,可能出现的危害后果往往

---

① See HGP Information Archive: Ethical, Legal, and Social Issues. July 2, 2016. http://www.ornl.gov/sci/techresources/Human_Genome/elsi/elsi.shtml.

② 黄修眉:《全球首个基因编辑上市公司将诞生》,《每日经济新闻》2016 年 1 月 19 日,第 14 版。

③ [德]奥特弗利德·赫费:《作为现代化之代价的道德——应用伦理学前沿问题研究》,邓安庆、朱更生译,上海译文出版社 2005 年版,第 64 页。

难以在短期内得到纠正。在前述广东医科大学的试验中,也并非所有胚胎都出现了 DNA 序列的预期改变,实现预期试验目标的比率仅为 15%,即 4/26。中山大学的试验同样出现了较大程度的"脱靶"现象。因此,目前还处于试验阶段的人类基因编辑技术不确定性较高,临床应用风险大,需谨慎对待。

二、在伦理上可能冲击人的尊严和生存价值

人类基因编辑技术的应用有医疗目的和非医疗目的之分,医疗目的应用又有生殖性和非生殖性两类。生殖性应用将给医师、患者及其家庭带来一系列伦理负担,例如,自主决定、隐私与保密、代际正义等问题,并可能颠覆文明社会以来的至高无上的人性尊严和生存价值。早在 1987 年,库尔特·拜尔茨(Kurt Bayertz)就已指出,基因医学技术"使得人的自然体在迄今无法想象的程度上变成了可以通过技术加以支配的东西",严重危及人的本质。[①] 即使限于医疗目的的技术应用,这种支配所导致的人本身的客体化在目的上具有伦理正当性吗? 人的基因特征被人工刻意改造,是否进而改变自身的演化规律和进程? 传统上的"道德人"会不会因此而沦落为"生物人"甚至"非人"? 在人类基因编辑技术应用于临床治疗与辅助生殖时会面临不同于传统医疗手段的可控性风险,相应的风险控制措施也可能会产生更高的伦理争议。人类基因编辑技术正面临着如此众多而复杂的伦理困境,需要法律规范的及时介入。

三、在社会上可能导致新的社会不平等及人本身的异化

人类基因编辑技术的非生殖性应用则可能产生新的社会歧视——基因歧视,导致未来社会的分裂和不平等。弗朗西斯·福山(Francis Fukuyama)也指出,即使以最好的意图进行,操纵一个人所有后代 DNA 的能力对我们的政治秩序来说,将可能导致社会等级制度自然化。[②] 如果允许的话,人工安排将替代自然选择,人在技术上将被类型化,基因将与人的能力联系起来。如果允许基因增强,例如,增强身体的耐力和韧劲、智力和美貌,那么竞争将在受精卵

---

① [德]库尔特·拜尔茨:《基因伦理学——人的繁殖技术化带来的问题》,马怀琪译,华夏出版社 2000 年版,第 228 页。

② Francis Fukuyama, *Our Posthuman Future: Consequences of the Biotechnology Revolution*. New York: Farra, Straus and Giroux, 2002.

之前就开始了,社会的分裂将始于受精卵的分裂。[1] 由此,基因将成为新的阶层的区分标准。我们忘不了电影《千钧一发》所描绘的未来,也许还记得小说《美丽新世界》的畅想。因此,人类基因编辑技术应用的公平性问题,必须得到有效的风险评估和合理规制。

四、在法律政策上尚未确定清晰的走向

法律因其本身所具有的确定性和稳定性,总是滞后于社会发展和技术前进的步伐。人类基因编辑技术的突飞猛进,一时间令国际社会、大多数国家或地区的法律无法有效应对,粗略的法律政策初步出现或尚在形成之中。联合国教科文组织、国际人类基因组组织等均作出了相应的努力,甚至国际体育界也已经注意(并反对)基因兴奋剂的研发和使用。目前,来自科技界和产业界的主要关注,正聚焦于人类基因编辑技术在生物科技、制药、医疗等领域的商业利用。2016 年 1 月 4 日,Editas Medicine 基因编辑技术公司就向美国证券交易委员会递交了 IPO 说明书。不过,该公司在招股说明书的风险一栏明确指出,这一新技术还正在发展中,目前还没有相关产品获得美国或欧盟监管当局的许可,因此对时间和资金成本无法作出明确的预计。[2] 法律政策的不明朗造成或进一步加深了社会困惑。因此,人类基因编辑技术应用的合法性问题是现阶段尤其应予重视的问题。

五、小结:法律规制的方向和重点

鉴于人类基因编辑技术可能出现的以上不确定性、伦理性、公平性、合法性等多维风险,为有助于及时形成风险规制的伦理和法律体系,需要大力推进相关伦理、社会和法制问题研究,基因伦理学、基因社会学和基因法学必须得到应有的学术重视。在今天,科学和技术不仅应服从于知识的目的,而且还应更多地服从于经济和政治的法则。基因医学技术同样如此,它一方面提供着一块具有增长潜力的基石;另一方面,还需要并服务于经济的、政治的和社会的结构变革。但是,这种分配正义层面的任务不再只属于基因医学本身,而需要同步伦理和法律的规范。[3] 如果种种伦理的、社会的纷争足够大,最终将需

---

① 王康:《基因权的私法规范》,中国法制出版社 2014 年版,第 10 页。
② 黄修眉:《全球首个基因编辑上市公司将诞生》,《每日经济新闻》2016 年 1 月 19 日,第 14 版。
③ 王康:《基因权的私法规范》,中国法制出版社 2014 年版,第 156 页。

要法律上的正当结论——这是社会可能达成的最低程度的共识。

针对人类基因编辑技术上的不确定性风险，法律规制的重点是进行技术风险的分析，在类别化（例如，医疗目的与非医疗目的；生殖细胞编辑与体细胞编辑）的基础上阶段性进行试验或临床应用的许可。针对伦理性风险，法律规制的重点是坚守人性尊严之底线，并进行患者安全、医师责任、保险、专利与商业化等制度安排，这些将成为必要的风险控制措施。针对公平性风险，法律规制的重点是避免基于基因的社会分裂，禁止基因成为人类社会不平等的新根源。针对合法性风险，法律规制的重点是形成合理的技术规制政策，提供有效的激励措施以引导正确的科技研发和产业方向，在研究自由、产业发展与权益保护、安全保障之间予以合理协调。

第三节　我国人类基因编辑风险控制的法律体系及其不足

一、现行法律框架及其基本立场

2016 年之前，我国有关人类基因编辑技术的规范主要有：《基因工程安全管理办法》[①]《人类遗传资源管理暂行办法》[②]《人类辅助生殖技术规范》《人类辅助生殖技术和人类精子库伦理原则》[③]《人的体细胞治疗及基因治疗临床研究质控要点》[④]《人基因治疗研究和制剂质量控制技术指导原则》[⑤]《人胚胎干细胞研究伦理指导原则》[⑥]《干细胞临床研究管理办法（试行）》[⑦]等。

---

① 1993 年 12 月 24 日，国家科学技术委员会第 17 号令发布。
② 科学技术部、卫生部制定，国务院办公厅 1998 年 6 月 10 日发布（国办发〔1998〕36 号）。
③ 卫生部 2003 年 6 月 27 日发布（卫科教发〔2003〕176 号）。
④ 卫生部药政管理局 1993 年 5 月 5 日发布（卫药政发〔1993〕第 205 号）。卫生部药政管理局要求，凡以人的体细胞治疗和基因治疗的单位，首先需按此质控要点要求向卫生部新药审评办公室申请，经专家委员会审查，卫生部批准后方可实施临床试验或临床验证。
⑤ 国家食品药品监督管理局 2003 年 3 月 20 日发布（国药监注〔2003〕109 号）。
⑥ 科学技术部、卫生部 2003 年 12 月 24 日发布（国科发生字〔2003〕460 号）。该原则禁止进行生殖性克隆人的任何研究，禁止将人的生殖细胞与其他物种的生殖细胞结合，禁止买卖人类配子、受精卵、胚胎或胎儿组织，贯彻知情同意与知情选择原则，保护受试者的隐私。
⑦ 国家卫生计生委、食品药品监管总局 2015 年 7 月 20 日发布（国卫科教发〔2015〕48 号）。

其中,《人胚胎干细胞研究伦理指导原则》禁止进行生殖性克隆人的任何研究(第4条);禁止买卖人类配子、受精卵、胚胎或胎儿组织(第7条),并要求在人的胚胎干细胞研究中必须认真贯彻知情同意与知情选择原则,保护受试者的隐私(第8条)。尤其值得称道的是,《人胚胎干细胞研究伦理指导原则》第6条明确规定:利用体外受精、体细胞核移植、单性复制技术或遗传修饰获得的囊胚,其体外培养期限自受精或核移植开始不得超过14天,不得将其植入人或任何其他动物的生殖系统,不得将人的生殖细胞与其他物种的生殖细胞结合。《人胚胎干细胞研究伦理指导原则》还在第5条规定:用于研究的人胚胎干细胞的获得途径仅限于4种情形:体外受精时多余的配子或囊胚、自然或自愿选择流产的胎儿细胞、体细胞核移植技术所获得的囊胚和单性分裂囊胚、自愿捐献的生殖细胞。《干细胞临床研究管理办法(试行)》第3条规定,干细胞临床研究必须遵循科学、规范、公开、符合伦理、充分保护受试者权益的原则。《人类辅助生殖技术规范》也明确规定:禁止人类与异种配子的杂交;禁止人类体内移植异种配子、合子和胚胎;禁止异种体内移植人类配子、合子和胚胎;禁止以生殖为目的对人类配子、合子和胚胎进行基因操作;禁止人类嵌合体胚胎试验研究以及对人的克隆。《人类辅助生殖技术和人类精子库伦理原则》也强调不得实施各种违反伦理、道德原则的配子和胚胎试验研究及临床工作。

随着近几年来人类遗传资源、生物医学技术应用的安全问题频频出现(其中,人类遗传资源信息非法传递出境事件[①]以及"魏则西事件"[②]影响较大),我国加大了法律规制的步伐。2016年10月,国家卫生和计划生育委员会发布《涉及人的生物医学研究伦理审查办法》,[③]适用于包括人类胚胎基因实验在内

---

① 2015年,深圳华大基因科技服务有限公司、华山医院未经许可将部分人类遗传资源信息从网上传递出境,分别被中国科技部课以相应行政处罚。参见《科技部行政处罚决定书》(国科罚〔2015〕1号、国科罚〔2015〕2号),http://www.most.gov.cn/bszn/new/rlyc/xzcf/201810/t20181011_142042.htm;http://www.most.gov.cn/bszn/new/rlyc/xzcf/201810/t20181011_142043.htm,2019年8月21日访问。

② 就读于西安电子科技大学的大学生魏则西患有滑膜肉瘤(2014年4月确诊),在寻求治疗的过程中,通过百度竞价排名推荐找到北京的一家医院。从2015年9月开始,魏则西在父母的带领下先后4次接受了医院非法实施的DC-CIK"生物免疫疗法"临床试验,但未见疗效,于2016年4月死亡。"如何让魏则西式的悲剧不再发生,这一问题至今依然没有很好的答案。"参见杜玮:《魏则西:搜索引擎作恶的牺牲者》,《中国新闻周刊》2020年第3期。此前评论指出,"魏则西事件,只是在薄弱的监管体系下,山寨高科技医疗乱象的再一次发作。"参见王珊:《生物免疫疗法:山寨高科技的乱局》,《中国新闻周刊》2016年第17期。

③ 国家卫生和计划生育委员会令第11号,国家卫生和计划生育委员会2016年10月12日发布。

的涉及人的生物医学研究伦理审查工作。2017 年 7 月,科技部发布《生物技术研究开发安全管理办法》,[①]适用于存在重大风险、较大风险和一般风险的人类基因编辑等基因工程的研究开发活动。2018 年 8 月,国家卫生健康委员会发布《医疗技术临床应用管理办法》,[②]在第 9 条规定了禁止临床应用的技术(包括:"临床应用安全性、有效性不确切;存在重大伦理问题;未经临床研究论证的医疗新技术)。"如果人类生殖系基因编辑技术属于此类,则不得开展临床应用。在"基因编辑婴儿"事件后,2019 年 5 月,国务院及时公布《人类遗传资源管理条例》,[③]规定采集、保藏、利用、对外提供我国人类遗传资源,应当遵守国务院科学技术行政部门制定的技术规范,符合伦理原则,并按照国家有关规定进行伦理审查,尊重人类遗传资源提供者的隐私权、事先知情同意权等合法权益,不得危害我国公众健康、国家安全和社会公共利益。

总之,我国现行法对人类基因编辑试验的基本立场是:可以进行以医疗或科学为目的的体细胞基因编辑基础研究、临床前试验或临床应用,可以进行生殖细胞(或胚胎)基因编辑基础研究,但禁止进行生殖细胞或胚胎基因编辑临床试验和应用,禁止培养人与其他生物的嵌合体胚胎,禁止克隆人。

二、现行规范之不足

首先,我国对人类基因技术问题尚未形成全面、系统的法律规范体系。现行规定在规范体系中的位阶较低,内容较为粗疏,行政管制色彩较浓,并在监管对象上存在盲区。《基因工程安全管理办法》是较早发布的行政规章,其虽适用于一切基因工程工作(包括试验研究、中间试验、工业化生产以及遗传工程体释放和遗传工程产品使用等),规范对象包括人类基因编辑技术,但内容较为粗疏,没有具体的有针对性的法律措施,已不能适应新的形势。《人类遗传资源管理暂行办法》(2019 年 7 月 1 日失效)侧重于遗传资源的行政管理,对人类基因编辑技术的规制也没有具体方案。在现有规范体系中,对人类基因材料的收集、储存、流动、试验研究、临床应用、基因检测或鉴定等全部过程的

[①]　国科发社〔2017〕198 号,科技部 2017 年 7 月 12 日发布。
[②]　国家卫生健康委员会令第 1 号,2018 年 8 月 13 日公布。
[③]　2019 年 5 月 28 日,国务院令第 717 号公布,自 2019 年 7 月 1 日起施行。其施行之日,《人类遗传资源管理暂行办法》(科学技术部、卫生部制定,国务院办公厅 1998 年 6 月 10 日国发〔1998〕36 号文发布)失效。

管理措施,涉及基因工程、遗传资源管理、医疗、司法、体育、国际合作及进出口检验检疫等领域,但均为零散的存在,缺乏相互及与相关法律之间的有效衔接与合理协调,更未形成全方位、一体化的法律规制体系。中国现行管制规范(尤其是行政法规、部门规章和规范性文件)的监管对象基本上都是医疗卫生机构及其伦理、科学委员会和医务人员,[①]这就留下了监管盲区。教育机构、科研机构及其研究人员不一定同时属于医疗机构和医务人员,但却是开展人类基因编辑试验研究的主力军。此外,个人可能私自实施人类基因编辑试验。《医疗技术临床应用管理办法》虽然规定了禁止类技术(目前可以把人类生殖系基因编辑技术归入其中),但如何禁止非医疗机构和医务人员的自然人或组织从事此类临床应用行为依然是一个难题。

其次,我国现行管制规范主要是一些技术管理办法或伦理指导原则,行政监管力度不高,并因为其在法律体系中的层级较低——在整个基因医学技术领域甚至还不存在法律(狭义)层面的直接规定,[②]所以在法律责任配置上刚性不强。一方面,现行规章或规范性文件对人类基因编辑试验的审批一般授权给符合资质的机构,通过机构学术委员会、伦理委员会予以审批,即主要通过机构准入资质的审批而事先对试验实施一般许可制,而非实行试验个案审批制。而机构内的伦理委员会的伦理控制,在机构利益驱动下往往会趋向于宽松。另一方面,在法律责任方面,由于行政处罚措施较轻,有针对性的刑事责任、民事责任的规范基础缺失,整体上显得实效不足。《科学技术进步法》虽然禁止"违反伦理道德的科学技术研究开发活动",但并没有规定"违反伦理道德的科学技术研究开发活动"的法律责任。[③] 2019 年之前,《人类遗传资源管理暂行办法》虽然规定了很多义务,但有关义务违反后果——法律责任的规定较少(只有寥寥三条),并且不具有可操作性,在一定程度上影响了该规章的实际效果。在《人类遗传资源管理条例》中,虽然强化了省级科技主管部门的审批监督职能,但也仅限于提供原则性的规定,未能全面、有效地解决人类基因编

---

① 只有科技部制定或参与制定的《生物技术研究开发安全管理办法》和《人胚胎干细胞研究伦理指导原则》例外。

② 2008 年修订的《科学技术进步法》虽然在第 29 条规定,"国家禁止危害国家安全、损害社会公共利益、危害人体健康、违反伦理道德的科学技术研究开发活动",但没有规定具体的法律责任条款。

③ 该法第 73 条规定:"违反本法规定,其他法律、法规规定行政处罚的,依照其规定;造成财产损失或者其他损害的,依法承担民事责任;构成犯罪的,依法追究刑事责任。"不过,其他法律也没有关于"违反伦理道德的科学技术研究开发活动"的法律责任的直接规定。

辑技术研究和临床应用的风险控制问题。

再次，基因权利立法缺失，试验参与者或捐赠者的权益保护、人性尊严维护等很容易被忽视。在行政监管和机构内部伦理控制相对宽松的背景下，试验案例多有突破。《人类辅助生殖技术规范》等规章或规范性文件虽然禁止以生殖为目的对人类配子、合子和胚胎进行基因操作，禁止人类嵌合体胚胎试验研究，但并未禁止以非生殖目的的人类基因编辑试验和一切嵌合体胚胎的基因试验。其实，我国及国外都有多次关于人兽基因混合胚胎试验的报道。[①] 根据媒体披露的消息，广东医科大学的试验利用的是废弃的、无法继续发育的人类 3PN 胚胎，并在试验三天后予以销毁。该研究获得了试验机构伦理委员会的批准，并取得了试验材料捐赠者的同意。在前述中山大学的试验中，研究人员挑选了一个来自人工授精过程中的不能正常发育成个体的畸形受精卵（一个卵子意外被两个精子同时受精，形成一种具有三套染色体的异常胚胎），并且只让它存活了 48 小时（大约发育到八细胞期）便终止发育，这符合《人胚胎干细胞研究伦理指导原则》第 5 条规定，因此该试验本身并不违法，伦理道德也尚可接受。不过，在试验前是否获得了基因材料提供者的告知后同意、有无适当的契约安排或伦理程序以确保权益保护和安全性，这些细节，媒体没有披露，因此存在疑问。当然，目前的《人类遗传资源管理条例》已经加强了受试者权利保护的力度，但实施效果尚待观察。

第四节　国际范围内应对人类基因编辑的规范经验

一、国际法规范经验

就人类基因编辑技术的伦理和法律规范而言，有针对性的国际性文本形成于 2000 年前后，例如《世界人类基因组与人权宣言》[②]《国际人类基因数据宣

---

① 晓露：《英国人兽杂交胚胎实验并非"秘密进行"》，《青年参考》2011 年 8 月 3 日，第 21 版；Jun Wu, et al. Interspecies Chimerism with Mammalian Pluripotent Stem Cells. *Cell*, Jan. 26, 2017. Vol.168, Issue 3, pp.473－486.

② UNESCO. Universal Declaration on the Human Genome and Human Rights (1997).

言》①《世界生物伦理与人权宣言》②《涉及人的生物医学研究国际伦理指南》③《关于基因研究正当行为的声明》④《关于人类基因组数据库的声明》⑤《关于DNA取样的声明：控制与获取》⑥《关于利益分享的声明》⑦等，这些文件主要偏重维护人的尊严和自由，协调研究自由、技术进步与风险防范、权益保护等方面的关系。《世界人类基因组与人权宣言》在序言中强调，人类基因研究应充分尊重人的尊严、自由和权利，并禁止基于遗传特点的一切形式的歧视。《国际人类基因数据宣言》提出了尊重、非歧视和不侮辱、自主同意与知情、隐私与保密性、准确性与安全、合作与利益共享等伦理原则。《世界生物伦理与人权宣言》第 3 条强调，应充分尊重人的尊严、人权和基本自由，个人的利益和福祉高于单纯的科学利益或社会利益。

二、欧美各国的法律、政策

就各国法律规范经验来看，英国、德国、法国、美国等都有相应的立法，基本上不允许以生殖为目的而对胚胎进行基因编辑。

英国采取了个案许可的法律政策。自从英国上议院于 2005 年 4 月 28 日作出允许应用胚胎植入前基因诊断（Preimplantation Genetic Diagnosis，PGD）技术来治疗基因缺陷患者的最终裁决后，⑧《人类授精与胚胎学法》进行修订，强调人类胚胎基因诊断技术的应用实行个案审批，必须以预防生育先天性疾病的患儿为目的，不得用于非医疗目的（例如性别选择）。2015 年 2 月，英国议会已经通过了允许实施基因编辑"三亲婴儿"的立法。2016 年 2 月 1 日，人类受精和胚胎学管理局（Human Fertilisation and Embryology Authority，HFEA）正式批准伦敦弗朗西斯·克里克研究所（Francis Crick Institute）使用CRISPR 技术进行人类胚胎（受精卵）基因编辑试验。HFEA 强调，该试验只

---

① UNESCO. International Declaration on Human Genetic Data (2003).

② UNESCO. Universal Declaration on Bioethics and Human Rights (2005).

③ CIOMS & WHO. International Ethical Guidelines for Biomedical Research Involving Human Subject(1993).

④ HUGO ELSI Committee. Statement on the Principled Conduct of Genetic Research (1996).

⑤ HUGO Ethics Committee. Statement on Human Genomic Databases (2002).

⑥ HUGO Ethics Committee. Statement on the DNA Sampling: Control and Access (1998).

⑦ HUGO Ethics Committee. Statement on Benefit Sharing (2000).

⑧ R (on the application of J. Quintavalle on behalf of CORE) v. Human Fertilisation and Embryology Authority, (2005) U.K.H.L. 28.

能以研究为目的,不能将编辑后的人类胚胎用于生殖目的。[①] 2017 年 9 月,该试验报告发表。可以预见,未来政策走向可能会更加开放。

德国实行一概禁止的法律政策。德国 1991 年施行的《胚胎保护法》禁止对胚胎施加导致其无法发展为人的伤害,培育和使用胚胎仅限于辅助生育的目的,且胚胎数额以 3 个为限。2002 年《胚胎干细胞法》允许在一定条件下使用从国外输入的胚胎干细胞进行研究。2009 年《基因诊断法》虽然对胎儿性别、与医疗无关的遗传特质以及晚发性遗传病的基因检验一律禁止,但也在第 15 条规定对母体内的胚胎或胎儿可以进行基因诊断。2011 年 7 月通过的《胚胎植入前诊断法》则允许 PGD 技术的应用,还规定在确认胚胎极可能患严重遗传病或成为死婴及流产时,可以不植入"母体"而让其死亡。不过,目前还不能通过 PGD 来"设计"所谓的"救命宝宝",更不允许进行生殖性的人类胚胎基因编辑。

法国制定了专门的《生物伦理法》,禁止生殖性和治疗性克隆,但允许实施 PGD,确立告知后同意、匿名捐献等原则,并创建了生物医学办公室作为主管机构。法国更是把自然人的基因权利写入了民法典,主要包括:人的尊严、人体及其组成部分和所生之物的非财产性、人体和基因的完整性、基因检查的科学和医疗目的、告知后同意、基因身份鉴定、禁止基因歧视等方面,尤其强调通过人的尊严和自由等法律价值对基因编辑技术进行法律约束。[②] 可以看出,与同是欧陆国家的德国类似,法国也实行了较为稳健的法律政策。

美国的情况则复杂得多,在联邦层面对人类基因编辑技术的规制基本采取了属于行业自律的伦理守则和法律规范相结合的模式。一方面,美国联邦有作为权利保护法的《基因信息非歧视法》,甚至部分州有关基因隐私保护、禁止基因歧视等方面的相应立法表现得更为激进。另一方面,美国没有州或联邦的法律能够对基因编辑技术的非医疗目的的使用加以限制,但美国国家科学院(National Academy of Sciences,NAS)发布的《人类胚胎干细胞研究指导原则》以伦理准则的形式提供了若干规制措施。该原则禁止生殖性克隆以及培养嵌合体胚胎,并规定那些提取干细胞所使用的胚胎的生长期不能超过两

---

① HFEA Approves Licence Application to Use Gene Editing in Research, 1 February, 2016. http://www.hfea.gov.uk/10187.html, July 2, 2016.
② 王康:《基因权的私法规范》,中国法制出版社 2014 年版,第 180 页。

个星期。美国 1995 年通过的《迪奇-威克修正案》曾严格禁止联邦资金资助制造或破坏人类胚胎的研究活动,不过奥巴马总统于 2009 年 3 月 9 日签署命令,放松了对联邦资金资助人类胚胎干细胞研究的限制。美国联邦最高法院更是于 2013 年 1 月 7 日驳回了要求美政府停止资助人类胚胎干细胞研究的诉讼,并拒绝审理国家健康研究院(National Institutes of Health,NIH)相关研究经费合法性的问题。[①] 虽然 NIH 发布的资助项目准则禁止使用联邦资金从事人类胚胎基因编辑,该研究院主任弗朗西斯·S. 柯林斯(Francis S. Collins)也在我国人类胚胎基因编辑试验公开后随即发布重申这一禁令的声明,[②]但并不能约束非联邦资金资助的研究项目对这一技术的研发和应用。不过,对人类基因技术的伦理、社会和法制问题的研究也同步深入进行着。

三、最新伦理共识与规范趋势

受我国有争议性的人类胚胎基因编辑试验的刺激,2015 年 12 月初,中国、英国、美国 4 家权威学术机构在华盛顿共同举行人类基因编辑国际峰会,科学家们在一定程度上就人类基因编辑技术的研究和应用初步达成共识。[③] 2017 年 2 月 14 日,人类基因编辑研究委员会发布了人类基因编辑研究的伦理及监管的原则和标准。[④] 但是,峰会声明和伦理规范在开启"红绿灯"之时并没有解决所有争议问题,也不具有法律效力,仅仅是一个认真对待这些问题的理性讨论的新起点。

虽然参与人类基因编辑国际峰会的科学家倡导"尽可能使得该技术能够为人类健康谋求福祉",但并不能认为该会议的召开意味着对人类基因编辑研究"开绿灯"。其实,"绿灯"早就开启了,本次会议形成的伦理共识只不过再次燃亮了一盏"红灯"。峰会声明,加强基因编辑技术的基础和临床前期研究显然是必要的,应在适当的法律和道德监管监督下继续开展;对早期人类胚胎或

---

① 唐凤:《美最高法院支持政府资助人体胚胎干细胞研究》,《中国科学报》2013 年 1 月 10 日,第 2 版。
② Francis S. Collins. *Statement on NIH Funding of Research Using Gene-Editing Technologies in Human Embryos*. http://www.nih.gov/about-nih/who-we-are/nih-director/statements/statement-nih-funding-research-using-gene-editing-technologies-human-embryos, July 2, 2016.
③ 赵熙熙:《基因编辑峰会支持人类胚胎研究》,《中国科学报》2015 年 12 月 7 日,第 2 版。
④ National Academy of Sciences and National Academy of Medicine. *Human Genome Editing: Science, Ethics and Governance*. http://nationalacademies.org/gene-editing/consensus-study/index.htm, Feb.17, 2017.

生殖细胞的基因编辑不得用于生育目的,除非其安全性和有效性问题已得到解决以及临床使用已获得广泛的社会共识,但目前没有任何建议的临床应用满足这些标准;当然,随着科学知识的进步和社会认识的发展,对此应定期重新评估。[①] 峰会形成的最大共识就是一盏"红灯"——"对早期人类胚胎或生殖细胞的基因编辑不得用于生育目的"。人类基因编辑研究委员会在 2017 年年初正式发布的研究报告,就人类基因编辑研究的伦理及监管提出了基本原则和规范标准:在现有的监管框架下进行人类体细胞、干细胞系、人类胚胎基因组编辑的基础科学研究试验;对人类体细胞基因编辑的临床试验与治疗应限于疾病与残疾的诊疗与预防,并在事前广泛征求大众意见;对任何可遗传生殖基因组编辑的临床研究试验,应以令人信服的治疗或者预防严重疾病和严重残疾的目标,并在严格的监管体系下使其应用局限于特殊规范标准,同时必须以充分的持续反复评估和公众参与为条件。[②]

2018 年 11 月,第二届人类基因组编辑国际峰会发表组委会声明,指出在现阶段不应允许生殖细胞编辑的临床试验,任何这样的行为都是不负责任的。[③] 2019 年 3 月,来自包括中国科学家在内的 18 位科学家,共同呼吁暂停可遗传的基因组编辑试验。[④] 这一呼吁得到了美国国家健康研究院的支持。[⑤]

在第二届人类基因组编辑国际峰会之后,美国国家科学、工程和医学院(U.S. National Academies of Sciences, Engineering and Medicine)、英国皇家学会(U.K.'s Royal Society)召集"人类生殖基因组编辑临床应用国际委员会"讨论和考虑相关的科学议题以便为更广泛的社会决策提供必需的信息。2020

---

① National Academy of Sciences and National Academy of Medicine. *On Human Gene Editing: International Summit Statement*. http://www.nationalacademies.org/onpinews/newsitem.aspx? RecordID=12032015a, July 2, 2016.

② National Academy of Sciences and National Academy of Medicine. *Human Genome Editing: Science, Ethics, and Governance*. http://nationalacademies.org/gene-editing/consensus-study/ index.htm, Feb.17, 2017.

③ See Statement by the Organizing Committee of the Second International Summit on Human Genome Editing. http://www8.nationalacademies.org/onpinews/newsitem.aspx?RecordID= 11282018b, August 23, 2020.

④ *See* Eric S. Lander, Françoise Baylis, Feng Zhang, et al. Adopt a Moratorium on Heritable Genome Editing. *Nature*, Vol.567, 13 March 2019, pp.165–168.

⑤ Carrie D. Wolinetz & Francis S. Collins. NIH Supports Call for Moratorium on Clinical Uses of Germline Gene Editing. *Nature*, Vol.567, 13 March 2019, p.175.

年9月3日,该委员会发表了《可遗传的人类基因组编辑》①研究报告,详细阐述了可遗传的人类基因组编辑的潜在技术、伦理风险以及监管要求。报告指出:目前还没有哪个国家决定在临床上推进遗传性人类基因组编辑技术,对遗传性人类基因组编辑的安全性和有效性尚未进入临床试验的阶段。假设随着技术的发展,其安全性和有效性得到了充分的验证,那么,对于初期的临床试验是否进行以及针对哪些具体应用,必须由所在国家在对伦理和科学都进行充分考虑的情况下,通过广泛的社会讨论,达成共识以后做出决定。而这一过程应该是公开透明并在国际合作框架下进行的。如果将来允许可遗传基因组编辑技术的应用(即便如此,也仅在没有替代性方案的情况下使用),初期应被限定在预防严重的单基因病(例如囊肿性纤维化、地中海贫血、镰状细胞性贫血等),编辑后的基因必须是已知不会引起疾病的变异体,并不应编辑未受影响的胚胎。在对可遗传的人类基因组编辑的监管上,应建立适当的机制和监管机构,以监督潜在临床用途的进展,防止展开未经批准的用途。在可遗传的人类基因组编辑的任何临床应用开始前,应建立国际科学咨询小组(ISAP),以对人类基因组编辑领域最新进展及其是否已满足临床前标准做出评估,审查临床结果数据,并就其他潜在应用的风险和获益提出建议,同时建立起一个国际性的举报机制,对于可能超出任何国家批准范围的研究或临床应用进行报告并披露。

虽然目前形成的国际伦理声明和有关报告并不具有法律意义,还不足以化解人类基因编辑技术(尤其是人类生殖系基因编辑)可能遭遇的伦理与法律难题,但这一初步的伦理共识依然是理性的,有利于促进形成负责任的科学精神,值得赞赏。

四、小结:比较与借鉴

在国际法律文件中,原则性声明较多,而缺乏直接有关人类基因编辑技术法律问题的细节性考虑。欧美各国的法律政策不一,这与各国对待基因技术的基本立场有关,而这一基本立场又与各自的历史经验、产业结构、社会力量与民众态度等有关。英国对人类基因编辑技术采取了相对宽容乃至激进的法

---

① National Academy of Medicine, National Academy of Sciences and the Royal Society. *Heritable Human Genome Editing*. Washington DC: The National Academies Press, 2020.

律政策,主要考虑是在基因技术领域取得国际竞争力,并占据前沿地位。鉴于欧洲大陆历史上出现过极端"优生学"的教训,德国严格确立了人之尊严的至高无上地位,故在人类基因编辑技术的研究和应用方面,步伐相对保守、稳健,但客观上也使得基因技术及其相关产业发展相对迟缓。出于人文主义和类似历史经验的考虑,法国也采取了相对保守的政策立场。美国虽有政府主管部门的禁令,但发挥的实际效果是有限的,尤其是在张扬个人权利、研究自由的氛围下,在大量生物技术公司和私人资本的介入下,人类基因编辑技术的研究和应用处于世界前列。

就我国而言,由于基本没有极端的人体试验等历史负担,基因医学技术的研发和应用能够被民众宽容和接受,来自社会力量的干扰和阻力也较小,因而采取积极的技术促进政策没有太大的社会障碍。同时,从产业结构来看,我国在发展战略上对转基因技术已确立了"加强研究、慎重推广、确保安全"的基本政策,包括基因医学技术在内的基因产业将成为未来数年的科创焦点之一,必将成为国家核心竞争力的体现。

由此,我国应该有针对性地借鉴域外经验,吸收美国、英国积极促进基因技术发展的政策倾向和措施,发挥研究机构和研究人员的积极性和创造性,使得包括基因编辑技术在内的基因技术及产业能够更大程度地提升社会福利,乃至促进人类自身的发展,但与此同时,也有必要接受德国、法国为代表的控制这一技术上多维风险的"审慎"态度,尤其要明确人之尊严在法律价值中的至上地位。因此,在促进人类基因技术发展之时,必须将人之尊严作为伦理和法律底线,有必要将"对早期人类胚胎或生殖细胞的基因编辑不得用于生育目的"的国际伦理共识在适当的时候以适当的形式明确纳入我国的法律(狭义)之中,并设置严密的监管规则和法律责任体系。

第五节　人类基因编辑多维风险的法律规制之完善

根据现实情况,借鉴有益的国际规范及比较法经验,未来我国应将现有立法、技术规范、伦理准则进行整合、升格,形成能够与伦理规范有效结合的基因技术规制的法律体系(以《基因技术法》或《生物医学技术法》为中心),并尽快制定人类基因资源管理法,更要在民法中形成基因权利保护法。这一全面、系统的法律体系,可以有效解决目前人类基因技术领域的监管混乱、执法低效和职责不清的情况,提高技术规制、资源管理、权益保护法律政策的透明性和公信力。本书前文已经提到法律规制的方向和基本立场,应针对人类基因编辑技术上的不确定性风险、伦理性风险、公平性风险以及合法性风险,分别确定法律规制的基本原则和重点措施。笔者根据人类基因编辑所涉及的法律领域进行分析,以构建全方位、全领域、全过程的风险规制的法律体系。

一、基因技术规制法的基本原则及核心规则

在基因技术规制法中,应吸收人类基因编辑国际伦理共识,确立技术进步、安全(风险控制)、公正、公共利益等基本原则,以及技术规范、伦理指南、监管程序、法律责任等具体规则。

具体而言,一方面,在适当的法律监管下促进人类基因编辑技术的基础研究和临床试验前期研究,但对早期人类胚胎或生殖细胞的基因编辑只能出于非生殖性的目的。消息显示,四川大学华西医院进行了全球首例基因编辑人体临床试验(2016 年 7 月 6 日获得该院伦理委员会批准),[①]此项试验就属于体细胞治疗。包括前述我国中山大学试验在内,大量基因编辑试验都曾出现"脱靶效应","误伤"靶标序列以外的基因,考虑人类胚胎基因编辑效果的遗传性,目前最保险的做法只能是对生殖性胚胎基因编辑临床试验采取"零容忍"的态度,这是对人类基因编辑技术风险(不确定性)、法律风险(合法性)最低程度的法律控制措施。

另一方面,要尊重人的尊严和自由,遵守经典的医学伦理准则,在研发、临床和商业利用时确保安全性、有效性,考虑可能的利益分享机制,采取提供适当的保险等措施以便最大限度地降低风险性。在基因编辑技术领域的临床前基础研究、临床试验(人体试验)、技术应用三个阶段中,法律、政策可以为第一

---

① 该试验计划从参与试验的肺癌患者的血液中采集免疫细胞 T 淋巴细胞,然后使用 CRISPR/Cas9 技术敲除其中的编码 PD-1 蛋白的基因(PD-1 基因的表达让这些细胞失去攻击癌细胞的能力),经过严格培养之后,再输入受试者体内,从而达到治愈癌症的效果。*See* David Cyranoski. *Chinese Scientists to Pioneer First Human CRISPR Trial*. http://www.nature.com/news/chinese-scientists-to-pioneer-first-human-crispr-trial-1.20302,July 22,2016.

阶段的基础研究提供较为宽松的环境和许可条件,对第二阶段的临床试验研究则要严格予以规范,至于第三阶段的临床应用更要置放于严密的伦理和法律程序之中。在基础研究、临床研究试验中,对生殖性细胞基因编辑一禁了之的政策在现阶段可能并非理性选择,但必须执行严格的前提条件,这些条件可以参照人类基因编辑研究委员会提出的 10 条规范标准,特别是必须仅限于预防某种无其他可行治疗办法的严重疾病、仅限于编辑已被证实会致病或强烈影响疾病的基因。[①] 在临床应用方面,现阶段出于伦理和安全考虑应全面禁止生殖性基因编辑,而对基因编辑技术的非生殖性应用也必须仅限于疾病的治疗和预防,并关注患者的安全性、自主性和公众参与性,避免基因增强、基因优化等技术的滥用,这是对人类基因编辑伦理风险(人的尊严与自主性)、社会风险(公平性)的最低程度的法律控制措施。

在这方面,国家卫生计生委 2013 年公布的《涉及人体的医学科学技术研究管理办法(征求意见稿)》[②]曾尝试确立"引导涉及人体的医学科学技术研究符合科学标准和伦理原则,通过建立有效的科研立项、学术和伦理审查、登记备案和技术评估制度等,使风险最小化,保障受试者权益,促进涉及人体的医学科学技术研究健康、有序地开展"的目标,尤其强调了风险控制、知情同意等原则。只有在法律上确立技术进步的促进机制才能在未来能够有效降低技术风险,推动社会、经济发展以及人类本身的进步。同时,只有确立技术理性的约束机制,才能最大限度地化解伦理和社会风险,最终确保人类平安地驶向可以预期的未来。

二、基因资源管理法的基本原则及核心规则

在基因资源管理法中,应改变目前多头管理、权责不清、监管不力、忽略私

---

① 其他规范标准包括:仅限于编辑该基因为人口中普遍存在,而且与平常健康相关、无副作用的状态;具有可信的风险与可能的健康好处的临床前和临床数据;在临床试验期间对受试者具有持续的严格的监管;具有全面的、尊重个人自主性的长期多代的随访计划;和病人隐私相符合的最大限度地透明度;在公众的广泛参与和建议下,持续和反复核查其健康与社会效益以及风险;可靠的监管机制来防范其治疗重大疾病外的滥用。详见人类基因编辑研究委员会 2017 年初发布的研究报告。National Academy of Sciences and National Academy of Medicine, *Human Genome Editing: Science, Ethics, and Governance*, Feb. 14, 2017. http://nationalacademies.org/gene-editing/consensus-study/index.htm, Feb.17, 2017.

② 国卫办科教函〔2013〕10 号。国家卫生健康委员会网站,http://www.nhc.gov.cn/zwgk/wtwj/201307/8e75cb9998f44ffd8b4c8be6efecb4b7.shtml。截至目前,未见该办法正式发布的消息。

权的状况,设立统一的主管机构(例如国家生物安全委员会),并确立人的尊严、国家安全、公共利益、权利保护、利益分享等基本原则。《人类遗传资源管理条例》已经明确了"惠益共享""遵守伦理、保护资源提供者的安全和个人隐私""国家安全和社会公共安全""非歧视""不得买卖或者变相买卖人类遗传资源材料""自愿和知情同意"等原则,这些规定与现行法秩序相比具有重大进步意义,值得未来法律、法规的确认。未来的基因资源管制法还需特别明确人类基因编辑所需材料的来源、获取和处置程序、国际合作、利益分享等具体规制措施,这是对人类基因编辑多维风险在源头上和过程中的宏观性的法律控制措施。

三、基因权利保护法的基本原则及核心规则

在基因权利保护法中,要接纳尊重与自主(知情同意)、有利与不伤害、公正与互助等经典的医学伦理原则,尤其要确认利益相关者的不同权利,并提供解决权利冲突的法律机制。基因上的利益相关者分为"基因权利主体"和"基因利用主体"。前者是基于人格上的关系对其特定基因能够主张权利或利益的个人(尤其是患者、受试者、参与者)或群体;后者则是基于医学、技术、经济、资源、主权等方面的理由而对他人特定基因具有某些利益的个人、机构或国家。前者的诉求建立在"人格"之上,对自己的基因享有作为人格权的基因权;后者的诉求建立在"财产"或"信息利用"之上,对他人的基因享有基因专利权、基因信息知情权、基因资源所有权等。[①] 作为人格权的基因权,是"人类基因权利图谱"的中心,其要义仅在于自然人基于基因的人格权益,包括基因上的平等、自主、隐私、公开利用及利益分享等权能或子权利。[②] 这些基因上的权利之间存在着潜在冲突,体现了私权与公权、私益与公益、自由与安全、自治与管制的紧张关系,需要法律的理性平衡和合理协调。就人类基因编辑试验而言,基因权利保护的重点是自主(告知后同意)、隐私、利益分享、风险防范及损害救济等问题。整个试验过程应遵循权利保护的基本原则,这是对人类基因编辑

[①] 王康:《基因权的私法证成和价值分析》,《法律科学》2011年第5期,第57—66页;王康:《基因权的私法规范:背景、原则与体系》,《法律科学》2013年第6期,第59—70页。

[②] 王康:《人类基因权利图谱和体系的制度描绘与规范》,杨遂全主编:《民商法争鸣》(第9辑),法律出版社2015年版,第49—68页。

多维风险(尤其是伦理性和社会性风险)的法律控制措施。

第六节　结　　语

虽然人类基因编辑技术取得了巨大进步,但也可能产生技术、伦理、社会和法律等方面的多维风险。为协调人类正在和即将面临的新的价值冲突,必须以法律和伦理之善来避免因技术之盲目而可能造就的恶。法律的任务是托起伦理底线,以富有尊严的方式实现人自身的丰富性及其存在价值。从基因层面来看,人类和其他生物的界限开始模糊,都成为"自私的基因"的生存机器,[①]但是,人类独有的非凡智识和反思能力,却能够提供基因时代应有的风险规制理性。"对人类基因的意义探究永远不能超越这样的底线,否则,当我们真正找到了上帝——其实就是找到我们的真面目——时,也许会发现我们想认识的自己已经不再存在!"[②]充分尊重人的尊严、自由和基本权利,应该成为人类基因编辑技术法律规制的底线。

我国已经确立的禁止以生殖性目的对人类基因编辑、禁止培养嵌合体胚胎和克隆人等基本法律立场应当继续坚持,但在具体措施上需加以完善。目前对人类基因的技术问题尚未形成全面、系统的法律规范体系,未能在法律(狭义)层面进行风险规制,有针对性的基因权利立法则基本阙如,整体而言,对人类基因编辑技术的法律监管和伦理控制相对宽松。应针对人类基因编辑技术上的不确定性风险、伦理性风险、公平性风险以及合法性风险,分别确定法律规制的基本原则和重点措施。未来应形成以《基因技术法》为核心、与伦理规范相结合的法律规范体系,制定基因资源管制法和基因权利保护法,以对人类基因编辑技术进行全方位、全领域、全过程的风险规制。

对人类基因编辑技术的法律规范,无论是基因技术规制法、基因资源管理法,还是基因权利保护法,都必须在研究自由、技术进步和风险防范、国家安全、权利保护等方面予以衡平考量。应合理协调可能的利益或价值冲突,以维护人的尊严、自由、社会安全,尤其要避免使基因成为人类社会不平等的新根源。

---

① Richard Dawkins. *The Selfish Gene*. New York: Oxford University Press, 2006, p.88.
② 王康:《基因权的私法规范》,中国法制出版社 2014 年版,第 327 页。

第二章

人类生殖系基因编辑受试者的权利保护

第一节　问题的提出

2019年12月30日,"基因编辑婴儿"案在深圳市南山区法院宣判,贺某某和另外两名犯罪嫌疑人被判处非法行医罪。[①] 在该案件中,3位婴儿被贺某某等人在受精卵阶段进行了基因编辑,其中一对名为"露露"和"娜娜"的双胞胎女婴是世界首例"基因编辑婴儿"。[②] 在事件发生后,几乎全球的科学家以及伦理、法律学者和社会公众对此都予以强烈谴责。

在本事件中,贺某某等人是对人类生殖细胞进行基因编辑,并且用于生育目的。本书前文已经指出,人类基因编辑技术尚处于研究试验阶段,其有效性、安全性尚未得到科学验证和确认。人类基因编辑存在一系列技术、伦理、社会风险,涉及安全性、伦理性、公平性等几个方面。在安全性方面,人类基因编辑技术目前存在着不确定、不可逆的风险。在伦理性方面,人类基因编辑技术的生殖性不当应用可能颠覆文明社会以来的至高无上的人性尊严和生存价值。在公平性方面,人类胚胎基因编辑技术的生殖性不当应用可能导致未来社会的分裂和不平等。无论对直接受试者(参与者、志愿者)及其基因编辑子女的生命健康和其他权益,还是对科学研究和基因编辑技术本身,以及对人的尊严和人类未来命运,这一试验都可以说是一种极不负

---

① 王攀、肖思思、周颖:《聚焦"基因编辑婴儿"案件》,《人民日报》2019年12月31日,第11版。
② 肖思思、李雄鹰:《广东初步查明"基因编辑婴儿事件"》,《人民日报》2019年1月22日,第12版;陈雪宁:《"基因编辑婴儿事件"背后的人》,《民主与法制时报》2018年12月27日,第6版。

责的"CRISPR 流氓"[①]行为,也是对国际伦理共识和我国法律秩序的一次公然而粗暴的践踏。

人类基因编辑技术的研究和应用不仅会导致严重的社会伦理争议,而且还会涉及诸多法律问题。例如,在基因编辑临床试验中受试者的权利诉求有哪些? 相关权利保护制度存在哪些问题? 如何对受害人的权利进行有效救济?

第二节 人类生殖系基因编辑技术对受试者权利保护的法律挑战

一、人类生殖系基因编辑的技术背景

基因是产生一条多肽链或功能 RNA 所需的全部核苷酸序列,它决定了生命体的基本构造和性能,生物个体的生长、疾病、衰老、死亡等一切生命现象都与个体基因密切相关。[②] 不同的基因决定了不同的生物遗传性状,而有些疾病的产生就是因为某个或多个特定的基因出现了异常。例如,地中海贫血病就是珠蛋白基因缺陷(血红蛋白中的珠蛋白肽链不能合成或合成不足)所导致的疾病。[③] 就最初目的而言,基因编辑技术是一种通过定点突变、插入或敲除等方式"编辑"特定的 DNA 片段(修饰目的基因)以预防或治疗疾病的生物技术。

在生物医学领域,人类基因编辑可用于三个目的,即基础研究(Basic

---

① 2018 年年底,《自然》杂志将"基因编辑婴儿"试验的始作俑者贺某某评为"2018 年度十大人物",并在人物介绍的标题中将他形象地称为"基因编辑流氓"(CRISPR Rogue)。大卫·西拉诺斯基(David Cyranoski)评价说:贺某某知道他正在跨越一个新的生命伦理界限,(但)他从世界舞台上消失的速度和他出现的速度一样快。他无视重要的道德考虑因素,将两个女婴暴露于未知风险中以获得不确定的利益。他将留下复杂的遗产——科学家们担心,基因编辑领域(受此影响)现在可能难以获得资金、监管部门的批准或公众的支持。See David Cyranoski. HE JIANKUI: CRISPR Rogue. *Nature*, Vol.564, 2018, p.328.
② 杨建军、李姝卉:《CRISPR/Cas9 人体基因编辑技术运用的法律规制——以基因编辑婴儿事件为例》,《河北法学》2019 年第 9 期,第 44—57 页。
③ 蔡文情、胡晔江、熊乾、周斌:《中国武汉地区新生儿 α—地中海贫血基因型分析》,《中国实验血液学杂志》2018 年第 1 期,第 219—222 页。

Research)、体细胞干预（Somatic Interventions）和生殖系干预（Germline Interventions）。[1] 就此而言，人类基因编辑可以大体上分为：基础研究（Basic Research Using Genome Editing）和临床应用研究（Clinical Applications of Genome Editing）、体细胞基因编辑（Somatic Genome Editing）和生殖系基因编辑（Heritable Genome Editing）、基因治疗（Treatment or Prevention of Disease and Disability）和基因增强（Enchancement）几组对应的类别。基因编辑基础研究是指在实验室进行的通常不涉及受试者的科学研究，临床应用研究则因涉及对受试者的干预而有较大的风险。体细胞基因编辑是指对患者的体细胞基因进行编辑，以改变个体基因序列及其性状，该操作仅影响患者，不会对后代产生影响。相比之下，生殖系干预旨在对人类生殖细胞或胚胎细胞进行基因修饰，以改变未来孩子的基因组，不仅影响孩子，而且还可能影响该孩子后代的基因组。[2] 体细胞基因编辑、生殖系基因编辑都有治疗和增强两种目的。以治疗为目的的基因编辑是利用基因技术进行疾病治疗和预防的医学手段，而以增强为目的的基因编辑则是以强化人体功能使其超出标准或正常水平而进行的基因编辑。例如，通过对生殖细胞进行基因编辑使婴儿出生时就免患苯丙酮尿症这种遗传性疾病，是以治疗为目的的基因编辑；而如果以提高智力为目的编辑生殖细胞，使其后代获得超出正常水平或标准的智商，则是以"增强"为目的的基因编辑。在基因编辑婴儿事件中，贺某某在接受美联社报道时表示，他试验的目的不是为了治愈或预防遗传性疾病，而是试图让婴儿一出生即具有抵抗艾滋病毒的能力。[3] 由于艾滋病不是遗传性疾病，通过有效治疗可以使患有艾滋病的父母生育健康子女。而贺某某的试验目的是想让婴儿获得天然抵抗艾滋病毒的免疫力，已超出治疗的范围，属于以增强为目的的生殖系基因编辑。

相比其他基因编辑技术（ZFNs 和 TALENs）来说，CRISPR/Cas9 对操作

---

[1] National Academies of Sciences, Engineering and Medicine. *Human Genome Editing: Science, Ethics and Governance*. Washington DC: The National Academies Press, 2017, p.3.

[2] National Academies of Sciences, Engineering and Medicine. *Human Genome Editing: Science, Ethics and Governance*. Washington DC: The National Academies Press, 2017, pp.111-136.

[3] Marilynn Marchione. Chinese Researcher Claims First Gene-edited Babies. https://apnews.com/4997bb7aa36c45449b488e19ac83e86d? from = groupmessage&isappinstalled = 0. Nov. 26, 2018. last accessed on March 19, 2020.

人员的技术要求更低,同时还具有高度的精确性和低脱靶率等特点,所以很多科学家选择采用此技术进行生殖系基因编辑实验,故基因编辑技术的发展十分迅速。2014 年,我国科学家黄行许及其研究团队在《Cell》上发表文章,宣布其采用 CRISPR/Cas9 技术对猕猴的生殖细胞进行基因编辑试验,成功培育出两只嵌合体"基因编辑猴"。[①] 2015 年,来自中山大学的科学家黄军就及其研究团队利用 CRISPR/Cas9 技术对人类三原核受精卵进行基因编辑,成功修饰了导致 β 型地中海贫血症的基因。[②] 该实验采用的是不能正常发育的受精卵,并且研究人员在实验 48 小时内就将受精卵销毁,未植入人体,因此属于基础研究。2016 年,范勇及其研究团队同样对废弃的人类三原核受精卵进行基因编辑,使得四个受精卵成功对艾滋病病毒免疫,该实验同样属于基础研究。[③] 在 2018 年"基因编辑婴儿"事件中,贺某某等人使用 CRISPR/Cas9 技术对受试者胚胎的 CCR5 基因进行敲除。CCR5 作为艾滋病病毒进入细胞的两个受体之一,可以帮助艾滋病毒入侵人体细胞,因此,试验人员试图通过敲除 CCR5 基因以"生产"能够对艾滋病毒"先天免疫"的婴儿。这一生殖系基因编辑属于违法的临床试验行为。

在这个"基因编辑婴儿"非法人体试验中,受试者实际上有两类:一是直接参与生殖系基因编辑试验的受试者(提供精子和卵子的配偶);二是作为受害人的基因编辑婴儿("娜娜"和"露露"是"基因编辑婴儿"的代称)。由于本事件中的胎儿已出生,本章不再详述"基因编辑胎儿"[④]的利益保护问题。

二、人类生殖系基因编辑引发的风险

(一) 生殖系基因编辑技术应用中的健康风险

由于生殖系基因编辑技术风险的发生具有不确定性和过程的不可逆性,因此我们应更加关注该技术在人体试验应用中的安全性问题。

---

① Niu Y., Shen B., Cui Y., et al. Generation of Gene-Modified Cynomolgus Monkey via Cas9/RNA-Mediated Gene Targeting in One-Cell Embryos. *Cell*, Vol.156, 2014, pp.836–843.

② Liang P., Xu Y., Zhang X., et al. CRISPR/Cas9 – Mediated Gene Editing in Human Tripronuclear Zygotes. *Protein & Cell*, No.6, 2015, pp.363–372.

③ 赵钦军、韩忠朝:《基因编辑技术的发展前景及伦理与监管问题探讨》,《科学与社会》2016 年第 3 期,第 1—11 页。

④ 一般医学上认为,妊娠第 10 周(受精后 8 周)内的胚体称为胚胎,自妊娠第 11 周(受精后第 9 周)起至分娩前称为胎儿。参见沈铿、马丁:《妇产科学》,人民卫生出版社 2015 年版,第 35 页。

第一,基因编辑技术的"脱靶效应"可能会影响受试者的健康。贺某某在采访中承认,"娜娜"的两个靶基因的拷贝都已改变,"露露"只有一个靶基因拷贝被改变。因此,"露露"仍面临将来感染艾滋病病毒的风险。[①] 可见,贺某某此次基因编辑非法试验的结果没有获得他理想中的成功,试验可能已经造成了"脱靶效应",即在基因编辑的过程中,错误地定位了目标基因,编辑了本不该被编辑的基因。"脱靶效应"可能会导致基因组中其他的正常基因序列发生突变、癌基因激活等不良后果。[②] 也就是说,在基因编辑过程中,能够剪下特定DNA序列的Cas9酶可能会继续删减婴儿基因组中的其他正常部分,增加婴儿未来罹患癌症的风险。[③] 当然,这也可能是试验人员出于比对测试目的而故意而为的结果。

第二,生殖系基因编辑可能会出现"镶嵌现象"。[④] 由于基因编辑的细胞数量难以精确控制,最终可能出现部分生殖细胞得到编辑、其他部分没有被成功编辑的情况,导致被改变基因和未被改变基因的遗传嵌合体,即"镶嵌现象"。目前,对这种影响还难以做出清晰地描述。

第三,生殖系基因编辑可能产生风险的"多代效应"。人类尚未掌握全部基因所具有的全部功能,单个基因可能具有多种生理功能,表达多种生物性状。因此,即使研究人员实现了精准操作,同样会对人类健康带来不确定的风险。同时,又由于对生殖细胞的基因编辑具有遗传性,遗传机制的复杂性会导致遗传结果不可预测,不排除会引发后代出现其他症状或疾病,即"多代效应"。

综上可知,基因编辑技术的临床应用仍存在安全性的问题,尤其是对生殖细胞进行基因编辑,由于其具有遗传性,会对受试者生命健康权造成不可逆的损害。

(二)生殖系基因编辑应用中的自主决定困境和代际冲突

生殖系基因编辑使"设计婴儿"的想象逐渐变成现实,父母可以有机会修

---

① Marilynn Marchione. Chinese Researcher Claims First Gene-edited Babies. https://apnews.com/4997bb7aa36c45449b488e19ac83e86d? from = groupmessage&isappinstalled = 0. Nov. 26, 2018. last accessed on March 19, 2020.

② 璩良、李华善、姜运涵、董春升:《CRISPR/Cas9系统的分子机制及其在人类疾病基因治疗中的应用》,《遗传》2015年第10期,第974—982页。

③ 范月蕾、王慧媛、于建荣:《基因编辑的伦理争议》,《科技中国》2018年第6期,第98—104页。

④ 陈轶翔:《基因编辑技术何去何从》,《世界科学》2016第1期,第38—41页。

饰子女的基因。但是,需要思考的是,父母是否有权决定未来子女及其后代的生物学性状?

目前,生殖系基因编辑技术尚处于不成熟阶段,仍然存在"脱靶效应""镶嵌现象"等技术安全问题,若盲目地将其应用于临床试验会对后代造成不可预测的危险,因此,现阶段应禁止生殖系基因编辑的临床试验。当该技术逐渐发展成熟、安全性有保障时,进行基因治疗的伦理障碍不大,但对基因增强是否允许进行(及其引发的代际冲突)的问题依然会产生争议。

在安全性有较大程度保障的条件下,如果有机会,大部分父母可能会选择对其子女甚至更远后代的基因加以增强。在现实中,每个人都可以通过各种在场的方式来表达权利主张,但是我们无法与未出生的后代人同时在场,我们无法真正知道后代人的诉求。父母把基于自己的生活和价值体验而判断为"好"的东西强加在子女身上,对子女来说真的就是"好"的吗? 一代人以自身需求和社会需求为出发点做出的决定,即通过基因编辑赋予子女的"优势基因",是否在子女及其更远后代的那个时代仍然是一种优势?

两代人甚至是多代之间的代际冲突也反映一个法律问题,即父母决定对他们的生殖细胞进行基因编辑是否侵害后代的权利? 依据父母的意愿进行基因编辑产生的"完美后代",子女在出生前就被动地接受了这种"改造",在该过程中,父母并没有征得子女的同意和授权。就算父母这种行为的动机是"好的"、是"善良的",是否就能够使父母改变其后代生物遗传性状的决定正当化?[①] 这些问题在目前都不能轻易得到肯定的答案。

(三) 生殖系基因编辑应用中的隐私、自由和尊严风险

基因储存着自然人的遗传信息,在根本上决定了个体的生物学性状,因此,基因信息应该属于自然人隐私的一部分。[②] 在基因编辑试验的全部流程中,可能需要对受试者进行基因检测。对这些基因信息应该予以保密,防止其泄露或被非法利用,否则可能产生一系列负面后果。

从已经披露的信息来看,被基因编辑的个体的隐私信息一旦被泄露,其可

---

① 陶应时、罗成翼:《人类胚胎基因编辑的伦理悖论及其化解之道》,《自然辩证法通讯》2018 年第 2 期,第 85—91 页。
② 杨怀中、温帅凯:《基因编辑技术的伦理问题及其对策》,《武汉理工大学学报(社会科学版)》2018 年第 3 期,第 28—32 页。

能更容易受到社会歧视。在基因编辑婴儿事件中,被编辑的双胞胎婴儿"露露""娜娜"一出生,有关她们的基因信息就被曝光。虽然,目前没有消息显示她们的真实姓名和身份已被公开,但有关主管部门已经多次表达了要在以后对其进行"医学观察和随访"。她们的基因隐私被泄露的风险可能无法被绝对排除。不可否认的是,这种基因信息的泄露可能会导致她们在未来人生的各个方面受到不公平的差别待遇,例如,遭遇医疗、保险、教育、就业乃至婚姻等各方面的歧视。这些不公平的差别待遇,对她们而言也是一种对人身自由、人格尊严的侵害。

三、我国生殖系基因编辑受试者权利保障面临的挑战

在基因编辑试验中,受试者权利的保障主要通过行政机构的监督管理、伦理审查委员会的审查批准等方式进行。当受试者的权利受到侵犯时,通过追究试验者和相关机构的法律责任实现对受试者的权利救济。因此,若想实现对受试者权利更好的保护,就应先分析目前的行政监管、伦理审查和损害救济制度框架存在的问题。

(一)基因编辑技术行政监管机制存在的问题

第一,基因编辑技术管理规范散乱。由于基因编辑技术不仅涉及对体细胞、生殖细胞等基因安全的管理问题,还涉及对辅助生殖技术等医疗行为的管理。因此,关于基因编辑试验的法律法规零散地出现在不同的规范中。例如,《基因工程安全管理办法》对基因工程的实验研究、临床试验和产品的投入使用等内容予以规定;《人的体细胞治疗及基因治疗临床研究质控要点》《人基因治疗研究和制剂质量控制技术指导原则》在引言中就将生殖细胞的基因治疗排除在外,规定基因治疗目前仅限于体细胞;《人类辅助生殖技术规范》《人类辅助生殖技术和人类精子库伦理原则》以行为准则方式禁止对生殖细胞和胚胎细胞进行违反伦理道德的基因操作。

第二,基因编辑技术行政监管权限不清晰。目前,我国对于人类基因编辑的监管部门主要包括:科技、健康、药品等,主要负责监管基因工程安全、人类辅助生殖技术应用和涉及人的生物医学研究伦理审查、基因治疗等事项,但这些部门之间存在职权交叉、职责不清的问题。例如,2003年的《人胚胎干细胞研究伦理指导原则》是由当时的科技部、卫生部联合发布的,两个主管部门均

有权对人胚胎干细胞的研究活动进行监督管理,但没有明确具体的权限划分。2016 年的《涉及人的生物医学研究伦理审查办法》是当时的国家卫生和计划生育委员会发布的,但仅适用于"各级各类医疗卫生机构"开展涉及人的生物医学研究伦理审查工作,对科技主管部门没有权限和职责上的约束力。

（二）基因编辑技术伦理审查机制存在的问题

我国对基因编辑试验进行伦理审查主要依据的是《涉及人的生物医学研究伦理审查办法》(以下简称《伦理审查办法》),但同样存在一些问题。

第一,《伦理审查办法》第 19 条规定:伦理委员会的审查模式为书面审查,但这种审查模式可能会因为科研机构伪造、篡改材料蒙混过关使其达不到实质审查的效果。[1] 在此次基因编辑婴儿事件中,贺某某通过他人伪造伦理审查书,逃避了伦理委员会的资质审查,由此可以看出这种审查较为形式化,可操作性和实效性不强。同时,第 20 条虽然对需要重点审查的内容作出了规定,但没有列明具体的审查标准,而是赋予机构伦理委员会较大的自由裁量权。

第二,《伦理审查办法》第 23 条规定:伦理委员会有权作出是否批准研究项目的决定,但缺少对这种许可权利进行限制或监督的制度设计。无论申请人的研究项目是很常见的小项目还是严重危害人类健康或违背社会伦理的大项目,伦理委员会都有权力决定。同时,由《伦理审查办法》第 28 条规定可以看出,伦理委员会申请省级委员会协助的评估标准过于主观且不明确,这些都可以看出对于省级以下的伦理委员会赋予了过大的许可决定权限。

第三,《伦理审查办法》第 27 条规定了跟踪审查制度,但没有对跟踪审查制度制定具体的要求和操作标准。研究人员是否对项目内容擅自变更、是否产生不良事件等都需要伦理委员会在项目的后续进展中进行跟踪审查。如果伦理委员会未履行跟踪审查义务,那么就可能导致重大不良后果出现,同时也没有对后续补救措施的规范依据。在贺某某基因编辑婴儿事件中,事前伦理审查和跟踪审查程序都是存在严重缺陷的,导致在"娜娜""露露"已经诞生的消息披露后,主管部门、社会公众才对该项目有所了解。

第四,《伦理审查办法》在第六章"法律责任"部分中仅对有限的几种行为规定了行政处罚,且都是针对违反程序性问题的处罚决定,对于实质性违反伦

---

[1]　杨建军、李姝卉:《CRISPR/Cas9 人体基因编辑技术运用的法律规制——以基因编辑婴儿事件为例》,《河北法学》2019 年第 9 期,第 44—57 页。

理原则的行为并未规定罚则。同时由于其是规章,故仅限于行政处罚(主要是通报批评、警告和罚款等),法律责任明显过轻,不能起到惩罚和威慑的效果。

(三)基因编辑受试者的权利救济不充分问题

虽然《科学技术进步法》第 73 条规定:"违反本法规定……造成财产损失或者其他损害的,依法承担民事责任";《执业医师法》第 39 条规定:"非医师行医"并"给患者造成损害的,依法承担赔偿责任";《涉及人的生物医学研究伦理审查办法》第 49 条规定:责任人"给他人人身、财产造成损害的,应当依法承担民事责任"。但是这些规范实际上属于"正确的废话",并不具有真正的法律适用价值,不能成为或单独成为受害人的请求权基础。事实上,不管在这些法律或规章中有没有这些条文,都不会对受害人的损害赔偿请求权有任何影响,受害人应该——也只能——在民法规范中寻找损害救济请求权所依之"法",但在民法上寻找相应的请求权基础面临一定的困难。

我国民法在基因编辑试验乃至宽泛的人体试验方面,没有提供有针对性的请求权基础。在我国目前的刑法和民法中都不存在直接针对人体试验(包括人类基因编辑试验)的责任规范。人体试验与常规医疗是两种不同的行为,应区别对待。在民法上缺失基因权利、人体试验等具体规范的情况下,虽然可以通过法律解释在一定程度上追究非法试验行为人的民事责任,但在有关"医务人员"的判断以及对受损害法益、"不当的基因操作"、健康风险、损害范围、因果关系等法律评价上面临一些解释困境。[①]

首先,在《侵权责任法》第 55 条(《民法典》第 1219 条的"前身")的适用上,就需要对人类生殖系基因编辑试验行为的性质进行判断,分析其是否属于该法条规定的"诊疗活动"。其次,该法条中规定的行为主体是"医务人员",但是进行基因编辑试验的试验者不一定具有医师执业资格,例如基因编辑婴儿事件中的贺某某及其团队人员,他们能否被认定为"医务人员"? 如果他们不是医务人员,则不能依据此法条来追究他们的侵权责任,只能按照一般侵权行为来追究责任。最后,该法条要求造成损害后果,但是如果目前暂时没有损害后果,是否还能适用该款条文追究责任? 例如,基因编辑婴儿事件中的"露露",

---

① 王康:《"基因编辑婴儿"人体试验中的法律责任——基于中国现行法律框架的解释学分析》,《重庆大学学报(社会科学版)》2019 年第 5 期,第 134—144 页;王康:《基因编辑婴儿事件受害人的请求权》,《法律科学》2020 年第 3 期,第 86—99 页。

由于其 CCR5 基因没有被"成功"编辑,故暂时没有临床上的损害表现,那么,这种基因被破坏的状态可否能认定为损害后果? 如果不能认定为损害后果,那么能否在暂时没有具体损害后果的情形下,向试验者主张侵权责任? 这些问题都需要法律的正面应对,以避免解释上的不确定性。

第三节　人类生殖系基因编辑受试者的权利诉求及其法理基础

一、受试者权利诉求的正当性

相对于一般的临床试验,人类生殖系基因编辑试验更容易对受试者的权益造成侵犯。若要实现对受试者权益更好的保护,在完善行政监管和伦理审查机制前,需要在理论层面对基因编辑试验受试者的权益进行分析,以寻求对受试者权利保护的正当性基础。

(一)伦理基础

1946 年的《纽伦堡法典》规定了人体试验的基本原则和行为规范,1964 年世界医学联合大会通过的《赫尔辛基宣言》规定了涉及人类受试者的医学研究伦理原则。这两个国际规范提出了尊重、有益、不伤害和科学几个著名的伦理原则。

第一,尊重原则。对受试者的尊重要求受试者在获得试验信息的基础上出于自愿参与试验。在基因编辑试验开始之前,试验者应将试验的目的、过程、可能的后果等试验信息如实告知受试者,尊重受试者的决定权以及中途退出的权利。

第二,不伤害原则。不伤害是指在基因编辑试验过程中不对受试者造成不必要的伤害。临床试验的性质决定了试验中不可避免地存在有伤害受试者的可能,因此,不伤害原则强调的是试验者应避免受试者遭受不应有的损害。

第三,有益原则。有益是指基因编辑试验的实施必须是以给受试者和社会带来利益为前提,需要认真衡量给受试者带来的风险和收益比。根据目前生殖系基因编辑技术的水平,试验者实施生殖系基因编辑给受试者父母和受试者婴儿（胎儿）带来的风险远高于该试验给他们带来的利益，因此，现阶段应禁止生殖系基因编辑的临床试验。对于体细胞基因编辑，可以在衡量受试者的风险和利益比之后，在有效监管下实施临床试验。

第四，科学原则。若要将基因编辑技术应用于临床人体试验，必须坚持科学原则，对试验的报批材料和审批流程细致规范，对研究人员实施严格的资格准入制度，对试验过程进行科学严密的设计，对试验操作进行严格仔细的规范等。只有对基因编辑试验中人员、机构和流程进行全方位具体规范，才能更好地保护受试者的权益。

（二）法理基础

基因编辑技术作为一种高新生物医疗技术，具有很强的专业性。受试者在基因编辑试验中处于弱势地位，应把"普遍人权理论"作为受试者权益保护的法理基础。

基因编辑试验中的试验者和研究人员掌握了大量的专业信息，在整个过程中处于对信息绝对支配的地位，应对其施加更多具体的义务和责任。试验者可能会利用这种优势地位，有选择性地向受试者提供试验信息，从而诱导受试者参加试验；而受试者往往只能在信息不对称的情形下作出决定，其知情同意权易于受到侵犯（就像在"基因编辑婴儿"事件中出现的那样）。受试者和试验者之间的风险与利益失衡也使受试者处于弱势地位。受试者在基因编辑试验中，承担的是危及生命和身体健康的巨大风险，但试验者只需承担基因编辑试验费用、对受试者的经济补偿即可，并且该技术一旦成功应用于临床，其经济回报是巨大的。[①] 受试者的生命健康权、知情同意权和隐私权等不仅是民事权利，而且更属于宪法规定的基本权利，但目前我国没有法律（狭义）对基因编辑试验受试者的权益进行具体规定，使在基因编辑场景下受试者的具体权益保护和损害救济得不到充分保护。

我国《宪法》第33条从一般意义上规定法律面前人人平等，但公平的真正实现还需要遵循符合正义要求的差别原则。对在基因编辑试验中处于弱势地位的受试者，法律应给予更多的保护，这样才能实现实质公平。现代私法强调

---

① 张力、刘小砚：《论临床试验受试者权益保护——理论基础、现实困境与法律进路》，《重庆理工大学学报（社会科学）》2015年第12期，第97—104页；杨春治：《医学临床试验受试者权益保护的理论逻辑和现实路径》，《河北法学》2015年第3期，第126—134页。

"权利本位",[1]权利在法秩序中处于主导地位,义务的设定往往是为了权利的实现。通过法律确认基因编辑受试者各种具体的权利,对实验者施加各种具体的义务,有利于确保试验质量、安全,提高受试者抵御风险、保障权益的能力。

此外,在人类生殖系基因编辑试验中,真正的受试者可能表现为父母、婴儿和胎儿(拟制或应然意义上的受试者)三种。由于所处的生命发展的阶段不同,不同受试者的意思能力、行为能力存在差异,在基因编辑试验中的权利诉求不完全相同,对他们权利保护的内容应有所侧重。在生殖系基因编辑试验中,受试者父母的健康权、知情同意权和隐私权等都应受到法律的保护。受试婴儿作为无民事行为能力人,其健康权应与受试者父母受到同样的保护。通过对知情同意权和隐私权的权利内容进行分析,受试婴儿的知情同意权和隐私权在基因编辑试验中的行使需要限定在一定范围内。同样,由于受试胎儿的特殊性,也需对其在基因编辑试验中是否享有健康权进行讨论。

二、受试者的健康权

世界医学协会《赫尔辛基宣言》(2013 年版)的首条就用"我的患者的健康是我最首先要考虑的"和"医生在提供医护时应从患者的最佳利益出发"来表明对受试者生命健康与安全的保护。《纽伦堡法典》第 4 条[2]和第 7 条[3]的内容体现出人体试验需遵循不伤害原则,即在人体试验中应尽可能避免损害受试者的生命健康、心理健康等。我国《涉及人的生物医学研究伦理审查办法》第 18 条中也规定:应将受试者的安全和健康权益放在首位,其次才是科学利益和社会利益。因此,在基因编辑试验中,受试者的健康权是首要保护的权利。

在"基因编辑婴儿"非法人体试验中,不仅直接受试者的健康权应受到保护,基因编辑婴儿在胚胎阶段的健康权益同样应当予以保护。在德国民法中,立法和司法实践都没有对胎儿的权利能力进行直接的规定,只规定了胎儿在继承、第三人合同以及扶养人死亡三种情形时具有获得财产的能力,但没有对

---

① 张文显:《法哲学范畴研究》,中国政法大学出版社 2001 年版,第 366 页。
② 《纽伦堡法典》第 4 条:"实验进行必须力求避免在肉体上和精神上的痛苦和创伤。"
③ 《纽伦堡法典》第 7 条:"必须做好充分准备和有足够能力保护受试者排除哪怕是微之又微的创伤、残废和死亡的可能性。"

这种能力的法律性质予以规定。美国法对于胎儿的保护范围更加广泛,只要侵害行为和损害之间的因果关系能够被合理证明,那么,对于发生在怀孕后的任何阶段的侵权损害都可以救济,而并不局限于受侵害时已经具有生命能力的胎儿,[①]即只要能够证明侵害行为、损害后果及其因果关系,即使受精卵或胚胎细胞阶段的侵害也可以得到救济。

有哲学家认为像受精卵、胚胎和胎儿等这种"潜在者",由于"他们"具有未来成长为有理性、自我意识的人的可能性,因此"他们"是重要的。[②] 法律对自然人的生命权、健康权等权利的保护,不仅仅是以当前的角度去审视的结果,同时还应以长远的视角去审视"潜在者"未来的潜能,因此在法律规范上,我们可以预先承认未来可能出生的法律主体现在就拥有某种权利。[③] 对胎儿的权利保护不仅应当关注其当前的生命形式和状态,而且还应拉长时间维度,看到其未来的生命状态,以那时的目光再回溯当前对胎儿的权利保护。因此,应当承认生殖细胞、胚胎细胞和胎儿等这些"潜在者"在法律主体资格成立上的可能性,其未来的部分权益需要法律予以提前保护。

根据我国《民法典》第 16 条规定,胎儿可以在特殊情形下被视为具有权利能力,即一种作为"准自然人"的存在。正因如此,胎儿的"准自然人"状态就意味着其部分人格构成要素能够成为法律上人格权的内容,成为人格权保护的客体。由于胎儿的人格状态尚不完整,受保护的人格领域应当只局限在身体、健康等生理领域的范围内,出生后才形成的姓名权、名誉权和隐私权等具体人格权在胎儿阶段不应予以保护。[④] 当然,即使是在人身损害情形下的救济性的人格权利,也必须以胎儿出生为前提,才能现实地行使。

三、受试者的知情同意权

《纽伦堡法典》是国际上最早确立人体试验知情同意原则的法典,其第 1 条就规定了"受试者的同意是绝对必要的",把受试者的知情同意放在了最重

---

① 刘召成:《胎儿的准人格构成》,《法学家》2011 年第 6 期,第 68—69 页。
② 朱振:《反对完美?——关于人类基因编辑的道德与法律哲学思考》,《华东政法大学学报》2018 年第 1 期,第 66—81、176 页。
③ 颜厥安:《鼠肝与虫臂的管制:法理学与生命伦理论文集》,台湾元照出版有限公司 2004 年版,第 39 页。
④ 刘召成:《胎儿的准人格构成》,《法学家》2011 年第 6 期,第 66—81、176 页。

要的位置。后来的《赫尔辛基宣言》(2013年版)在第25—32条中对知情同意的具体内容做了进一步的规定。我国多部法律、行政法规、规章都对人体试验中受试者的知情同意原则作出了规定。2003年国家药品监督管理局发布的《药物临床试验质量管理规范》第15条要求"经充分和详细解释试验的情况后获得知情同意书",本条项下内容相对简陋。[1] 2020年4月27日,国家药品监督管理局会同国家卫生健康委员会发布了新版《药物临床试验质量管理规范》,在第23和24条对知情告知的内容进行了详细的阐述。[2] 2016年国家卫生和计划生育委员会发布的《涉及人的生物医学研究伦理审查办法》在第18条规定了知情同意原则,内容包括:"尊重和保障受试者是否参加研究的自主决定权,严格履行知情同意程序,防止使用欺骗、利诱、胁迫等手段使受试者同意参加研究,允许受试者在任何阶段无条件退出研究"。2019年国务院发布的《药品管理法实施条例》第30条第3款规定:"药物临床试验机构进行药物临床试验,应当事先告知受试者或者其监护人真实情况,并取得其书面同意。"《民法典》第1219条也规定了医疗领域中患者的知情同意权(在民法上没有关于人体试验法律行为和损害救济的具体条款的情况下,人体试验或可被纳入医疗活动、诊疗行为的范畴)。

一般认为,知情同意权在内涵上包括:同意的能力、全面而公正的信息获取、充分而正确的理解、同意的自主性等几个方面。在人类基因编辑试验中,知情权是受试者理解试验目的、内容和风险的权利,同时该权利的实现需要研究人员充分履行信息告知义务;同意权是受试者在充分知悉和正确理解有关试验的风险、受益等全部信息后,基于真实意愿自主作出决定参加或退出试验的权利,这就要求受试者在做出决定时具有相应的行为能力。

---

① 本条下的具体内容为:"(一)由受试者或其法定代理人在知情同意书上签字并注明日期,执行知情同意过程的研究者也需在知情同意书上签署姓名和日期;(二)对无行为能力的受试者,如果伦理委员会原则上同意、研究者认为受试者参加试验符合其本身利益时,则这些病人也可以进入试验,同时应经其法定监护人同意并签名及注明日期;(三)儿童作为受试者,必须征得其法定监护人的知情同意并签署知情同意书,当儿童能做出同意参加研究的决定时,还必须征得其本人同意;(四)在紧急情况下,无法取得本人及其合法代表人的知情同意书,如缺乏已被证实有效的治疗方法,而试验药物有望挽救生命,恢复健康,或减轻病痛,可考虑作为受试者,但需要在试验方案和有关文件中清楚说明接受这些受试者的方法,并事先取得伦理委员会同意;(五)如发现涉及试验药物的重要新资料则必须将知情同意书作书面修改送伦理委员会批准后,再次取得受试者同意。"

② 为深化药品审评审批制度改革,鼓励创新,进一步推动我国药物临床试验规范研究和提升质量,国家药品监督管理局会同国家卫生健康委员会组织修订了《药物临床试验质量管理规范》,并于2020年4月27日发布(国家药监局、国家卫生健康委2020年第57号文),自2020年7月1日起施行。

在受试者知情方面,研究者或试验者对全部的试验信息负有告知义务,并应保证受试者能够充分理解有关试验的风险、受益等全部信息。我国2003年发布的《药物临床试验质量管理规范》第14条对研究者需要向受试者说明的具体内容进行了规定,包括:受试者自愿参加和随时退出的权利、个人资料保密、试验的性质和风险、无同意能力受试者的法定代理人的权利、发生损害时的补偿等内容。随着基因编辑技术的发展,试验也暴露出本条规定的告知内容并不全面,还应当包括:试验的受益、经费来源、伦理审批等情况,这在2020年发布的《药物临床试验质量管理规范》第24条得以补充,本条进一步规定了"临床试验概况、试验目的、试验治疗和随机分配至各组的可能性、试验可能致受试者的风险或者不便(尤其是存在影响胚胎、胎儿或者哺乳婴儿的风险时)、试验预期的获益以及不能获益的可能性、其他可选的药物和治疗方法及其重要的潜在获益和风险"等20项告知内容。虽然对于告知内容和范围做了明确的规定,但是对受试者告知的程度却没有统一标准。目前主要有三种告知标准:一是"合理的试验者标准",即在相同的情况下,以一个合理的试验者应当告知受试者的信息为标准;二是"合理的受试者标准",即在相同情况下,以一个合理的受试者所需要获得的信息为标准;三是"主观标准",即以试验者提供的信息应当尽可能满足受试者在做决定时所需要的信息为标准。[1] 人类基因编辑技术的复杂性和受试者的多样性,让试验者告知的程度无法统一,因此采用"主观标准"最能够保证每一个受试者充分获得其所需要的试验信息,这或许是现阶段试验者对受试者的告知义务的最佳标准。

为保证受试者能够对被告知的试验信息充分理解,《涉及人的生物医学研究伦理审查办法》第37条规定:"项目研究者应当给予受试者充分的时间理解知情同意书的内容"。一般来说,即使研究者将试验信息充分告知了受试者,也不意味着受试者就能够完全理解试验内容,原因在于受试者的知识背景、年龄、心理素质等不同,他们对试验内容的理解存在偏差,特别是基因编辑技术试验涉及许多专业知识和技能,即使经过研究人员的仔细讲解,受试者也未必能够理解。因此,试验者给受试者提供的信息要全面,表述时应充分考虑受试者的背景,尽量避免使用专业术语。

---

[1]　满洪杰:《人体试验法律问题研究——以受试者权利保护为核心》,复旦大学博士学位论文,2009年,第116—117页。

　　在受试者的同意方面,保障受试者的同意能力和自主决定的实现是中心内容。科研人员只有在获得了受试者的同意后才能进行基因编辑试验,只有受试者具有同意能力时才能做出有效的自主决定。《药物临床试验质量管理规范》(2020)第 23 条规定:"研究者实施知情同意,应当遵守赫尔辛基宣言的伦理原则",并符合有关知情同意内容和程序的 14 项要求。[①]

　　人类生殖系基因编辑会造成后代基因的改变,且这种改变具有可遗传性。在"基因编辑婴儿"非法人体试验中,实际上享有最终决定权的是作为父母的受试者,那么,父母是否具备这项权利来决定如何改变后代的基因呢?学界的

---

①　这 14 项要求包括:"(一)研究者应当使用经伦理委员会同意的最新版的知情同意书和其他提供给受试者的信息。如有必要,临床试验过程中的受试者应当再次签署知情同意书。(二)研究者获得可能影响受试者继续参加试验的新信息时,应当及时告知受试者或者其监护人,并作相应记录。(三)研究人员不得采用强迫、利诱等不正当的方式影响受试者参加或者继续临床试验。(四)研究者或者指定研究人员应当充分告知受试者有关临床试验的所有相关事宜,包括书面信息和伦理委员会的同意意见。(五)知情同意书等提供给受试者的口头和书面资料均应当采用通俗易懂的语言和表达方式,使受试者或者其监护人、见证人易于理解。(六)签署知情同意书之前,研究者或者指定研究人员应当给予受试者或者其监护人充分的时间和机会了解临床试验的详细情况,并详尽回答受试者或者其监护人提出的与临床试验相关的问题。(七)受试者或者其监护人,以及执行知情同意的研究者应当在知情同意书上分别签名并注明日期,如非受试者本人签署,应当注明关系。(八)若受试者或者其监护人缺乏阅读能力,应当有一位公正的见证人见证整个知情同意过程。研究者应当向受试者或者其监护人、见证人详细说明知情同意书和其他文字资料的内容。如受试者或者其监护人口头同意参加试验,在有能力情况下应当尽量签署知情同意书,见证人还应当在知情同意书上签字并注明日期,以证明受试者或者其监护人就知情同意书和其他文字资料得到了研究者准确地解释,并理解了相关内容,同意参加临床试验。(九)受试者或者其监护人应当得到已签署姓名和日期的知情同意书原件或者副本和其他提供给受试者的书面资料,包括更新版知情同意书原件或者副本,和其他提供给受试者的书面资料的修订文本。(十)受试者为无民事行为能力的,应当取得其监护人的书面知情同意;受试者为限制民事行为能力的人的,应当取得本人及其监护人的书面知情同意。当监护人代表受试者知情同意时,应当在受试者可理解的范围内告知受试者临床试验的相关信息,并尽量让受试者亲自签署知情同意书和注明日期。(十一)紧急情况下,参加临床试验前不能获得受试者的知情同意时,其监护人可以代表受试者知情同意,若其监护人也不在场时,受试者的入选方式应当在试验方案以及其他文件中清楚表述,并获得伦理委员会的书面同意;同时应当尽快得到受试者或者其监护人可以继续参加临床试验的知情同意。(十二)当受试者参加非治疗性临床试验,应当由受试者本人在知情同意书上签字同意和注明日期。只有符合下列条件,非治疗临床试验可由监护人代表受试者知情同意:临床试验只能在无知情同意能力的受试者中实施;受试者的预期风险低;受试者健康的负面影响已减至最低,且法律法规不禁止该类临床试验的实施;该类受试者的入选已经得到伦理委员会审查同意。该类临床试验原则上只能在患有试验药物适用的疾病或者状况的患者中实施。在临床试验中应当严密观察受试者,若受试者出现过度痛苦或者不适的表现,应当让其退出试验,还应当给以必要的处置以保证受试者的安全。(十三)病史记录中应当记录受试者知情同意的具体时间和人员。(十四)儿童作为受试者,应当征得其监护人的知情同意并签署知情同意书。当儿童有能力做出同意参加临床试验的决定时,还应当征得其本人同意,如果儿童受试者本人不同意参加临床试验或者中途决定退出临床试验时,即使监护人已经同意参加或者愿意继续参加,也应当以儿童受试者本人的决定为准,除非在严重或者危及生命疾病的治疗临床试验中,研究者、其监护人认为儿童受试者若不参加研究其生命会受到危害,这时其监护人的同意即可使患者继续参与研究。在临床试验过程中,儿童受试者达到了签署知情同意的条件,则需要由本人签署知情同意之后方可继续实施。"

意见大体分为两派：一类持反对态度，认为对生殖细胞的基因编辑可能会损害后代的自主性，受试者父母不享有决定权。社会理论家尤尔根·哈贝马斯（Jürgen Habermas）认为，人类基因构成的偶然性对于我们作为自主行为者的能力至关重要，只有拥有通过偶然给予的基因，我们才能自主的生活。当通过人为的设计改变后代基因的时候，后代的自主性就被破坏了。[①] 持支持态度的学者则认为，该行为并没有侵犯后代的自主性。一方面，通过梳理生殖系基因编辑的过程可知，在试验者实施基因编辑操作时，被编辑的对象为生殖细胞，并非一个具有自主决定权和民事行为能力的成年人。因此，对生殖细胞进行基因编辑并没有侵犯未来的基因编辑婴儿的自决权。另一方面，在现实生活中，人们不能选择自己的出生，也不能决定出生时携带怎样的遗传信息或者遗传性状。因此，对生殖细胞或胚胎进行基因编辑需要考虑是否侵犯未来孩子的同意是没有依据的。[②] 还有现实生活中一直存在着许多社会因素在影响人类后代的基因，例如配偶的选择、父母对孩子的控制和操纵等。这些因素同基因编辑类似，都是通过有意的行为方式来影响后代的基因，既然不能说各种各样的社会因素威胁了后代的自主性，同样也不能认为生殖系基因编辑对后代的自主性产生了威胁。

其实，我们不能将配偶的选择、父母对孩子的控制操纵等社会因素和生殖系基因编辑等同，并认为它们都是通过有意的行为方式影响了后代的基因。因为基因编辑技术具有独特性，与上述的社会因素之间存在区别，主要体现在以下几个方面。

第一，基因编辑技术对后代基因的影响是特定的、明确的，通过对特定基因进行编辑，从而使该基因控制的生物遗传性状发生特定的改变。而社会因素对后代基因产生的影响有点类似于自然选择或物竞天择的方式，后代基因的改变只有一个大方向是确定的，那就是保留下来的基因对于人类的生存和发展是有益的，即基因逐渐"增强"，但是至于是哪方面的基因"增强"则是不确定和不可预测的。

---

① Jonathan Pugh. Autonomy, Natality and Freedom：A Liberal Re-examination of Habermas in the Enhancement Debate. *Bioethics*，Vol.29，2015，pp.145－152.
② 王云岭：《"自然人"与"技术人"：对基因编辑婴儿事件的伦理审视》，《昆明理工大学学报（社会科学版）》2019 年第 2 期，第 36—41 页。

第二,基因编辑技术现阶段还不成熟,科学家对人类基因的了解尚不完全。例如,虽然敲除了特定基因可以使后代获得对一些疾病的免疫,但该特定基因的消失是否会造成后代某些生物遗传性状的改变? 同时,该项技术如果因操作不当造成失误,这种失误对后代的影响是巨大的、未知的,并且对人类基因库将造成潜在的威胁;相反,社会因素对后代基因的选择不存在上述问题。

第三,基因编辑技术对后代基因的改变是立即显现的,而社会因素的影响则需要经历几代或几十代的时间才能看得出来。

以上这些不同说明,基因编辑技术不能等同于社会因素对后代基因造成的影响,社会因素没有对后代的自主性造成威胁不能等同于基因编辑技术没有对后代自主性造成威胁。同时,这也符合哈贝马斯的观点——只有拥有通过偶然给予的基因,我们才能自主的生活。在不知道被编辑婴儿长大后是否愿意被编辑所设定的情形下,试验者就对其基因进行了不负责任的、可能有害的非法编辑。从应然的角度看,这种行为剥夺了其自主决定的权利,侵犯了人之尊严和自由,也违反代际正义原则。

总之,在生殖系基因编辑中,虽然一个人的某些遗传性状可以由父母作为受试者来决定,但在应然意义上,这并不能完全否定后代的自由和尊严诉求,需要对父母针对子女基因特质的决定权进行限制。当人类生殖系基因编辑技术足够成熟时,在有效监管下进行生殖系基因编辑试验时,对父母是否有权决定对生殖细胞进行基因编辑,应当区分基因编辑的不同目的进行相应的判断。一种情况是当受试者父母的遗传病或某些严重疾病会确定遗传给后代,并且通过其他的医疗技术无法完全治愈时,那么,对以治愈疾病为目的的基因编辑,受试者父母有权决定,即受试者父母的决定不会侵犯后代的自主决定权。另一种情形是受试者父母选择对其生殖细胞进行基因编辑,目的是使后代基因增强,即通过编辑某些基因以使后代在未来人生发展中获得某些方面的优势。在这种情形下,父母对于生殖细胞的基因编辑更多的目的是满足自己的私欲,因此,父母不应享有决定权,此时父母的决定会侵犯子代的自主决定权。例如,在"基因编辑婴儿"事件中,贺某某的目的是让婴儿一出生即具有天然抵抗艾滋病病毒的能力,然而艾滋病并非遗传病,现有的医疗技术对于受试者的情况(男方为 HIV 阳性,女方为 HIV 阴性)完全有其他有效的手段来帮助其生育健康的孩子。在这种情形下实施的人类生殖系基因编辑对"露露""娜娜"而言就是不公平的,也是不符合普遍人权和代际正义原则的。

四、受试者的隐私权

《赫尔辛基宣言》第 24 条规定:应对受试者的隐私、个人信息予以保护。[①] 2014 年,《最高人民法院关于审理利用信息网络侵害人身权益民事纠纷案件适用法律若干问题的规定》第一次正式提出了"基因信息"概念,并且把它归入"个人隐私"保护范围之内。[②] 2020 年,《民法典》第 1034 条规定:"自然人的个人信息受法律保护","个人信息是以电子或者其他方式记录的能够单独或者与其他信息结合识别特定自然人的各种信息,包括自然人的……生物识别信息……健康信息等","个人信息中的私密信息,适用有关隐私权的规定"。基因信息显示了个人的致病基因、缺陷基因等信息,这些都与个人过去、现在和将来所患疾病有密切的关联。因此,基因信息是决定和表征个体特征的重要信息,属于个人隐私的核心部分,应当归属于隐私权保护的范畴。

加强保护基因信息隐私已经成为国际共识。《国际人类基因数据宣言》第 8 条表达了相同的内容,第 8 条(a)规定基因数据的采集、使用等需征得受试者的知情同意,并在(b)(c)(d)项中对未成年人和不具备表示同意能力的成年人的同意作出规定。[③] 同时,此处的知情同意并非绝对,在涉及公共利益时,需要衡量个人利益与公共利益之间的利弊。《国际人类基因数据宣言》第 10 条[④]和《世界人类基因组人权宣言》第 5 条[⑤]还明确指出,自然人享有是否对研究结果知情的权利,即被检测者有选择是否被告知的权利。基因信息虽然有巨大的

---

① 该条要求"必须采取一切防范措施以保护研究受试者的隐私,并为他们的个人信息保密。"
② 《最高人民法院关于审理利用信息网络侵害人身权益民事纠纷案件适用法律若干问题的规定》第12 条第 1 款规定:"网络用户或者网络服务提供者利用网络公开自然人基因信息……个人隐私和其他个人信息,造成他人损害,被侵权人请求其承担侵权责任的,人民法院应予支持。"
③ 《国际人类基因数据宣言》第 8 条(a)指出:人类基因数据、人类蛋白体数据或生物标本的采集,无论是采用侵入性方法或非侵入性方法,及随后的处理、使用和保存,无论是由公共机构还是私立机构来进行,均应在不以经济或其他个人利益加以引诱的情况下,事先征得当事人自愿的、知情的和明确表示的同意。只是在有令人信服的理由的情况下,才能由符合国际人权法精神的国内法律对此项同意原则作出限制。
④ 《国际人类基因数据宣言》第 10 条(决定是否对研究结果知情的权利)指出,在为医学和科学研究之目的采集人类基因数据、人类蛋白质组数据或生物标本时,在当事人表示同意时向其提供的信息应说明当事人有权决定是否要了解研究的结果。
⑤ 《世界人类基因组人权宣言》第 5 条第(三)项指出,每个人决定是否被告知遗传检查的结果及由此带来的后果的权利应予以尊重。

科学、产业、医疗等方面的价值，但更关系特定个人和群体的生命秘密、健康、家庭、就业、医疗等多个方面的利益，因此，只有权利主体才可以决定他人可否获取、传输、利用、披露其基因信息隐私。对基因信息隐私应当保密，未经权利主体的允许不得公开。对于他人未经允许擅自公布、披露或调查基因信息隐私的行为，受害人可以要求其承担侵权责任。

生殖系基因编辑受试者的基因信息具有丰富的隐私信息。一方面，选择进行生殖系基因编辑试验的受试者父母往往已知自己具有可能会遗传给后代严重疾病的特定"缺陷"基因，且这种"缺陷"基因极有可能是从其上一代遗传下来的。另一方面，由于试验涉及对生殖细胞或胚胎细胞的基因检测，采集的基因信息不局限于个体，往往涉及两代人甚至多代人的基因隐私权益，因此，基因信息的隐私权益具有家族性。一旦这些基因信息没有被安全存储，那么，含有隐私信息的基因数据可能被泄露、盗取或非法利用。基因隐私泄露会出现基因歧视，使受试者的自由、尊严受到侵犯，与基因信息隐私相关的自由、公正也会逐渐瓦解。[①] 因此，应重视对受试者基因信息隐私权的保护，防止受试者基因信息的泄露和非法利用。

第四节　我国生殖系基因编辑受试者权利保障机制的完善

受试者往往由于自身知识的局限性，对试验风险缺乏正确认知，无法全面衡量试验利弊，因此，受试者在基因编辑试验中往往处于弱势地位。所以，受试者权利保护、试验风险控制主要应由行政管理部门和伦理委员会负起责任。完善人类基因编辑治理模式、行政监管和伦理审查机制，形成基因信息安全保障制度，有利于促进受试者权利的全面保护。

一、采取人类基因编辑"类别化治理模式"

我国对人类基因编辑技术立法应采取"类别化治理模式"，明确基因编辑

---

① 吕耀怀、曹志：《大数据时代的基因信息隐私问题及其伦理方面》，《伦理学研究》2018 年第 2 期，第 86—91 页。

技术的基础研究和临床试验范围,划定严格的技术研究和应用边界。

一方面,对于目的正当、风险可控、效果经过科学验证的基因编辑研究、临床试验和应用,应当允许其在有效的监管机制下进行,[①]即对于基因编辑的实验室研究、用于治疗或预防疾病的体细胞基因编辑临床试验可以在行政机构有效的监管下进行。例如,奥地利在《基因技术法》中规定:对于利用人类体细胞进行的基因治疗和人体临床试验,只有以治疗或预防严重疾病为目的的情形下或者以此为目的已经形成完善的监管程序的情形下才可以实施。[②]2017 年,人类基因组编辑委员会的报告[③]大体上也是如此建议。

另一方面,对于目的是否正当有争议、风险不可控、效果难以验证的基因编辑则应严格禁止其临床试验和应用,该研究应被限定在基础实验室阶段,[④]即以治疗或预防疾病的生殖系基因编辑可以在行政监管下进行基础实验室研究,但目前应禁止其用于临床试验。2018 年 9 月,日本发布了关于允许对人类胚胎进行基因编辑的指导草案,并将其严格限制在以生殖辅助医疗为目的的实验室基础研究中。[⑤] 2016 年 2 月,英国人类受精和胚胎学管理局(HFEA)发表声明,为"对人类胚胎进行基因改造"的实验室研究颁发了许可证,允许其对人类胚胎进行 14 天的实验室研究,但不能将其应用于临床,也不能将编辑后的胚胎植入女性生殖系统内。[⑥]

这种"类别化治理模式"与人类基因组编辑研究委员会发布的报告内容如出一辙,即法律许可的基因编辑的范围应当被严格限制在安全性已经得到确保的情形下。同时,该报告还规定,对于用于治疗或预防疾病之外的体细胞基因编辑(以增强为目的的体细胞基因编辑)的临床试验,仍然需要政府机构与公民展开充分的讨论。

---

① 郑戈:《迈向生命宪制——法律如何回应基因编辑技术应用中的风险》,《法商研究》2019 年第 2 期,第 3—15 页。

② 王岳:《基因科技的法律问题研究》,《法律与医学杂志》2002 年第 2 期,第 121—128 页。

③ 报告中文版参见[美]美国国家科学院、美国国家医学院:《人类基因组编辑:科学、伦理和监管》,马慧、王海英、郝荣章、宋宏彬主译,科学出版社 2019 年版,第 133—139 页。

④ 郑戈:《迈向生命宪制——法律如何回应基因编辑技术应用中的风险》,《法商研究》2019 年第 2 期,第 3—15 页。

⑤ 宋杰:《基因编辑是件很严肃的事情,日本是这么做的》,http://www.keguanjp.com/kgjp_keji/kgjp_kj_smkx/pt20181127115341.html,2020 年 3 月 19 日访问。

⑥ 曲彬、张映、周琪、李伟:《人类胚胎基因编辑——科学与伦理》,《科学与社会》2016 年第 3 期,第 22—31 页。

二、完善人类基因编辑行政监管机制

对于人类基因编辑技术的行政监管,我国可以借鉴英美国家的监管机制。美国从基因编辑技术所属的卫生领域进行法律规制,在研究阶段(实验室的基础研究到临床前测试、人体临床试验、引入药物疗法的审批阶段和批准后的市场监督)和资金来源(联邦基金、各州基金和私人基金)两个方面都拥有专门的法规,这两类法规交互规制对基因编辑的监管形成全面的覆盖。在实验室基础研究阶段,由生物安全委员会负责监督,目的在于保护科研人员的实验室安全;临床研究阶段不仅要接受生物安全委员会的监督管理,而且还需要接受卫生研究院重组 DNA 咨询委员会(RAC)和食品药品监督管理局(FDA)的监管。RAC 研究方案的安全性,并为方案的审查和讨论提供平台。FDA 有权在联邦层面监管涉及基因编辑的产品和药物。[①] 可以看出,对于人类基因编辑的监管,美国虽然也是多个机构共同管理,但各监管机构之间有明确的分工,不存在职权交叉和管辖不明的情形。

不同于美国的多机构监管模式,英国对于生殖系基因编辑的监管,采用集中的垂直一体化监管模式。1990 年,英国设立人类受精和胚胎学管理局(HFEA),对卵子和精子疗法以及涉及人类胚胎的治疗方法和研究进行独立的监管和审批。该机构负责制定相关标准,并向实施特殊干预措施的特定诊疗机构签发许可证。[②] 任何涉及基因编辑技术的研究和应用都由 HFEA 和人体组织管理局等监管机构对其进行审议,即英国采用一案一审的方式进行审批。[③]

我国未来的基因编辑监管模式可以借鉴国外有益经验,采用"一体化决策、类别化监管、多元化参与"的监管模式。

第一,通过《生物安全法》或《基因技术法》设立一个独立的国家生物安全委员会,并使其对生物安全(含基因技术安全)事项有最终的决策权。我国《生

---

① 吴高臣:《我国人类基因编辑监管模式研究》,《山东科技大学学报(社会科学版)》2019 年第 3 期,第 10—17 页。

② [美] 美国国家科学院、美国国家医学院:《人类基因组编辑:科学、伦理和监管》,马慧、王海英、郝荣章、宋宏彬主译,科学出版社 2019 年版,第 40 页。

③ 田野、刘霞:《基因编辑的良法善治:在谦抑与开放之间》,《深圳大学学报(人文社会科学版)》2018 年第 4 期,第 106—115 页。

物安全法》已经建立了中央国家安全领导机构负责下的国家生物安全工作协调机制。[①] 未来还需要继续完善人类基因编辑在国家生物安全法治体系中的一体化决策的制度设置。

第二,在立法中分领域明确具体的基因技术行政监管机构的职责,划分各自的监管领域。例如,由科技部负责监管人类基因编辑试验环境安全,卫健委负责对人类基因编辑的基础研究和临床应用试验进行监管。[②]

第三,对基因编辑技术的风险控制也可以借鉴美国的多方参与模式。由于美国允许私人赞助生殖系基因编辑项目,因此,基因编辑的研究有地方政府的批准、赞助,有社会团体的支持,还有生物技术公司和企业的赞助。[③] 因此,对于基因编辑技术的监督和管理不仅需要依靠法律、行政法规、规章、规范性文件和行政命令等,而且还可以借助基因编辑的研究机构、研究人员、基因生物公司以及临床医疗机构等多方主体的力量,共同构建多元化、多维度、综合性的"政府+X"的风险控制模式。在这一模式中,以卫健委、科技部为具体的监管主体,将社会团体、医疗研究机构和基因公司等各方的资源相整合,利用各方主体的优势对基因编辑技术进行共同管理。[④] 这样不仅可以促进多元社会主体的参与,而且还可以提升社会对人类基因编辑技术风险的理解,增进风险控制效益。

三、提升伦理审查制度的实效

(一)提高对伦理审查相关规定的效力位阶

我国目前对于伦理审查制度的规定,主要集中在《涉及人的生物医学研究伦理审查办法》这一部门规章中,法律和行政法规并没有对伦理审查的相关内容予以规定。规章的效力级别不高,有关法律责任的规定刚性不强,还可能造成伦理审查委员会对临床试验审批作出的决定缺乏透明度、权威性和公信力。

---

① 国家安全委员会负责国家生物安全工作的决策和议事协调,研究制定、指导实施国家生物安全战略和有关重大方针政策,统筹协调国家生物安全的重大事项和重要工作;国家生物安全工作协调机制由健康、农业、科技、外交等国务院主管部门和有关军事机关组成,职责是:"分析研判国家生物安全形势,组织协调、督促推进国家生物安全相关工作。"参见《生物安全法》第10—12条。
② 吴高臣:《我国人类基因编辑监管模式研究》,《山东科技大学学报(社会科学版)》2019年第3期,第10—17页。
③ 张业亮:《美国围绕胚胎干细胞研究的道德和政治争议》,《美国研究》2013年第3期,第62—88、6—7页。
④ 杨杰:《基因编辑的社会风险规制》,《科技与法律》2019年第3期,第84—94页。

贺某某就是通过伪造伦理审查书的方式实施生殖系基因编辑试验的,这表明伦理审查的申请和报批程序不够完善,在伦理审查过程中试验人员可以轻易采用欺骗、隐瞒等不良手段。因此,对于伦理审查制度的构建,应以法律或者行政法规的形式确定下来,从立法上提高伦理审查规范的效力等级,以彰显伦理审查制度的重要性。即使不能提升伦理审查规定的位阶,也应在刑法、民法典、行政处罚法等法律中体现出相应的法律责任条款,以确保伦理审查的制度刚性。

（二）设立独立的伦理审查机构

从《伦理审查办法》中可以看出,我国目前的伦理审查模式是机构内审查模式,即具体的伦理审查工作是由医疗机构内部设立的伦理委员会独立开展的,但由于我国社会人情化程度比美国高,难以保障伦理委员会审查工作的独立性和客观性,[1]因此,若想保证伦理审查机构的独立性,应当设立统一的伦理审查行政机构,这样才能使基因编辑试验项目得到有效的伦理审批和行政监管,防止医疗机构内部"自己审自己"的情形,避免伦理审查的形式化,从而保障基因编辑试验中受试者的权利。

（三）坚持伦理审查和科学审查并重

对于基因编辑的审查工作,应坚持伦理审查和科学审查并重,这是有效防范基因编辑试验风险的关键环节之一。遵守伦理道德与坚持科学是进行试验研究的两个基本原则,是对基因编辑技术进行研究的前提条件。因此,法律应从不同的角度对基因编辑技术的研究过程予以规定。随着科技和伦理的迅速发展,两者逐渐向更加专业的方向发展,使彼此之间的联系不再紧密,出现了试验者或研究者在试验研究中不尊重甚至欺骗受试者的问题。[2] 例如在"基因编辑婴儿"事件中,贺某某为了科学研究而不顾基本的社会道德和伦理原则。因此,应当加强对伦理审查和科学审查的统一管理。2019 年 2 月 26 日,国家卫健委发布了《生物医学新技术临床应用管理条例(征求意见稿)》并在第 18—20 条规定,将原医疗机构内置的伦理委员会修改为学术审查委员会和伦理审

---

[1]　张力、刘小砚:《论临床试验受试者权益保护——理论基础、现实困境与法律进路》,《重庆理工大学学报(社会科学版)》2015年第12期,第97—104页。

[2]　张金钟:《生物医药研究伦理审查的风险意识和风险管理》,《中国医学伦理学》2013年第5期,第539—544页。

查委员会,并分别规定了各自的审查内容。临床研究的申请在医疗机构内审查通过后,还需按照风险等级向省级及国务院卫生部门逐级报批,这些规定体现了坚持伦理审查和科学审查并重的理念。我国《生物安全法》建立了"国家生物安全专家委员会",[①]虽然其仅是隶属于国家生物安全工作协调机制的咨询机构,不具有独立的生物安全决策权力,但这一制度安排已经表明最高立法机关对科学性审查的重视。

（四）健全跟踪审查制度

《生物医学新技术临床应用管理条例(征求意见稿)》在第五章"监督管理"中规定,医疗机构应定期向省级卫生部门报告研究进展情况,省级卫生部门应对研究项目进行定期的监督、抽查等,即卫生部门应对批准的研究项目进行主动审查,开展实地访问调查,检查试验者使用的资料是否与伦理委员会批准的版本相一致,档案记录是否准确、真实、全面等。同时,国务院卫生部门应建立统一的信息管理平台用于公布项目许可和日常监管。保障项目依法合规的健康开展是设立跟踪审查制度的目的,以上规定完善了跟踪审查制度。但是,《涉及人的生物医学研究伦理审查办法》和《生物医学新技术临床应用管理条例(征求意见稿)》都没有对未履行跟踪审查义务的法律后果进行规定,问责机制的缺失可能会造成跟踪审查工作流于形式。因此,应建立与跟踪审查制度相配套的问责机制,明确审查主体及不履行跟踪审查工作的法律后果,建立对应的补救措施,不仅应从正面对跟踪审查制度进行规定,而且还需从反面设置问责机制,对责任主体施加压力,对跟踪审查主体的消极懈怠进行预防。

四、形成基因信息安全保障制度

根据国际伦理共识,如果将可以识别出活体捐献者的细胞用于实验室研究,则这类研究工作需要接受机构伦理审查委员会(IRB)的审查,目的在于确保捐献者免受"可识别"造成的影响,并确保获得捐献者适当的知情同意。[②] 我

---

① 国家生物安全工作协调机制下设专家委员会,为国家生物安全战略研究、政策制定及实施提供决策咨询;国务院有关部门组织建立相关领域、行业的生物安全技术咨询专家委员会,为生物安全工作提供咨询、评估、论证等技术支撑。参见《生物安全法》第10—12条。

② 〔美〕美国国家科学院、美国国家医学院:《人类基因组编辑:科学、伦理和监管》,马慧、王海英、郝荣章、宋宏彬主译,科学出版社2019年版,第23页。

国应吸收这些伦理共识,在生物安全协调机制下成立专门的基因信息安全审查机构,对人类基因数据和基因信息安全保障进行个案审查。在研究机构利用捐献者或受试者的基因信息前,需要通过该信息审查委员会获得捐献者或受试者的知情同意。基因信息安全审查机构的设立可以在一定程度上完善受试者权利保护的法律机制。

第五节　我国生殖系基因编辑受试者权利救济机制的完善

人类生殖系基因编辑具有不同于体细胞基因编辑的特殊性,有关受试者权利救济的现行法律的解决方案也有所不同。一是人类生殖系基因编辑试验属于规章禁止的行为,需要在法律上对其行为进行定性;二是受害人包括作为直接受试者的父母和"基因编辑婴儿";三是对相关损害的规范判断非常困难。本章以"基因编辑婴儿"事件为例,对不同受试者的权利救济分别进行分析。

一、受试者的侵权损害救济

(一)受试者健康权损害的救济

在生殖系基因编辑试验中,如果"基因编辑婴儿"或其父母的身体健康因为试验造成损害,则受害者可以直接请求试验者承担侵权责任。

在法律上,一个人对于自己出生前的损害当然享有损害赔偿请求权。[1]《民法典》第 16 条将胎儿拟制为法律上的"人",但当胎儿出生后如果是死体则其权利自始不存在。本条采用列举概括的立法技术规定了胎儿遗产继承和接受赠与等权利,但该条文中的"等"字对胎儿权利的保护范围进行了延伸,表明这只是一种不完全列举。胎儿的利益保护不仅包括法律规定的继承遗产、接受赠与的权利,而且还有损害赔偿请求权等。[2] 因此,该"等"字依照法理至少

---

[1]　梁慧星:《民法总论》,法律出版社 2017 年版,第 88—89 页。

[2]　杨立新:《〈民法总则〉中部分民事权利能力的概念界定及理论基础》,《法学》2017 年第 5 期,第 50—59 页。

可以解释为包括"人身损害"。因此,在基因编辑试验中,被编辑的胎儿若出现了"脱靶效应""镶嵌现象"等情况,对胎儿的健康造成已知、明确损害的,在其出生后可以身体权、健康权受到侵害为由而要求试验者承担损害赔偿责任。

在"基因编辑婴儿"事件中,两个婴儿的 CCR5 基因被敲除(其中一个婴儿的 CCR5 基因并没有被完全敲除),但目前受试婴儿的健康状态可能依然是正常的。在这种情况下,"露露""娜娜"能否主张其健康权受到侵犯?人类生殖系基因编辑技术十分不成熟,依法应被限制在基础研究阶段,将该技术应用于临床进行试验的行为本身就是一种极大的风险。"露露""娜娜"面临的这种风险包括:她们因 CCR5 基因突变导致未来更容易感染其他病毒的风险;[1]在生长过程中对于未知损害的担忧而产生的精神压力;在教育、医疗、婚育、就业等方面可能受到的歧视等。受试婴儿可能一生都将处于对这些风险的担忧之中,因此,应当将基因编辑婴儿的这种处于不确定的健康风险状态认定为"损害风险",并将其理解为一种损害形式。[2]"露露""娜娜"可以主张其健康权受到侵害的侵权责任,但损害范围和数额的判断面临困难。

(二)受试者知情同意权损害的救济

首先,《民法典》第 1219 条(前身系《侵权责任法》第 55 条。鉴于"基因编辑婴儿"事件发生在《民法典》实施之前,以下引用《侵权责任法》条文进行分析)规定了侵犯患者知情同意权的情形,要求侵权行为发生在"诊疗活动"中。"基因编辑婴儿"事件是对生殖细胞进行基因编辑,本质上应该属于基础研究的科学范畴,能否同时构成该条款规定的"诊疗活动"还需进行具体分析。一方面,贺某某基因编辑婴儿试验过程包含体外受精、胚胎植入前基因诊断和胚胎移植等辅助生殖技术,这些技术操作本身都属于医疗行为,[3]因此,虽然在此过程中加入了对生殖细胞进行基因编辑的操作过程,但这并不能改变整个基因编辑试验是医疗行为的属性。另一方面,《医疗机构管理条例实施细则》第

---

[1] Marilynn Marchione. Chinese Researcher Claims First Gene-edited Babies. https://apnews.com/4997bb7aa36c45449b488e19ac83e86d? from=groupmessage&isappinstalled=0. last accessed on Mar.19,2020.

[2] 王康:《基因编辑婴儿事件受害人的请求权》,《法律科学(西北政法大学学报)》2020 年第 3 期,第 86—99 页。

[3] 王康:《"基因编辑婴儿"人体试验中的法律责任——基于中国现行法律框架的解释学分析》,《重庆大学学报(社会科学版)》2019 年第 5 期,第 134—144 页。

88 条中明确了"诊疗活动""特殊治疗"等用语的含义,[①]可以得知基因编辑临床试验属于"临床试验性治疗"的范畴,是一种特殊的诊疗活动。该法条还规定"诊疗活动"的目的既包括治愈疾病,也有"改善功能、延长生命"等内容,说明不仅以治疗或预防为目的基因编辑试验被包括在内以"增强"为目的基因编辑同样也属于诊疗活动的范畴。因此,无论是体细胞的基因编辑还是生殖细胞的基因编辑;无论其目的是治疗或预防疾病,还是"增强"基因,只要基因编辑技术应用在临床试验的领域都应被认定为是"诊疗行为"。

其次,"医务人员"并非只包括医师和护士两类人,还有与诊疗活动相关的工作人员,例如,救护车的调度、驾驶、跟班救护人员等。[②] 依照此方式解释,贺某某对基因编辑试验进行了全程参与,应认定其是与诊疗活动相关的工作人员,属于医务人员的范畴。

再次,贺某某明知如果艾滋病感染者经过治疗后,病毒载量降低到检测不到的程度可以正常生育,即生殖系基因编辑技术并非直接受试者生育健康孩子的唯一手段,贺某某在向受试者父母说明基因编辑技术时,是否充分告知了其他的替代疗法? 若贺某某明知有其他简单易行、风险明显小于生殖系基因编辑技术的替代疗法却没有向直接受试者说明、告知的话,则侵犯了受试者的知情同意权。另外,在此事件中,网络上可以查询的知情同意书只有英文版本,是否有中文版暂时未知。如果知情同意书只有英文版而没有中文版,那么,受试者父母是否完全理解试验内容以及该份知情同意书是否合法有效均存在疑问。以上内容都可认为试验者并未尽到向直接受试者说明医疗风险、替代医疗方案等告知义务,侵犯了其知情同意权。

最后侵害知情同意权本身就是受试者的一种损害,而不要求出现通常在人身或财产上具体的损害后果。[③] 另外,在贺某某基因编辑婴儿事件中,受试

---

① 《医疗机构管理条例实施细则》(2017 年版)第 88 条规定:"诊疗活动:是指通过各种检查,使用药物、器械及手术等方法,对疾病作出判断和消除疾病、缓解病情、减轻痛苦、改善功能、延长生命、帮助患者恢复健康的活动。""特殊检查、特殊治疗:是指具有下列情形之一的诊断、治疗活动:(一) 有一定危险性,可能产生不良后果的检查和治疗;(二) 由于患者体质特殊或者病情危笃,可能对患者产生不良后果和危险的检查和治疗;(三) 临床试验性检查和治疗;(四) 收费可能对患者造成较大经济负担的检查和治疗。"

② 杨立新:《医疗损害责任构成要件的具体判断》,《法学论坛》2012 年第 4 期,第 19—27 页。

③ 王康:《"基因编辑婴儿"人体试验中的法律责任——基于中国现行法律框架的解释学分析》,《重庆大学学报(社会科学版)》2019 年第 5 期,第 134—144 页。

者生育了一对CCR5基因未被成功修饰进而可能产生健康风险的双胞胎婴儿，给受试者造成了严重的精神伤害。知情同意权作为人格权益受到侵害，受害人可依《侵权责任法》第22条主张精神损害赔偿。

二、受试者综合性损害救济体系的构建

我国医学临床研究和人体试验发展还不成熟，对于受试者的权利保护尚处于起步阶段。面对风险更高的基因编辑临床试验，需要注重受试者在基因编辑试验中权利的保护，完善受试者损害救济体系。

（一）保险机制

人体试验保险制度的确立，可以分散人体试验风险，使受试者遭受的损失获得更好的补偿。人体试验中的保险模式有两种类型：一是自主模式。美国法律没有对人体试验的保险制度作出明确规定，是否投保由试验者自主决定。二是强制保险模式。如荷兰、德国等通过立法建立人体试验的强制保险制度。荷兰在其立法中规定：受试者因为试验造成的死亡或身体损害有保险保障是获准进行人体试验的前提。荷兰的人体试验保险是一种个人事故保险，投保人是试验的负责人或试验者，被保险人和受益人均为受试者。当受试者因人体试验遭受损害，出现保险事故时，受试者可直接向保险公司申请赔偿损失，这种保险模式在我国其他领域很常见。试验的负责人或试验者有购买人体试验强制保险的义务和责任，并且该责任不能由当事人通过人体试验合同进行限制，受试者也不能预先放弃。由于绝大部分的人体试验在医院中进行，医疗机构往往为在其医院参加人体试验的受试者投保，每年向保险公司支付固定的保费，在年末根据实际的受试者人数来确定最终的保险费，即"雨伞保险"。[①]德国关于人体试验的保险制度的内容大致与荷兰相同，在具体细节如保险金额、保险的时间效力等方面存在差异。同时，德国立法还规定，当没有已经被证明有效可行的治疗方案时，新的人体试验作为治疗方法，不要求试验者或负责人参加强制保险。[②]该规定要求试验者在探索新的治疗方案时对人体试验须更加小心谨慎。

[①] 满洪杰：《人体试验法律问题研究——以受试者权利保护为核心》，复旦大学博士学位论文，2009年，第139—140页。

[②] 满洪杰：《人体试验法律问题研究——以受试者权利保护为核心》，复旦大学博士学位论文，2009年，第143—146页。

由于目前生殖系基因编辑的临床试验属于法律禁止事项,现阶段不应对该试验设立强制保险制度,但目前体细胞基因编辑临床试验可以借鉴国外强制保险的制度设计。未来,在生殖系基因编辑技术发展足够成熟,且相关立法允许在一定情形下,即严重的遗传性疾病不能通过其他医疗手段得到治愈时,可以实施生殖系基因编辑试验,可以构建该试验的强制保险制度。在我国,只有 2003 年《药物临床试验质量管理规范》第 43 条规定了研究者应当对参加临床试验的受试者提供保险,[①]但是后来的法规或规章并没有规定与之对应的配套措施,也没有类似于荷兰等国关于人体试验的强制责任保险制度。同时,《药物临床试验质量管理规范》的效力级别为部门规章,即使目前试验者为受试者投保,也没有对应的险种和保险公司承保。因此,在基因编辑试验或者人体试验中设立强制保险制度时,我国《保险法》及其司法解释等也需要进行相应的修改。对于强制保险制度的设立,应从保险额、保险的时间效力、保险范围、保险的赔偿数额、保险人的抗辩和追偿、试验者对受试者所投保险的告知义务等进行全面的规定。强制保险制度的存在可以更方便、快捷地填补受试者因参与基因编辑试验所遭受的损失,减少受试者与试验者、医疗机构等各方进行诉讼而花费的时间和金钱的损失。[②]基因编辑试验一旦对受试者造成损害,将是不可逆转的,试验者和医疗机构所需支付的损害赔偿也是高额的,强制保险制度避免了试验者和医疗机构没有偿付能力的风险。而降低试验者和医疗机构承担赔偿责任的风险,对于受试者的损害救济具有重要意义。

(二)救济基金制度

对于基因编辑试验的受试者的损害救济,除了强制保险制度外,还有救济基金制度。对于构建基因编辑试验的救济基金制度,可以参考日本和我国台湾地区药害救济基金的管理模式。[③]成立一个由政府主导、相关社会团体参与管理的机构,即基因编辑试验损害救济基金会或人体试验损害救济基金

---

① 《药物临床试验质量管理规范》(2003)第 43 条规定:"申办者应对参加临床试验的受试者提供保险,对于发生与试验相关的损害或死亡的受试者承担治疗的费用及相应的经济补偿。申办者应向研究者提供法律上与经济上的担保,但由医疗事故所致者除外。"《药物临床试验质量管理规范》(2020)第 39、72 条也有相应条款。
② 满洪杰:《人体试验法律问题研究——以受试者权利保护为核心》,复旦大学博士学位论文,2009年,第 157 页。
③ 张枫、徐晓媛:《日本与我国台湾地区药品不良反应损害救济基金制度的比较及对我国的启示》,《中国药房》2017 年第 22 期,第 3036—3039 页。

会,其基金来源可以包括政府部门拨款、从相关医药企业利润中提取一定比例的金额、社会慈善团体捐款、个人捐赠和基金利息等多种渠道。其主要的工作内容就是负责向各捐款方征收催缴救济基金、向基因编辑试验中的受害人发放救济基金以及救济金的管理工作等。同时,卫生主管部门应成立救济审议委员会,其中审议专家小组的成员应当由具备生物、医学、法学和经济学等专业知识背景的专家组成,由他们负责制定救济基金的补偿标准、审批因基因编辑试验造成损害的救济申请案件,并确定给付受害人的救济金额。同时,应保证审议专家小组的工作内容公开透明,防止暗箱操作,并设立公众投诉渠道,保证公众有效行使监督权。由于救济基金资金来源的多元化,可以使有损害的受试者的救济金来源更有保障,减轻意外发生时相关企业和试验者的经济负担。[1]

（三）补偿制度

在基因编辑临床试验中可以采用强制性补偿方案,即法律对于一些临床试验要求研究机构进行强制性义务补偿,这样可以降低受试者在试验中面临的风险。例如美国 1998 年联邦退伍军人事务部制定了关于人体试验中受试者可以就其伤害获得治疗的补偿方案。另外,对于美国的研究机构来说,还可以依其意愿建立一种自愿补偿制度,即研究机构内部制定关于人体试验的自愿补偿方案,不同的研究机构可以有不同的补偿政策。美国的韦克福里斯特大学和华盛顿大学都建立了较为完善的自愿补偿方案。[2]

由于基因编辑临床试验让受试者面临着超出一般人体试验的风险,因此,对于受试者的保护来说,研究机构的强制补偿制度优于自愿补偿机制。研究机构应根据法律规定制定关于基因编辑临床试验的补偿方案,该补偿方案可以允许研究机构与受试者在一定范围内进行协商,即在临床试验开始之前,试验者与受试者就试验过程中可能导致的损害达成补偿协议,其内容应当包括:可能获得补偿的情形、造成损害后果的补偿范围、金额、双方的权利与义务等。[3]

─────────────

[1] 姜柏生、郑逸飞:《人体生物医学研究中受试者权益保护对策》,《医学与哲学》2014 年第 2 期,第 55—57 页。
[2] 满洪杰:《人体试验法律问题研究——以受试者权利保护为核心》,复旦大学博士学位论文,2009年,第 146 页。
[3] 杨雅婷、汪小莉:《基因编辑临床研究风险责任之法律探析》,《科技管理研究》2018 年第 20 期,第 40—45 页。

第六节　结　　语

人类基因编辑技术的发展为一些患有基因遗传疾病的患者带来了福音，但同时也带来风险控制、权益保护的法律挑战。人类生殖系基因编辑的"脱靶效应""镶嵌现象"和"多代效应"会对受试者及其后代的生命健康造成威胁，也可能引发代际冲突、后代人的自由和尊严等价值问题。

"基因编辑婴儿"事件暴露出我国在人类基因编辑监管领域存在问题，例如，监管规范散乱、法源位阶较低、法律责任刚性不足、监管部门职权不清、伦理审查和风险控制等监管措施失效等，未来应在法律规制体系和风险控制、权利保护机制方面加以完善。

在"基因编辑婴儿"事件中，存在直接受试者和"基因编辑婴儿"两类侵权受害人。受试者可以《侵权责任法》第 55 条、第 57 条的规定主张侵权责任请求权，基因编辑婴儿可以《侵权责任法》第 6 条第 1 款为请求权基础，并结合《民法总则》第 16 条和第 109 条对自己的"出生前损害"提出赔偿请求。以上请求权之间及两类受害人的赔偿范围可能会发生竞合。在解释论上，对受损害的法益、"不当的基因操作"、健康风险损害及因果关系等评价将面临一定困难。

我国应通过《基因技术法》等专门性的法律（狭义），采取人类基因编辑"类别化治理模式"，区分体细胞基因编辑、生殖系基因编辑，实施不同的监管政策和措施；完善人类基因编辑行政监管机制，采用"一体化决策、类别化监管、多元化参与"的监管模式；提高对伦理审查相关规定的效力位阶，设立独立的伦理审查机构，坚持伦理审查和科学审查并重，健全跟踪审查制度，提升伦理审查制度的实效；形成基因信息安全保障制度，以有利于促进受试者权利的全面保护。未来，我国还应在民法上明确"人类基因权利图谱"，并形成有关生物技术、人体试验的法律行为与损害救济的规范基础，应对人类基因编辑试验实行强制保险制度，研究机构可以设立自愿补偿机制。同时，政府部门还可以联合第三方机构成立救济基金，保障受试者权利得到及时和充分的救济。

第三章
低温冷冻技术人体应用的法律问题

第一节　问题的提出

在 2014 年"全国首例冷冻胚胎权属纠纷案"[①]落幕三年之后，案中的 4 位失独老人通过海外代孕的方式，于 2017 年 12 月 9 日迎来了一个承载着两个家庭所有希望的宝宝。[②]在 2017 年"全国首例废弃冷冻胚胎侵权案"中，一对来自南京的夫妇在美国某州立医院借助人工辅助生殖技术冷冻了 5 枚胚胎（双方委托该医院储存保管），之后双方发生离婚纠纷。诉讼期间，男方在未经女方同意的情况下擅自废弃了这些冷冻胚胎。[③]在该案中，男方未经女方同

---

① 沈新南、邵玉妹诉刘金法、胡杏仙案，无锡市中级人民法院（2014）锡民终字第 01235 号判决书。案情及裁判如下：沈某和刘某在不能自然生育的情况下，选择通过人工辅助生殖技术生育孩子。2012 年 8 月，夫妻二人选择南京市鼓楼医院为其实施人工辅助生殖技术，进行胚胎移植助孕手术。手术中，产生了 4 枚受精的冷冻胚胎。这 4 枚胚胎由鼓楼医院保存，并等待合适的时机将其孕育成新的生命。2013 年 3 月，沈某与刘某因交通事故意外死亡。沈某的父母与刘某的父母均要求继承这 4 枚带着他们孩子的血脉的冷冻胚胎，主张取得这四枚冷冻胚胎的相关权利。双方在商量无果后，沈某父母将刘某父母诉至法院。2013 年 11 月 25 日，宜兴市法院正式立案并依法追加鼓楼区医院为第三人。宜兴市法院经过两次审理，在综合考量社会效果和可能引发的社会问题后，于 2014 年 5 月 21 日作出判决，认为胚胎是一种特殊的物，不能适用一般物的处分规则，所以胚胎不能买卖，同样也不能成为继承标的，不可以当作死者之遗产而被其继承人继承。法院依据《民法通则》第 5 条和《继承法》第 3 条的规定，判决驳回原告的诉讼请求，原告提起上诉。无锡市中级人民法院认为本案焦点是涉案胚胎的监管权和处置权的行使主体如何确定，考虑到这四位失独老人所承受的痛苦，于 2014 年 9 月 17 日判决 4 位老人共同行使胚胎的监管权和处置权。
② 吴靖：《去世夫妻遗留胚胎　父母寻求代孕产子》，《新京报》2018 年 4 月 10 日，第 A12 版。
③ 法院审理认定，相对于取精，取卵过程不仅伴有风险，而且过程痛苦。女方为了孕育孩子，自愿忍受身体上的侵害和痛苦做了取卵手术，其作出的牺牲是很大的。而男方未经女方同意废弃胚胎，侵犯了这位女性的生育权和知情权。参见冉冉：《丈夫单方废弃冷冻胚胎　法院判决赔偿妻子三万元》，http://www.chinanews.com/sh/2018/02-26/8454986.shtml，2020 年 6 月 9 日访问。

意,单方要求医疗机构废弃承载着女方生育希望、具有潜在生命性的冷冻胚胎,被判决侵权并赔偿女方 3 万元。这两个案件均涉及胚胎冷冻技术的临床应用,对其中的伦理和法律问题有必要进行深入研究。

此前,冻卵技术也曾在我国引发了广泛讨论。2015 年 8 月 1 日,著名女演员徐某某宣布自己已经在美国接受冻卵技术,并称"找到了世界上唯一的后悔药"。而就在第二天,央视新闻就报道称:我国单身女性不能使用冷冻卵子生育,冻卵技术不是为未婚女性服务的,而是为了让已婚女性保存生育能力。我国《人类辅助生殖技术管理办法》和《人类辅助生殖技术规范》规定能够实施辅助生殖技术的对象仅限于夫妻,单身女性不在其列。① 但是,该办法和规范是否适用于单纯冷冻卵子的行为是存疑的。事实上,也有不少医院没有将冷冻卵子归入人工辅助生殖技术里,支持单身女性的生育权,为其提供冷冻卵子的服务。单纯冷冻卵子,并非一定用于辅助生殖技术过程之中,至少在冷冻之时未必就开始进入这个过程,即用于生育,故并未违反国家有关生育的法律和政策。不过对于冷冻卵子的使用,因其涉及一个新生命的诞生,故需考虑伦理因素,不能像决定冷冻卵子那样不加以限制。使用冷冻卵子用于生育,应按照有关辅助生殖的规定进行。单身女性冻卵所涉及的伦理和法律问题②需要法律认真对待。

人体③冷冻技术虽然在目前应用非常罕见,但我国还是出现了第一个"吃螃蟹"的人。2015 年,重庆女作家杜某接受了阿尔科生命延续基金会的手术,冷冻了她的大脑。之后,山东的展某某成为第二个接受人体冷冻技术的中国人,但与杜某不同的是,展某某接受的是全身冷冻。展某某在 2017 年 5 月 8 日因肺癌在济南去世,她没有像绝大多数人那样归于尘土,而是立即接受了人体冷冻手术,"沉睡"在容积 2 000 升、温度—196℃的液氮罐内。展某某成为首位在中国本土冷冻并等待复活的"病人"和第一位全身被低温保存的中国人。④ 人体冷冻技术作为一项新兴的技术,其产生的社会伦理问题和法律问题更加复杂,需要法律的合理规制。

---

① 严慧芳:《单身女性能不能冻卵生娃?》,《南方日报》2015 年 8 月 11 日,第 B02 版。
② 有关争议,参见王林智、黄显官、刘祥宇:《单身女性"冻卵"的伦理与法律问题探析》,《医学与法学》2015 年第 6 期,第 33—36 页。
③ 此处的"人体"一词,就讨论目的而言,是在狭义上使用的,指人的身体及其组成部分。本章标题中的"人体"一词系广义,主要包括生殖细胞、胚胎、大脑、身体(及其他组成部分)。
④ 张盖伦:《死亡"暂停":液氮罐里的阴阳穿越——中国首例本土人体冷冻的故事》,《科技日报》2017 年 8 月 14 日,第 1 版。

目前社会公众讨论较多的低温生物技术人体应用的场景主要包括：生殖细胞、胚胎、人体冷冻。这些应用场景不仅给社会带来了伦理问题，而且还对法律提出了新的要求，给传统法律体系带来了巨大的冲击。冷冻卵子、冷冻胚胎的法律属性是什么？是人还是物，抑或是介于人和物之间的中间体？对此一直存在很大争议。不管是冷冻卵子还是冷冻胚胎，法律地位的定性模糊也导致了其处分规则的不明确，如何在明确其处分规则的同时又充分尊重当事人的自己决定权是一个难题。从冷冻人体的法律属性到冷冻技术的属性，再到其中自己决定权的行使和限制，都亟须法律规制。

本章以卵子冷冻、胚胎冷冻、人体冷冻三个应用场景为例，以权利人决定权的实现为主线，研究低温生物技术运用于人体的相关伦理和法律问题，并对低温生物技术人体应用提出初步的立法建议。

第二节　低温生物技术人体应用的伦理争议和法理基础

一、低温生物技术人体应用的技术背景

（一）冻卵技术

与精子冷冻技术和胚胎冷冻技术相比，冻卵技术开始的时间较晚，在 20 世纪 80 年代才开始出现。并且其成熟度也比不上精子冷冻技术和胚胎冷冻技术。冻卵技术初期发展是非常缓慢的，但随着低温生物技术的逐渐发展，其发展速度逐渐加快，如今冻卵技术在逐步走向成熟。冻卵技术发展的初级阶段是慢速冷冻技术。在慢速冷冻技术实施过程中，首先要使用程序冷冻仪使温度慢慢降低，以便让细胞外温度渐渐降低，冰晶逐渐形成，使细胞以一种平衡的方式逐渐脱水。因此，慢速冷冻法也可称为平衡冷冻法。[①] 该技术之后被用于女性的生育治疗。但是，慢速冷冻法也有其不足之处。例如，在慢速冷冻技术实施过程中，其应用时间和降温时间较长，需耗费较多的人力和精力。此

——————————————————
① 肖亚玲、孙正怡：《卵子的冷冻和复苏》，《实用妇产科杂志》2016 年第 4 期，第 248—250 页。

外,在此技术中要复苏的卵子存活率不高,受精率也低,而且程序冷冻仪设备昂贵,因此,这种方式的成本较高,并且仪器一旦发生故障,后果将不堪设想,带来医疗风险。随着科技的不断进步,玻璃化冷冻技术应运而生,新的冷冻方法使得冻卵技术实现了新的突破。玻璃化冷冻技术的基本原理是:利用含有乙二醇、二甲亚砜等高浓度的冷冻液,使卵子在这些保护剂的作用下,充分脱水浓缩。然后经过急速降温后使得细胞内液由原本的液态直接转变成玻璃状的固体状态。① 由于卵子中含有一定的水分,所以在冷冻卵子时,低温会使所含水分结晶,而一旦发生结晶,卵子的分子结构就会遭到损坏。但是,在玻璃化冷冻技术下,这个问题得到解决。通过玻璃化冷冻,卵子的分子结构不易被破坏,可以保持卵子的完整性,这大大地提高了冻卵的复苏率。玻璃化冷冻技术可以保证在卵子冷冻技术中,卵子的复苏率达到90%以上。此外,该技术也大大延长了卵子的保存时间,可以达到10年以上。② 对于渴望孩子的家庭来说,卵子冷冻技术的发展对其具有重大意义,这不仅为许多缺乏生育能力的家庭带来了孕育生命的希望,也延长了女性的生育期限,为由于种种原因暂时还不想生育的女性保存了生育能力。

但是,与其他应用于人体的低温生物技术相比,冻卵技术是辅助生殖技术领域中的一项新兴技术,可分为:医学目的和非医学目的两种情形。③ 前者是指基于对疾病的治疗或者人工辅助生殖过程中对卵子进行冷冻;后者则是指因社会环境因素、个人主观要求而进行卵母细胞的冷冻保存。医学因素卵子冷冻具有合理性,是为社会和法律所允许的。但是,对于非医学因素卵子冷冻,则产生了一系列社会伦理问题和法律问题,各国对其态度也是莫衷一是。美国、日本等国对此采取开放的态度。2016 年 3 月,日本政府为了提高生育率,为社会增添新的活力,使人口不再呈负增长状态,东京的浦安市政府第一次以公权力为后盾,鼓励女性冷冻卵子以保存生育能力,给自己提供反悔的余地,有后路可退,还为暂时不想生育的女性居民设立了"冻卵补贴"。④

① 肖亚玲、孙正怡:《卵子的冷冻和复苏》,《实用妇产科杂志》2016 年第 4 期,第 248—250 页。
② 张宇清:《单身女性冻卵的相关法律问题探析》,《医学与法学》2016 年第 5 期,第 15—18 页。
③ 陈莉、李鸿儒、许娟娟、姚兵、孙琴:《从医学伦理学角度看待非医学因素卵子冷冻》,《中国医学伦理学》2016 年第 5 期,第 836—838 页。
④ 李辉:《女性首次生育年龄不断推迟　日本设"冻卵补贴"》,http://news.sohu.com/20160314/n440308582.shtml,2018 年 6 月 10 日访问。

在我国,对于医疗目的的卵子冷冻是被允许的,但对于非医疗目的的卵子冷冻是否允许并未明确。根据《人类辅助生殖技术规范》规定,单身成年女性(下称"单身女性")是不能实施人类辅助生殖技术的。关于冻卵技术是否应划入人工辅助生殖技术中,从实际来看,我国法律(广义)对此的态度并不明朗。虽然法律并未禁止单身女性基于非辅助生殖的目的冷冻卵子,但是明确声称为单身女性提供冻卵服务的医疗机构是很罕见的。所以,我国的单身女性如果要想冷冻卵子,一般只能选择国外相关机构。事实上,我国目前绝大多数医院是将冻卵技术划入胚胎移植技术的衍生技术之中,因此,单身女性卵子冷冻受到事实上的限制是不言而喻的。

(二)胚胎冷冻技术

胚胎是人的生命形成过程中的重要阶段的存在。本书所指的胚胎是指采用人工授精技术而发育的人类体外胚胎,具有发育成为人的可能性。胚胎冷冻技术就是将早期胚胎采用特殊的保护剂和降温措施进行冷冻,使其在一196℃的液氮中代谢停止或者减弱到足够小的程度,但又不失去升温后恢复代谢能力,从而能长期保存的一种生物技术。[1] 当前用于胚胎冷冻保存的技术有快速冷冻法、慢速冷冻法、玻璃化冷冻法及一步细管法等。慢速冷冻法由于其发展时间相对于其他冷冻方法更长而比较成熟,因此成为临床中常规应用的冷冻方法。

(三)人体冷冻技术

在1931年发表的科幻小说《奇异的故事》中,最早出现利用冷冻技术将人体冷冻这一设想。[2] 人体冷冻学之父罗伯特·艾丁格(Robert Ettinger)从中得到启迪,开始人体冷冻相关研究,将其作为一门科学。在其著作《永生的期盼》中,艾丁格教授对冷冻人体对此做了详尽探讨,并且持积极的态度。但是,由于当时的相关科技水平较低,冷冻技术更是刚刚萌芽,因此,对于这一技术,大多数人都持怀疑态度,甚至还有人觉得这是骗钱的幌子。

人体冷冻技术致力于利用低温保存目前医疗条件不能治愈的人的生命,但该技术的最终目的不是保存而是"死而复生"。冷冻人体的保存时间是非常

---

[1] 周丽颖、王树玉:《胚胎冷冻技术进展》,《中国优生与遗传杂志》2009年第5期,第14—16页。

[2] 晏霏霏:《人体冷冻后未来真的能复活吗?》,http://fashion.ifeng.com/a/20150918/40129134_0.shtml,2018年5月9日访问。

长久的,冷冻机构可能要将其保存到未来的医疗技术水平足以使接受冷冻者"死而复生"之时。从目前来看,医疗条件和科学技术都在不断发展完善,基本具备了保存人体的条件,可以使人体或者人体的部分处于低温条件下而不受损坏。所以,保存技术是趋于成熟的。此外,目前的纳米技术正向细胞、组织损伤修复方向飞速发展,在分子和细胞水平上对组织细胞复原正在成为可能,冷冻人体"复活"指日可待。

国外人体冷冻技术在 20 世纪 60 年代中期就已开始启动,并且经历了半个世纪,此技术得到了长足的发展。目前,已有数个国家已经或者正在开展此项业务。世界上比较著名的人体冷冻机构有三个,其中阿尔科生命延续基金和美国人体冷冻机构是世界上最大的人体冷藏公司。阿尔科生命延续基金建立于 1972 年,是美国最大的人体冷冻服务的提供商。与其他冷冻机构相比,其冷冻技术相对完善,是一个提供人体冷冻及其他相关冷冻的非牟利机构。1976 年,该基金会首次进行人体冷冻。阿科尔生命延续基金会员对于冷冻部位可以进行选择。每个人出于资金的考虑或者根据自己的考量可以选择全身冷冻或者只冷冻大脑,甚至可以选择只冷冻神经系统。此外,阿尔科生命基金也为爱宠物的人提供宠物冷冻服务或者动物的 DNA 样本的冷冻保存业务。截至 2015 年 7 月 31 日,阿尔科基金会已经冷冻了 139 名客户,其中 60％为大脑冷冻,同时还有 1 041 名成员正在等待死后被冷冻。① 除了上述的阿尔科生命延续基金外,还有人体冷冻学之父罗伯特·艾丁格创立之人体冷冻研究所以及俄罗斯的 Krio Rus 公司。

人体冷冻技术的三个关键词是低温、玻璃化、解冻。该技术的步骤主要表现为以下几个方面:第一步,向人体中注射可以减少血液凝结的化学物质,然后将人体冷藏起来。第二步,将冷藏起来的人体运到其公司,然后进行玻璃化过程操作。冷冻公司要做的是首先降温,温度不能太高或太低,降后的温度只能比冰点稍高;在温度条件达标后再把血液抽出来注入保存溶剂。此时,人体中不再有血液而是代之以保存溶剂,这可以确保不会在人体中有冰晶的形成。第三步,待温度达到−130℃后,剩下的就是用容器将人体装起来,然后再将这

---

① 杨怀中、付小雨:《人体冷冻技术中的潜在风险及其伦理应对》,《南方论刊》2017 年第 1 期,第 27—29、90 页。

个容器放入氮罐中,并且要让液氮罐的温度保持在－196℃。[①]

二、低温生物技术人体应用的伦理争议

(一)非医疗目的冻卵的伦理问题

首先,该技术可能会扰乱人类的自然繁衍秩序。一方面,冻卵技术延长了女性生育期限,保存了女性的生育能力,让她们在不能正常排卵的年龄生育孩子成为可能。另一方面,此技术也使正常的繁衍秩序受到冲击。现代社会,女性的地位大大提高,越来越多的女性更加地优秀,她们的生育观念也发生了变化,有的女性希望利用人工辅助生殖技术孕育孩子,这无疑会对传统家庭模式和自然繁衍秩序造成冲击。

其次,该技术可能会加重人口老龄化问题。我国老龄化时代已经来临,社会承担着巨大的压力。现代社会,社会观念的不断进步,女权意识不断觉醒,越来越多的女性更加关注事业,而不会将自己局限于家庭之中。在有些领域,女性甚至比男性还要成功,这使得许多女性在如果可以选择的情况下更愿意将生育计划推迟。如果越来越多的女性选择冷冻卵子,延迟生育期限,那么势必会使出生人口大大减少,出生率降低,老龄化问题也将日益突出。

再次,该技术还可能冲击传统的婚姻制度和家庭伦理。婚姻—生育—继嗣的家庭模式是人类经过上百万年的进化和发展逐渐形成并确定下来的。在这个模式下,婚姻与生育紧密相连,女性在其中也承担着生育的重任。[②] 随着社会的发展,女性的社会地位逐渐提高,许多女性不仅拥有独立的经济地位,而且也拥有较强的自主意识。比起传统女性,她们更加注重自身的发展,这使单身女性群体规模不断扩大。她们逐渐将自我从传统家庭的固有模式中剥离出来,不愿意自己的人生被传统的婚姻捆绑、将"传宗接代"视为自己的义务,最终成为"生殖机器",而是希望有自己的空间和追求。此外,还有一部分女性试图打破传统,建立新的家庭成员结构。她们通过冻卵技术,采取体外受精的方式繁衍后代,这种生育不需男性参与,抚养后代也是由女性独自承担。这种

[①] 杨怀中、付小雨:《人体冷冻技术中的潜在风险及其伦理应对》,《南方论刊》2017 年第 1 期,第 27—29、90 页。

[②] 王林智、黄显官、刘祥宇:《单身女性"冻卵"的伦理与法律问题分析》,《医学与法学》2015 年第 6 期,第 33—36 页。

新的家庭格局与我国传统观念格格不入,传统的家庭模式和婚姻制度势必会遭到冲击。

最后,该技术还可能诱发或加重代孕问题。对于整个生育过程来说,单身女性冷冻卵子仅仅是第一步,要想实现生育,光冷冻卵子是不够的,还需要解冻冷冻卵子使其恢复活性,并与精子结合形成受精胚胎后再植入子宫,然后在子宫内孕育、分娩。① 在通常情况下,对于冷冻卵子的单身女性,等到其将来有一天想要行使自己的生育权而使用其先前冷冻的卵子时,她们的年龄往往都已经不小了,因此她们的身体机能和恢复能力肯定不及正常产妇,保胎和产后修复也具有更大的难度。相对于一般产妇,她们发生妊娠高血压、妊娠糖尿病的概率非常大。这些疾病都是临床中不可忽视的非常危险的疾病,轻则引发肿胀、头疼等症状,增加产妇的痛苦,而重则会危及产妇和胎儿生命。除此之外,高龄产妇还要面临其他很多的困难处境。例如,高龄产妇的生育器官呈现逐渐衰弱的趋势,这样必定会影响腹中胎儿的健康。由此,胎儿和自身生命健康是冷冻卵子的女性在决定生育时所面临的问题。因此,冻卵技术不仅使生育风险扩大,而且也使得代孕等系列伦理问题加重。

(二)胚胎冷冻技术的伦理问题

首先,该技术是对传统婚姻家庭理念的冲击。在理论上,人们可以长期甚至永久地保存冷冻胚胎。目前也已有这样的案例:冷冻了 5 年—13 年的胚胎,在专家的帮助下,成功复苏,并且被植入子宫并孕育出胎儿。我国也有这样长期保存的胚胎孕育成胎儿的例子,未来也不排除有保存更长久的胚胎发育成人的例子。这种情况下,兄弟姐妹可能相隔几代出生,同一天出生的兄弟姐妹可能是相隔几代的冷冻胚胎。这样出生的孩子存在着伦理矛盾,让传统的家庭模式和社会观念遭到一定的冲击。这些胎儿被学者们称为“时间扭曲胎儿”,或者称为“时空错位胎儿”。② 试想一下,夫妻双方通过低温生物技术冷冻了几枚胚胎,在他们孙辈都已出生甚至更久后,将胚胎解冻并用移植技术将冷冻胚胎移植子宫并成功受孕。那么,在这个胎儿出生后,他们的儿孙辈该怎么称呼他呢? 这种“时空错位胎儿”的出现使繁殖秩序遭到极大的冲击,传统

① 王林智、黄显官、刘祥宇:《单身女性“冻卵”的伦理与法律问题分析》,《医学与法学》2015 年第 6 期,第 33—36 页。
② 王灿:《人类胚胎冷冻技术的伦理问题研究》,昆明理工大学硕士学位论文,2016 年,第 21—22 页。

的家庭模式和亲子关系被改变,血统辈分和人伦关系遭到冲击和影响。

其次,该技术对社会伦理产生很大的挑战。随着胚胎冷冻技术不断深入发展,以及其临床应用越来越多,冷冻胚胎商品化和代孕商品化的风险越来越大。如今,在每对夫妇进行人工辅助生殖过程中,为保证成功率,往往会选择冷冻多枚胚胎,以备不时之需,这就导致大量剩余冷冻胚胎的产生。这些剩余冷冻胚胎到底该何去何从? 这个问题是每个实施胚胎冷冻技术的医疗机构所必须要面对的问题。冷冻胚胎的处置必定会引发一系列的伦理和法律争议。

(三)人体冷冻技术的伦理问题

首先,人体冷冻技术还是一项非常不成熟的技术,且目前尚无"复活"先例,可能涉及对人体的伤害。其次,对于冷冻协议的签订,冷冻者的自己决定权与其近亲属的决定可能发生冲突。如果接受冷冻者在生前明确表示拒绝接受冷冻或者没有做出表示,而他的近亲属为了自己的情感需求而选择将其冷冻,这是否属于侵犯自己决定权的行为? 对此,法律并无规定。一方面,要尊重冷冻者的自己决定权;另一方面,也要考虑其近亲属的情感需求,这个伦理问题该如何规制是社会面临的难题。最后,冷冻人体技术还冲击着人类传统的关于生死的观念。生老病死是世界运行的规律。在传统观念里,入土为安是每个人死亡后最终的归宿。而人体冷冻技术则完全突破了人们对于死亡的认识,让人们以为的死亡不是死亡,只是生命的"暂停",不再是"入土为安"而是"入液氮为安"。这一死亡观念的变化冲击着人类自身的存在价值。

三、法理基础——自己决定权

(一)自己决定权的法律界定

自己决定权就是每个人自己决定自己的事务而不受他人非法干涉的权利。日本学者松井茂记对自己决定权进行了定义,认为它是指针对与他人没有任何关系的事情,这个人自己有决定权。或者说,"就一定个人的事情,公权力不得干涉而由自己决定的权利"。[①] 自己决定权作为一种新生的人格权有其产生的必要性。其根据来自对人的尊严、独立性的尊重和个性发展,即为达到个性人格发展的目的,一个理性的人,自己可以对自己的事情独立做出决定而

---

① [日]松井茂记:《论自己决定权》,莫纪宏译,《外国法译评》1996 年第 3 期,第 11—22 页。

不受他人干扰,自己决定自己的发展和命运。[①]

首先,自己决定权内涵中的意志自由不能适用于所有领域,应当局限于人格发展的范畴。[②] 一般来说,民法对人格权和财产权进行了严格区分,人和物也有严格区分。因此,作为人格核心的意志决定自由,不能让其涉及财产领域,应限制在人格要素内。如果自己决定权的意志自由涉及财产领域则必然会导致财产制度的混乱。

其次,自己决定权不意味着对一切事务都有决定的自由,法律在对自己决定权的决定自由进行规制时,应当将其限定在部分具体人格要素之上。人格要素作为一种意识和观念层面的概念,其判断存在很大的障碍。对于生命、健康、名誉等这些具体的人格要素,尚需要审慎的价值判断和大量的论证,需要特殊的法律技术对其进行规制。因此,对于自己决定权应当进行合理地限定,针对不同人格要素的自己决定权应构建不同的法律制度。

最后,并非对所有的人格要素都有自己决定的自由。因此,对于各种外部人格要素的完整性的保护并非自己决定权的功能。自己决定权保护意志是针对各种人格要素的自己决定、选择的自由,其不是意志本身。[③] 自己决定权是这些人格要素更深一个层次的保护。因此,自己决定权是对于人格的动态保护。在此基础上,自己决定权只针对其中的一些人格要素的自己决定,而非对所有的人格要素都享有自己决定权。

(二)自己决定权属于一般人格权范畴

权利是指法律赋予人实现其利益的一种力量,受到法律的保护。权能是指权利实现的方式。权利与权能的界限并不是泾渭分明的,两者之间存在重合。随着社会的发展,有些重要的权能有发展成为权利的可能。有的学者认为,权利与权能的区分不是绝对的,有时由其重要性来决定。[④] 当今社会应该最大限度地尊重人的个性发展,尊重个人自决,所以自己决定权作为一种权利正是对个人自决、自主发展、个性提升的有力保障。

在对具体事项的自己决定问题没有具体的法律规定的情况下,自己决定

---

① 刘士国:《新生人格权问题研究》,《法学论坛》2011 年第 6 期,第 5—9 页。
② 杨立新、刘召成:《论作为抽象人格权的自我决定权》,《学海》2010 年第 5 期,第 181—190 页。
③ 杨立新、刘召成:《论作为抽象人格权的自我决定权》,《学海》2010 年第 5 期,第 181—190 页。
④ [德]卡尔·拉伦茨:《德国民法通论(上)》,王晓晔等译,法律出版社 2003 年版,第 263 页。

权应属于《民法典》第 109 条中的一般人格权的范畴。在现代社会,强调人的个性发展,人们需要高度自决的空间,然而仅仅对具体人格的完整性进行保护是远远不够的。因此,需要一个上位概念,即抽象人格权。个别人格权和一般人格权形成了人格权的完整的逻辑结构,对人格权进行实质保护。我国民法由于受德国民法的影响,所以对人格权的保护只是囿于侵权法的思维模式,因此产生了人格权的权利内容仅限于客体完整性的定势思维。[1] 因此,对于人格权的保护,我国传统民法仅对客体之形式完整性进行保护,而这种保护只涉及表面,只是最基本的保护,不涉及更深层次的自由,不能满足社会对人格保护的要求。因此,针对这种人格权保护的缺憾,抽象人格权应运而生。自己决定权是对意志自由作用于具体人格要素之上时每个人自己决定的权利,它的功能在于对于客观载体的自我控制、自我支配、自我选择。

（三）低温生物技术人体应用中自己决定权的行使

首先,在冻卵技术中应当赋予女性冷冻卵子的权利。生育权是女性依据法律规定享有的基本权利。每一位女性对于是否生育、什么时候生育等享有自己决定权,任何人不能剥夺,也不能强迫。冻卵技术为暂时由于个人原因还不想生育的女性保存了生育的能力,为选择不生育的女性提供反悔的余地。因此,虽然女性不可随意处分和使用冷冻卵子,但是在是否选择冷冻卵子的问题上,每位女性应当有自己决定权。

其次,对于冷冻胚胎中自己决定权的行使需要严格限制。基于社会伦理、善良风俗和现行法律制度,对夫妻双方冷冻胚胎的自己决定权必须加以限制。对于符合条件的夫妻双方,在完成了胚胎冷冻后,对于是否或者什么时候让冷冻胚胎发育成为人,夫妻双方应当对此享有自己决定权,这是夫妻双方行使生育自己决定权的体现。此外,对于多余胚胎,夫妻双方应当享有决定将冷冻胚胎销毁的权利。

最后,在人体冷冻技术中的自己决定权,在内容上主要是决定在医学死亡后是否接受冷冻。这个权利的行使任何人都不能代替和干预。冷冻协议也应当只能由冷冻者本人与冷冻机构签订。一旦选择冷冻自己,这是接受冷冻者对自己的身体行使自己决定权。

---

[1] 杨立新、刘召成:《论作为抽象人格权的自我决定权》,《学海》2010 年第 5 期,第 181—190 页。

（四）低温生物技术人体应用自己决定权的合理限度

虽然低温生物技术有了很大的进步,但是其技术发展仍然是不完善的,低温生物技术在实施的过程中必然会面临许多问题,如果对自己决定权不加以限制,任由个人自由处置,那么必然会导致道德风险。例如,对于冷冻卵子、冷冻胚胎的处置,如果每个人可以自己决定而不受到任何约束和限制,那么必然会导致冷冻胚胎买卖等社会伦理问题。因此,在低温生物技术发展还不完善的今天,应对与此技术相关的自己决定权加以限制,防范道德和法律风险。

社会公共利益、国家利益和他人的自由、权益应当是自己决定权行使的界限。究其原因,在于国家、社会是一切的基础。如果整个国家或者社会都不稳定、不安全,每个人都不受拘束地行使自己的权利,那么,整个社会将陷入无序的状态,个人基本权利的保障就是形同虚设,自己决定权更是无从谈起。所以,对自己决定权加以限制的根本原因不在于限制个人权利,而在于保护每个人的利益。低温生物技术运用的过程属于个人生活领域,与个人生活和尊严紧密相连,看似应当由个人自己决定,并排除国家公权力的干涉,但是低温生物技术运用过程中会产生胚胎买卖、代孕等违反法律和社会公序良俗的问题。因此,在这种情况下,需对自己决定权的行使进行限制,以保持社会秩序。

对自己决定权的行使不能超过法律的界限。在胚胎冷冻技术中,不能违反法律规定进行非法代孕以实现生育目的。在人体冷冻技术中,即使当事人要求,也不能违反法律规定对没有医学死亡的人进行手术。

对自己决定权行使的程度是不能伤害他人,不能损害他人的合法权益。有学者主张只要不造成他人的伤害,个人在做任何事情时都有自己决定的权利。换言之,为防止对他人造成客观损害,国家和社会可以对个人有害行为进行正当化干预。[①] 不论是冻卵技术,还是胚胎冷冻技术和人体冷冻技术,个人在实现自己决定权时均不能损害他人的权益,否则会带来很大的道德伦理风险。

对自己决定权的法律限制应当符合正当程序。一般情况下,只有法律才能对基本权利和自由加以限制。对低温生物技术中的自己决定权的限制也是

---

① 廖喆:《自己决定权研究》,黑龙江大学硕士学位论文,2012年,第25页。

如此,而不能由低位阶的规范进行限制。立法机关若要限制自己决定权必须出于国家安全、公共利益的考量。即使出于公共利益的需要对自己决定权进行限制,限制的内容、程度、方式也必须符合宪法的规定。

对自己决定权的法律限制应当适度。关于低温生物技术在人体上的应用,基本涉及的都是个人非常隐私的领域。因此,国家对其进行限制应当适度而不能过度干涉,否则就会对个人的隐私权造成侵害。不管是冻卵技术、胚胎冷冻技术还是人体冷冻技术,只要其实施不违反法律规定和公序良俗,公权力就不应过多干涉。

对自己决定权的法律限制应当出于保护权利的目的。自己决定权的行使如果没有界限,那么社会秩序必会混乱。但是如果对自己决定权任意加以限制,则会致使权利得不到保障。因此,对自己决定权的限制必须出于保护人权的目的,否则个人私领域会被过多干涉,每个人都会生活在枷锁之中,基本权利将得不到保障。

对自己决定权的法律限制应当符合社会公共利益和公序良俗。根据我国《宪法》第51条的规定,在行使自己的权利和实现自由时,不得损害他人的权利和社会公共利益、国家利益。一个人在行使自己决定权时,必须维护公共利益与公序良俗。

第三节 冻卵技术应用中的
自己决定权

一、冷冻卵子的法律地位

关于冷冻卵子的法律地位问题,即冷冻卵子是"人格"还是"物"有很多争议。如果将其界定为"人格"将适用人格法的规则,那么冷冻卵子销毁、丢弃、买卖等随意处置行为则应当禁止或受到限制。如果将其界定为"物",则可能由物权法、继承法等财产法对其进行规制,那么冷冻卵子就可以作为财产被处置,甚至买卖。

有学者认为,精子和卵子虽然是生命的初始形态,具有潜在的生命性,是形成人类生命所必不可少的物质,但是不经过受精和孕育等过程,它们不可能变成生命。所以,它们不是生命本身,不能将其等同于生命,它们应当属于"物"的范畴,是所有权的客体。"这些东西可以成为所有权的客体,而且首先是提供这些东西的活人的所有物。"[①]还有学者认为,不管是人的身体还是其中的部分都不是物,不属于物权法调整的范围,但与身体分离的部分均成为物(动产),适用物权法的一般规定。[②]根据这种观点,人类精子和卵子在脱离人体之前,不属于物的范畴,但是一旦脱离了人体就属于物,适用物权法的规定。但其不是一般的物,而应属于民法上的特殊物。与此相反,也有学者认为,人类精子和卵子都是人类生命形成时所不可缺少的一种物质,是生命的初始形态,所以应当具有相同于人的法律地位,应当是法律关系的主体。[③]

就事物本质来说,不管是卵子还是精子,所有人的生命都由此而来,如果将其划入物的范畴,那么将人类的尊严置于何地?卵子虽然不是人,不具有主体地位,但却是组成生命的基础,并且其本身也具有一定的生命性。所以,无论其是否从人身上分离出来,都应当得到尊重和认可,因为其包含着人类生命的尊严。所以,卵子不应属于物的范畴。但是,将卵子简单划入人的范畴也是不合理的,因为卵子距离成为人还有很大一段距离,仅仅依靠其自身也不可能发育成生命。所以,卵子的法律属性不应当是法律主体。有的学者认为,作为一种处于人和物之间的一类特殊人格体,卵子应该得到特殊对待,应在法律上拥有自己特别的、与众不同的地位,受到特殊保护,卵子应当被视作人格权的客体。[④]将卵子界定为人格(客体)是符合法理的。这样既考虑了人类的尊严,也有利于冷冻卵子的处分问题的解决——给予应有的尊重,避免其商业化。

二、冻卵技术应用中自己决定权的体现

(一)决定冷冻卵子的自己决定权

对于能否冻卵这个问题上,我国并无相关的法律法规对其进行规定。对

---

① [德]迪特尔·梅迪库斯:《德国民法总论》,邵建东译,法律出版社 2000 年版,第 876—877 页。
② 王泽鉴:《民法总则》,中国政法大学出版社 2001 年版,第 217 页。
③ 刘长秋:《冻卵:法律应采取怎样的立场与对策》,《探索与争鸣》2016 年第 11 期,第 88—92 页。
④ 刘长秋:《冻卵:法律应采取怎样的立场与对策》,《探索与争鸣》2016 年第 11 期,第 88—92 页。

于未婚的单身女性,医院当然是不可以为其做辅助生殖的。但是冻卵不等于辅助生殖,也不意味着生育孩子。这个环节只是把卵子冷冻起来而已。[①] 笔者以为,这个观点完全符合现代社会的需要和潮流。我们知道,女性地位提高使得有独立地位、经济实力的大龄单身女性增多,这使得越来越多的女性有冷冻卵子的需求。而冷冻卵子既不是使用卵子,也不是孕育一个孩子,只是女性为自己买的一份"生殖保险"罢了。每一位女性都有生育权,选择冷冻卵子只是其行使自己权利的体现,应当被允许。因此,对于是否冷冻卵子,每位女性都应当有自己决定权。

（二）处分冷冻卵子的自己决定权

冷冻卵子的使用与是否冷冻卵子的决定不同,使用冻卵还涉及生育等一系列社会和家庭问题。因此,不宜赋予每位女性使用冷冻卵子的自己决定权,而应当对此予以限制。基于社会伦理和家庭伦理的考虑,首先,应将单身女性排除在有权决定使用冻卵的主体之外。这里的冻卵不仅包括别人的冷冻卵子,也包括自己先前冷冻的卵子。其次,基于国家生育法律和政策的要求不符合规定的已婚妇女也不能行使使用冷冻卵子的权利。最后,对使用冷冻卵子加以限制,还有一个重要原因,就是为了从源头上切断代孕可能引发的伦理和道德混乱。

捐赠和销毁冷冻卵子的自己决定权应当得到充分尊重。在冻卵技术应用过程中,肯定会有多余的冷冻卵子产生。一种情况是:女性出于将来怀孕生育的目的而事先冷冻了卵子,但是,当事人可能出于各种各样的原因放弃使用卵子,使得事先冷冻的卵子无法得到利用。另外一种情况就是,为了确保后期使用卵子时具有足够的复苏率、妊娠率等,减少反复取卵带来的痛苦,最大限度地减少对女性身体的伤害,在实施冻卵过程中,医疗机构一般会从母体中提取约 10 个以上的卵子。但是,在技术实施过程中,最终一次顺利植入一个女性子宫内的卵子仅有 1—2 枚。在以上两种情况下,就会面临处分多余冷冻卵子的问题。对于多余的冷冻卵子,女性及其配偶是可以决定将其销毁或者捐赠的。众所周知,取卵过程伴有一定的风险,对女性的身体也有一定的负面影响。因此,应当在一定范围尊重女性对其卵子的处分权,赋予女性充分的自己决定权,任何人不能干涉和剥夺女性的自己决定权。

---

① 邹杨:《"冻卵生子"有严格适应证　普通人不宜尝试》,http://jiankang. cntv. cn/2014/04/24/ARTI1398304574964471.shtml, 2018 年 6 月 9 日访问。

（三）对冻卵技术应用中的自己决定权的法律限制

首先,使用冻卵需要受到约束。随着社会的不断发展,社会对冻卵技术的需求不断扩大,社会上出现越来越多的需要冷冻卵子的女性。选择冷冻卵子,并为将来孕育子女做准备,每位女性都应该享有自己决定权,但考虑到对未成年人的保护,不应允许未成年女性冻卵。对于使用冷冻卵子的主体,不管是使用自己的还是使用他人的,都须严格限制。根据我国有关规定,可以使用冷冻卵子的主体有：① 不孕不育夫妇,且要符合计划生育政策。② 不能产生正常卵子的女性。由此可知,我国单身女性不享有使用冷冻卵子的权利。而对于已婚妇女,如果可以自然生育或者不符合计划生育政策,也不可以使用冷冻卵子。

其次,处分冻卵需要受到法律约束。只要一个女性自身能够提供健康的卵子,那么,她们就不具有使用他人提供卵子的自己决定权。按照《人类辅助生殖技术规范》中确定的规则,只有身份证、结婚证、准生证齐全的夫妇才可以接受人类辅助生殖技术。由此可以看出,若女性已经冷冻了自己的卵子,在其决定使用时,只有在其已婚并且符合计划生育政策及规定的情况下,该女性才具有使用先前冻卵的自己决定权。

最后,关于冷冻卵子的销毁,应尊重主体的自己决定权。冻卵协议的签订应明确约定有关卵子的冷冻期限、费用及销毁等条款。在符合约定或法定条件时,可以由冷冻卵子的医疗机构将冷冻卵子加以销毁。冷冻卵子不是民事法律关系的主体,销毁冷冻卵子不是违法的"杀人"行为。女性有生育的自己决定权,决定将冷冻卵子销毁是女性对不生育的自己决定,且这种自己决定权的行使既没有违反法律,也没有违背社会善良风俗,应当予以尊重。

第四节　胚胎冷冻技术应用中的
自己决定权

一、关于冷冻胚胎法律地位的几种学说

（一）主体说

主体说认为,从受精的那一刻起,胚胎就是法律意义上的人,应当受到

法律的保护。此学说最大限度地保护了冷冻胚胎,美国的路易斯安那州就采用此种学说。对于冷冻胚胎,该州将其看作法人,并按照法人来对冷冻胚胎进行保护,承认冷冻胚胎是权利主体。[①] 主体说虽然有利于保护冷冻胚胎的潜在性生命,最大限度地维护了人类的尊严,但是该学说在中国难以成立。把冷冻胚胎界定为民事法律关系主体,赋予其自然人的法律地位,有诸多不合理之处。

首先,如果将冷冻胚胎的法律属性定义为法律关系主体,那么就意味着将冷冻胚胎提高到了自然人这个高度。那么,冷冻胚胎就与自然人一样都享有生命权。此时,对冷冻胚胎的处置则会成为一个难题,处置方式将受到很大的限制。任何销毁冷冻胚胎、将冷冻胚胎用于科学研究等行为都与故意杀人无异。这些行为侵犯了冷冻胚胎的生命权,所以都应当被禁止。冷冻胚胎不能用于医学研究会使许多与冷冻胚胎有关的疑难杂症研究和冷冻胚胎研究因为可能侵犯生命权而被迫终止,新兴的胚胎研究也不能起步。那么,冷冻胚胎方面的研究就会至此止步不前,最终会阻碍人类的发展。此外,如果采用主体说,那么关于冷冻胚胎的处置方式只有两种选择:一是将冷冻胚胎植入母体,由母体孕育并分娩出现实的生命;二是一直存放在−196℃的液氮中,让其一直沉睡。除此之外,无其他处置方式可以选择,但这是不符合社会现实的。一方面,将冷冻胚胎长期保存在−196℃的液氮下,经济成本较高,永久保存是不太现实的。另一方面,对于有些已经成功植入冷冻胚胎并孕育出生命的夫妻来说,他们没有保存多余冷冻胚胎的必要,也没有再次利用多余冷冻胚胎的打算,但是此时他们对于这些多余的冷冻胚胎,除了继续保存却也无可奈何。因此,主体说给多余胚胎的处置带来很大的问题。

其次,冷冻胚胎作为生命的开始,具有生物人整套的遗传基因,是生命的初始形态。从生物学角度来看,冷冻胚胎勉强可以算是生物人,但是生物人只是一个科学概念,不能真正解决冷冻胚胎的法律属性问题。而从社会法学角度来看,也不宜将冷冻胚胎划入民法中人的范畴。一方面,冷冻胚胎只是一个潜在的生命,尚未经历出生这一阶段,并且其是否能够成功成长为一个自然人还有很大的不确定性。另一方面,将其划入法人的范畴更是不合理,因为其不

---

① 徐国栋:《体外受精胚胎的法律地位研究》,《法制与社会发展》2005 年第 5 期,第 52—68 页。

具备法人的基本条件,即权利能力和行为能力。综上所述,冷冻胚胎不能成为民法上的人。

最后,基于现实考量,将冷冻胚胎定义为人与我国现实国情不符。我们知道,我国法律允许人工流产。胎儿与冷冻胚胎含有自然人整套的遗传信息,虽然两者在直观上有很大的不同,但是两者都有发育成完整自然人的可能,因此两者在本质上是相同的。若要将冷冻胚胎孕育成生命,胎儿这个阶段是其不可跨越、必须经历的。胎儿在子宫中不是一成不变的,而是处于不断成长发育的过程之中,而冷冻胚胎则不同,除非其被植入子宫,否则其不具备生长的机能。综上,胎儿相对于冷冻胚胎来说处于更高的阶段,更接近于社会人。如果采用主体说,冷冻胚胎属于人的范畴,那么,胎儿就更应该是民法上的人。那么,人工流产就成了故意杀人行为,应该为法律所禁止,这显然与我国现行允许人工流产的法律规定相左。

（二）客体说

客体说认为,冷冻胚胎具有物性,是民事法律关系的客体。梁慧星教授认为,人的身体不是物,但人身体的部分一旦与人身相分离,应视为物。[1] 王利明教授也认为,自然人的血液、器官、配子等可以成为民法中的客体,但是必须以社会公序良俗为限度。两位教授虽未直接对冷冻胚胎的地位进行界定,但是可以看出,冷冻胚胎被两位教授归入人体组织之中,视为客体。我国台湾学者史尚宽也持此观点,认为人身体的部分只有在没有与人身分离的情况下,才具有人格属性。而一旦与人身分离,就不是人身了,而成为物和权利的标的。[2]

客体说将冷冻胚胎归入"物"的范畴,忽略了冷冻胚胎潜在的生命性,不仅不利于对生命的保护,而且更有损人类的尊严。而且一旦将冷冻胚胎归入"物"的范畴,就要适用物权处分相关规则,那么冷冻胚胎不仅可以继承,而且甚至可以买卖,这无疑会产生许多社会问题和伦理问题。

（三）折中说

折中说认为,冷冻胚胎是介于人和物之间的中间体。而之所以对冷冻胚胎如此定位是因为冷冻胚胎虽然不是人,但具有孕育成生命的潜质,即有成为人的可能性。因此,不管将其划入民事法律关系主体还是划入客体范畴的观

---

[1]　梁慧星:《民法总论》,法律出版社 2001 年版,第 148 页。
[2]　史尚宽:《民法总论》,中国政法大学出版社 2000 年版,第 223 页。

点都有失偏颇。最好的做法是,将其界定为人和物之间过渡的存在,不能给予其法律主体的保护,但是要给予比一般物更多的尊重与保护。徐国栋教授认为,视冷冻胚胎为"中间地带",既对潜在生命给予了最大的保护和尊重,也维护了妇女的健康和促进科学的发展。并且中间说可以对三者进行有效的协调。① 中间说既不承认冷冻胚胎具有与自然人一样的主体地位,将其与人画上等号,也不将其划入物的范畴,简单地视其为一团细胞组成的物。该学说认为冷冻胚胎是介于人与物之间的过渡存在,并建立了"物—中介—人"的三极模式。②

"折中说"考虑了两方面因素,没有陷入片面主义之中,较好地克服了上面两个学说的片面性和绝对化。一方面,折中说没有将冷冻胚胎划入"物"的范畴,将其定性为法律关系客体,尊重其潜在的生命性,考虑人作为万物之灵长的尊严。另一方面,也没有将其定性为人而绝对"人格化",使得冷冻胚胎的处置陷入困境。表面上看,折中说看似是一个解决冷冻胚胎法律属性不错的选择。但是,"折中说"认为冷冻胚胎处于三极模式的中间状态突破了大陆法系"非物即人"的"主""客"二分模式,给传统民法带来了巨大冲击,现有的民法体系无法解决这一难题。

二、冷冻胚胎的人格属性

鉴于目前的法律秩序,冷冻胚胎不可能成为主体或中间体,所以只能把它视为客体。但此客体只能作为人格的客体,而非作为财产或物的客体。目前我国有学者提出了相关学说,强调冷冻胚胎的人格属性。

(一)冷冻胚胎法律属性:作为客体的"伦理物"

与上面的客体说不同,杨立新教授将冷冻胚胎划入"伦理物"的范畴,认为冷冻胚胎含有生命特征,具有潜在的生命性,不应当是传统意义上的一般物。③冷传莉教授认为,器官、基因、精子等特定物相对于财产利益更侧重于人格利益,宜将此类特定物归为人格物。④

① 徐国栋:《体外受精胚胎的法律地位研究》,《法制与社会发展》2005 年第 5 期,第 52—68 页。
② 张善斌、李雅男:《人类胚胎的法律地位及胚胎立法的制度构建》,《科技与法律》2014 年第 2 期,第 276—295 页。
③ 杨立新:《人的冷冻胚胎的法律属性及其继承问题》,《人民司法》2014 年第 13 期,第 25—30 页。
④ 冷传莉:《论民法中的人格物》,法律出版社 2011 年版,第 28—43 页。

（二）冷冻胚胎的法律属性：作为客体的人格

在西方传统中，在主体或主体资格意义上，"人格"（Person，在基督教义中也被称为"位格"）一词是一个具有内在价值的伦理性词汇，包含哲学、道德、神学的意义，至近现代更被附加了法律观念的意义。人不因是人类物种的成员而为人，人因自己富有尊严、理性和自由意志的"位格"的核心要素而为人。作为客体的人格或人格要素（身体、姓名、名誉、隐私等）同样具有尊严和自由。根据这样的理论，冷冻胚胎因其包含了人的基因，拥有一个人"过去曾是、现在所是和未来将是"的这些生命潜能，可以认为是具体人格的向前延伸。[①] 事实上，当人类的精子和卵子结合成为一个受精卵时，它就成为在基因上独立的个体，这个受精卵就是冷冻胚胎的前身。虽然冷冻胚胎还只是潜在的人的生命体，其发育为完整的人的可能性非常大，但是在目前法律秩序下冷冻胚胎尚不能成为作为主体的人格。比较妥当的方案是，可以将其定性为客体的人格，与该冷冻胚胎具有血缘（基因）上的最密切的联系者是冷冻胚胎的权利主体。

（三）冷冻胚胎法律属性的定性思考

"人格物说"其实质还是将冷冻胚胎的属性落脚到"物"这个层面，应属于"客体说"。客体说从本质上说没有尊重生命，贬低了生命的价值，将携带着人类整套遗传信息的、本应属于万物之首的人类胚胎划入"物"的范畴。另外，把冷冻胚胎等同于物，那么就自然适用于物权法的相关规定对其进行规制和保护，这不仅不能充分对生命进行保护，而且也会导致诸多的伦理问题。在当今社会，宜将冷冻胚胎定性为"人格"，这是目前最为恰当的选择。

首先，民法中的人格可分为主体意义上的人格和客体意义上的人格。主体意义上的人格是指成为"人"的资格，客体意义上的人格是指"作为人的主体性要素的整体性结构，它是人格权的客体，与人本身不同"。[②] 冷冻胚胎属于人格权的客体，即客体意义上的人格。

其次，新兴科技的发展使得主客体二分法在现今社会陷入困境，"主体客体化"正悄悄地变成常态。[③] 不论是冷冻胚胎还是人类基因都无法简单将其划

---

① 王康：《位格伦理视角下人类基因的法律地位——基于主体客体化的背景》，《北方论丛》2009年第6期，第146—151页。
② 王全弟：《民法总论》，复旦大学出版社2004年版，第246页。
③ 王康：《基因权的私法规范》，中国法制出版社2014年版，第85页。

人客体或者主体的范畴。有学者提出的"中间状态"的学说也是基于无法将其定性是主体还是客体的困惑。为解决这一问题,我们必须坦然面对人格内在的财产性,在人格意义上对冷冻胚胎作出评价。[①] 有学者将脱离人体的器官定义为"物"或者"伦理物"。有学者在对人类基因的法律属性进行探讨时认为,人类基因和其他这类特殊的物之间的差别就在于,人类基因是一个微观的世界里的生命密码。[②] 人类基因、冷冻胚胎都具有更加确定的伦理意义和道德意义,不能简单地将它们划入"人格物"或"伦理物"的范畴。其实,人与物不是完全对立的状态,而是一个动态发展的过程。冷冻胚胎是人的初始状态;而在物向人发展的过程中,冷冻胚胎的人格性超越了物质性,所以,其应属于人格发展的初始状态,法律属性应当是人格。

再次,在胚胎冷冻技术实施过程中,夫妻双方具有是否将冷冻胚胎孕育成人的生育决定权。而自己决定权是人格权的主要内容,包含着人格利益。法律既保护生育的权利,也保护不生育的权利。因此,冷冻胚胎作为生育自己决定权的人格利益指向的对象,具有人格权客体的属性。

最后,身体是一个人的人格实质化部分,是人格的基础,即使是与身体分离的组织,只要符合"功能一体性"的原则就仍有人格法益的附着。[③] 冷冻胚胎与基因一样,它们不仅仅是一团物质,更重要的是一种精神性的存在,是不可让渡的特殊人格利益。冷冻胚胎在发育过程中,基于基因的本性而附着了人的"整体人格",成为客体人格的一部分。因此可以说,冷冻胚胎作为客体的人格,其权利主体是与其具有基因上最密切的联系者。

三、胚胎冷冻技术应用中自己决定权的行使

(一)冷冻胚胎的处置

对于冷冻胚胎的处置,提供精子和卵子的夫妻是否享有自己决定权? 这个答案应当是肯定的,并且这个自己决定权应由双方共同行使。首先,冷冻胚胎带有夫妻双方的遗传信息,是夫妻双方共同的感情寄托和希望。因此,这个

---

① 王康:《基因权的私法规范》,中国法制出版社 2014 年版,第 107 页。
② 王康:《位格伦理视角下人类基因的法律地位——基于主体客体化的背景》,《北方论丛》2009 年第 6 期,第 146—151 页。
③ 王康:《基因权的私法规范》,中国法制出版社 2014 年版,第 85 页。

处置权是不可分的,任何一方都不能单独行使。即便夫妻双方劳燕分飞,这种处置权也不能分开。其次,每个人都应享有生育权。但是,生命是在精子和卵子结合下产生的,所以,在自然法则下,不管是男女双方的任何一方都不可能单独行使生育权,生育权是一个特殊的权利。基于社会伦理和家庭伦理的考虑,绝大多数国家都认为,夫妻一方决定行使不生育权,另一方要行使生育权,在这种情况下,行使不生育权利方的利益应当优先于行使生育权利的一方。所以,如果夫妻双方共同作出决定,实施胚胎冷冻技术进行人工辅助生殖,将冷冻胚胎孕育成胎儿,此时冷冻胚胎处置的自己决定权属于夫妻双方共同行使。如果夫妻双方没有就冷冻胚胎的处置达成一致意见,不管夫妻双方离婚与否,只要夫妻双方健在,冷冻胚胎的处置就应由夫妻双方决定。冷冻胚胎处置的自己决定权是双方共同的自己决定权,如果夫妻两人就是否移植冷冻胚胎未达成一致意见,那么,在这种情况下,其中任何一方都无权决定移植冷冻胚胎。各国的司法实践基本都赞同这种做法。此外,在未达成一致意见的情况下,任何一方也不能作出销毁等处置行为,否则可能构成侵权。

如果夫妻一方死亡,此时冷冻胚胎该如何处置? 对于死亡的一方,对冷冻胚胎的自己决定权随着主体地位的丧失而丧失,此时,对于冷冻胚胎的处置权由活着的一方享有,除非死亡的一方生前对此种处置方式作出明确反对。还有一种情况,如果夫妻双方都死亡,应当依据我国《继承法》的继承顺序对冷冻胚胎的处置权予以处置。但是,继承人的处置权应当加以限制,例如不得用代孕的方式将冷冻胚胎发育成人。

（二）冷冻胚胎的管理

冷冻胚胎是夫妻双方生命的延续,带有其遗传信息,应充分尊重夫妻双方的自己决定权。冷冻胚胎的管理权利首先应当由夫妻双方共同享有。当夫妻一方死亡时,管理的权利则属于另一方享有。对于冷冻胚胎,提供精卵的夫妻双方比其他人具有更深的感情,因此,冷冻胚胎的管理权利就只能属于夫妻。应充分尊重夫妻双方的自己决定权,他任何人不得干涉和剥夺。当夫妻双方死亡时,在这种情形下,胚胎的原始权利人已经不复存在,而基于胚胎的法律地位,考虑到法理和情理,由胚胎所有权人的继承人对冷冻胚胎进行管理。

（三）冷冻胚胎的捐赠

提供精子和卵子的夫妻双方是否有捐赠冷冻胚胎的自主决定权? 答案也

是肯定的。对于人工辅助生殖技术,帮助不能正常生育的夫妻实现生育权是其产生的初衷。目前,许多国家都允许捐精赠卵,并且承认这是一种利他主义行为。关于冷冻胚胎的捐赠,各国法律并无统一的规定,但笔者认为对捐赠行为不应该进行禁止。首先,我国只在《人类辅助生殖技术规范》第 3 条有关技术人员的行为准则中"禁止实施胚胎赠送",对夫妻双方实施冷冻胚胎捐赠的行为则并未禁止。其次,冷冻胚胎属于人格权的客体,其虽有一定的人格属性,但其本质还是属于客体范畴,所以其捐赠行为不应被视为违反人道主义的行为而被禁止。最后,夫妻在实现了生育权后,对于多余的冷冻胚胎出于人道主义考虑,夫妻双方享有捐赠冷冻胚胎的自己决定权,以避免冷冻胚胎被销毁。综上所述,对于冷冻胚胎的捐赠,夫妻双方享有自己决定权。但是,由于缺乏胚胎捐赠的技术规范支持,实践中即使有人愿意捐赠冷冻胚胎给其他不育夫妇,虽无法律禁止,在技术上仍不可为。[1]

第五节　人体冷冻技术应用中的自己决定权

一、人体冷冻技术性质

（一）人体试验与医疗行为的界限

人体试验是指在医学和生物学范围内,以自然人作为试验的对象,利用验证科学推理或者假定进行新的医学上的研究行为。[2] 医疗行为是指以治疗、矫正或者预防人体疾病、伤害、残缺或保健为目的所实施的诊疗行为的总称。区别医疗行为和人体试验的界限主要有以下两种观点。

第一,主观说认为,区别试验与治疗的唯一标准是医生的目的。例如,1990 年英国皇家医师协会在其指南中将区分试验与治疗的界限划定为医生的

---

[1]　李燕、金根林:《冷冻胚胎的权利归属及权利行使规则研究》,《人民司法》2014 年第 13 期,第 35—40 页。

[2]　满洪杰:《人体试验法律问题研究》,中国法制出版社 2013 年版,第 3 页。

目的。① 但是,将医生的目的完全视为主观标准具有不确定性。一个行为是治疗还是试验完全凭医生的主观想法,这会给患者带来巨大的风险和不信任感,不利于医疗关系的改善。此外,还存在治疗和试验同时进行的情况。例如,医生为了挽救患者的生命,给患者带来生的希望,不得不采用一些疗效不确定的试验性方法。在这种情况下,治疗目的和试验目的难以区分。

第二,客观说认为,试验区别于治疗的特点在于受试者承担较大风险和可能缺乏治疗利益。该观点主张从客观属性着手,判断该行为到底是治疗还是试验。在邦纳诉莫兰(Bonner v. Moran)一案中,虽然医生主张其目的是治疗原告的疾病,但法庭没有听信其一面之词,而是审了手术过程,分析医疗利益,认定被告从邦纳(Bonner)身上分离出部分组织转接到其堂兄弟身上的行为由于对原告不具有医疗上的利益,因此是一种试验行为。② 要区分一个行为是试验还是治疗,不管是现存的试验方案或是医疗方案,还是有关各方表现出来的目的或相关的记录都不是决定性的。因此,对于临床治疗来说,疗效应当是确定的。只有能够取得确定疗效的行为才能被划入医疗行为的范畴。而试验相对于治疗来说,有没有效果是谁也说不准的,属于创新研究过程。然而,医学与其他学科相比具有特殊性,其本身就是一项具有不确定性的科学,因此,疗效也只是相对的。

（二）人体冷冻技术应属于人体试验的范畴

首先,人体试验是以人或者受试者(subject)作为对象的试验。③ 这里的人如果仅包括自然人,范围未免太窄了,应当对此进行扩大,还应当包括为自然人特定属性所涵盖的胎儿及冷冻人体。冷冻人体不应被划入尸体的范畴。为保持人体组织器官的活性,避免细胞凋亡而完全丧失复活的可能性,所以,人体冷冻相关的手术必须在人被宣告"临床死亡"后立即施行。此时,人体的器官还能进行代谢活动,即没有完全停止运行,最主要的是大脑活动还在进行。此外,虽然现在还不能够让冷冻人"复活",但是科学技术的发展会远远超过我们的想象,"冷冻人"的"复活"在将来的某一天一定会实现。因此,冷冻人体不应属于尸体的范畴,其应当属于人体试验的对象。

---

① 满洪杰:《人体试验法律问题研究》,中国法制出版社 2013 年版,第 66 页。
② 满洪杰:《人体试验法律问题研究》,中国法制出版社 2013 年版,第 66 页。
③ 满洪杰:《人体试验法律问题研究》,中国法制出版社 2013 年版,第 3 页。

其次,根据客观说,试验与医疗的区别在于试验具有较高的风险性和缺乏治疗利益。人体冷冻技术自启动以来并无复活的例子,其风险性不言而喻。人体冷冻技术现在处于起步阶段,没有任何一个机构可以保证冷冻人体将来可以复活,因此受试者的治疗利益更是无从谈起。

最后,在界定一个行为是医疗行为还是试验时,应当从保护受试者的利益出发,以最高的标准保护受试者的利益。人体试验具有更大的风险性,所以其与常规医疗相比较,要求应该更为严格,不管是对于医生的注意义务还是行为要求,其标准都应更高。所以,在难以区分一个行为是医疗行为还是人体试验时,从保护患者而给医生设置更高的要求出发,应当将该行为认定为人体试验。

二、人体冷冻技术应用中自己决定权的实现

(一)冷冻协议

1. 协议的订立

2017年5月8日,展女士因肺癌在济南去世,医生宣布其临床死亡。虽然展女士已经"死亡",但是却不能说她"永远离开了"。因为她没有像绝大多数人那样归于尘土,而是选择沉睡在液氮罐内。展女士在被宣布临床死亡后,立即接受了山东银丰生命科学研究院为其实施的人体"冷冻"手术。展女士成为第一个在中国本土实施冷冻手术的人,也是第一个由中国的机构为其实施冷冻手术的人。①

展女士在生命垂危之际,向丈夫表达了捐献遗体的意愿,她愿意为这个社会做出最后一次贡献。因此,当她死亡后,她的丈夫遵循她的遗愿,捐献了她的遗体,签署了相关协议,并参与人体低温保存试验项目。也就是说,在这个首例"人体冷冻案"中,并非接受冷冻者自己决定接受冷冻技术、签订冷冻协议,而是她的近亲属代替她做出这个决定。而对于普通人来说,如果自己生前对于是否愿意捐献遗体没有作出表示,其家人能否决定将其遗体捐赠?即使本人生前表示愿意捐献遗体,其近亲属是否有权让其参与低温保存这样一个项目,代表其签订冷冻协议?对于是否接受低温保存,一个人的自己决定权能否被干涉?

---

① 张盖伦:《死亡"暂停":液氮罐里的阴阳穿越——中国首例本土人体冷冻的故事》,《科技日报》2017年8月14日,第1版。

罗伯特·艾丁格认为，为了确保一个人在死后被冷冻，一个最简单的步骤就是在本人的遗嘱中坚持要求自己死后被冷冻。为了确保这一要求有效，应恪守一些预防措施：一是遗嘱必须与合格的法律顾问一同拟定。二是在细节上应尽可能明确，并且遗嘱应当定期更新。三是应获得你期望的、健在的至亲的合作与承诺，最好是以书面形式。四是应该选择一个既能认可你的愿望，又具有积极和果断执行能力的遗嘱执行人，但不一定是近亲。五是你应该为此提供资金，可能是以特殊保险的直接或间接受益的形式。[①] 美国大多数州允许个人创建某种形式的"医疗保健的持久授权"，或以其他方式任命某人为"医学代理人"，由代理人为当事人作出和执行自己的决定。如果更换医学代理人，必须马上到冷冻机构更新你的表格。如果你没有指定医学代理人，那么就由你的家人做决定，这个决定可能让你的冷冻暂停。[②]

总之，是否冷冻自己的身体，是一个人自己决定权的体现。这里的自己决定权不仅是处分自己的身体那么简单，而且是决定面对未来的一切处分。所以，在冷冻人体的问题上，应当最大限度地尊重当事人的自己决定权。如果一个人在遗嘱中明确表示不愿意接受人体冷冻手术或者接受冷冻手术，此时应当遵循其意见。但是如果当事人没有做出是否愿意接受冷冻的意愿，其近亲属是否还能代替其签订冷冻协议，将其冷冻呢？答案应该是否定的。冷冻协议是当事人与冷冻机构之间签订的一份"合同"，冷冻协议签订主体宜限定为接受冷冻者本人，不应设置"医疗代理人制度"，由医疗代理人为其作出决定，原因如下。

首先，人体冷冻技术应属于人体试验。在人体试验中，受试者对于自己身体的自己决定权是其中最为核心的权利。在愈发注重人格自由发展的今天，应当充分尊重每个人的私事自己决定权。私事自己决定权是对人的尊严、独立性的尊重，是人区别于动物的表现。对于一个理性的、有责任感的人，自己的事情应由自己处理。[③] 这种生命自主权是我们作为一个自由人所固有的，不

---

① ［美］罗伯特·艾丁格：《永生的期盼——未来人体冷冻设想》，美国留学与翻译公司译，北京科学技术出版社 2015 年版，第 70 页。

② Stephen Bridge. The legal Status of Cryonics Patients. https://www. alcor. org/Library/html/ legalstatus. html. Jun.10，2018.

③ 刘士国：《中国民法典制定问题研究——兼及民法典的社会基础及实施保证》，山东人民出版社 2003 年版，第 73 页。

可侵犯、不可让渡，也不可减损。生命是属于每个人自己的，因此，在不危及社会公共利益和社会伦理道德的前提下，任何人都有权决定自己的所有事务，包括生命。因此，接受冷冻者本人是冷冻协议的签订主体。

其次，冷冻协议不仅处分冷冻者的身体，而且涉及冷冻者未来要面对的一切不确定的风险。罗伯特·艾丁格在其著作《永生的期盼——未来人体冷冻设想》中也提到，如果你的配偶神志清醒却反对冷冻，则会产生一个棘手的道德问题。最简单的办法就是遵从他的意志并埋葬他，而你在很长一段时间都会受到良心的谴责。埋葬就是终结，而冷冻除了给人另一次机会外，并没有什么损失。如果你坚持，随时可以退出。冷冻后你可以改变主意，但被埋葬后就不行了。[①] 随着科技的发展，或许有一天科技能够让冷冻人醒来。而醒来后的一切，任何人都不能替其承担。此外，科技也不能保证多久能让其醒来，如果是一百年甚至几百年或者更多。这个时候，对于冷冻者来说，或许所有亲人、朋友等都早已不在人世，重逢的喜悦无人与他分享，他所在乎的一切可能也早已淹没在时间的车轮里，这份痛苦只有其自己一人承担。因此，只有冷冻者自己能够决定自己是否愿意承受这份痛苦，或者是否愿意面对一个完全不一样的社会。

再次，从社会风俗来看，大多数人还是讲究"入土为安"，在大多数人的观念里，不愿意死后让自己的身体再去承受什么了。我们知道，实施人体冷冻技术是一个复杂的过程，其中包括对冷冻者身体进行的一系列处理。如果冷冻协议的内容仅冷冻大脑，那还需要将身体与大脑进行分离。以上的这一系列处理，应当充分尊重每个人自己的选择。如果当事人不能接受将自己的身体进行如此操作，希望保持自己最后的尊严，其近亲属也不应该违背其本人的意愿。否则，只会增加其痛苦。

最后，如果冷冻协议的订立主体可以是近亲属，那么，则会有人借此逃避责任。会不会存在这些情况：如果一个人的父母住在养老院中，且丧失大部分心智，那么这个人是选择继续让其父母住在那里，还是在其大脑进一步退化之前选择进行冷冻？对于一个饱受病痛折磨的病人，其直系亲属是让其继续苟活下去，还是将其冷冻？对于严重缺陷和畸形的儿童，早点将其冷冻是对他们真正的仁慈吗？如果放开协议订立主体之阀门，让近亲属可以为其签订冷

---

① ［美］罗伯特·艾丁格：《永生的期盼——未来人体冷冻设想》，美国留学与翻译公司译，北京科学技术出版社2015年版，第70页。

冻协议,那么,对于急于摆脱上述需要照顾的家人的人来说,这无疑是合法"谋杀"的途径。因此,人不能以"为了你好"来逃避自己的责任,不能让他人成为冷冻协议的订立主体,冷冻协议只能由本人订立。而对于那些不能表达自己真实意思的人来说,为了保护其现在可以看得到的利益,在是否能够复活不能确定的情况下,谁也不能代替其签订冷冻协议。

2. 协议的解除

首先,冷冻协议订立后,在接受冷冻者还能够作出意思表示时,其当然能够解除冷冻协议,这是当事人行使自己决定权的体现。与冷冻机构之间签订冷冻协议是冷冻者决定接受冷冻机构对自己身体的处分,此时其处分权来自身体权的支配力。自然人的主体资格没有消灭,仍然存在,其身体也不是任何权利的客体,所以,享有对自己的身体及其利益的处分的资格。因此,这个处分属于自然人处分身上利益的人格权处分行为,是自己决定权的体现。

其次,在接受冷冻者在医学上被宣告死亡后,其近亲属能否作为冷冻协议解除的主体? 在这个问题上,一般不宜让近亲属作为冷冻协议解除的主体。解除冷冻协议,即等于剥夺了冷冻者"死而复生"的唯一希望。如果冷冻者的近亲属可以解除冷冻协议,那么任何一位接受冷冻的人将没有安全感,因为在其沉睡在那个冷冻设备里时,有人能轻而易举地剥夺其"死而复生"的唯一希望,这与人体冷冻技术的初衷是相违背的,并且侵犯了冷冻者自己决定权。

最后,冷冻机构是否享有解除协议的资格? 其解除协议是否属于一种"剥夺生命"的行为? 对于冷冻机构来说,赋予冷冻机构一般解除权,虽然有侵害相对方权益的风险,但也应考虑公平性。在以下情况应该允许冷冻机构解除协议:一是因不可抗力致使不能实现合同目的。在这种情况下,双方对于冷冻协议均享有解除权。在冷冻协议生效后,如果发生了不可抗力致使冷冻的目的不能实现,那么此时如果冷冻技术还未实施,即接受冷冻者还未被宣告死亡,那么双方都可解除冷冻协议。如果冷冻技术已经实施,享有解除权的主体就是冷冻机构。二是预期违约。在冷冻协议生效后,如果接受冷冻者出现预期违反约定的行为,例如不支付费用,那么此时冷冻机构可以享有一般解除权而解除冷冻协议。

3. 协议的法定终止

如果冷冻过程中出现非过失的意外并致使冷冻人体机能损坏,失去了"死而复生"的可能时,此时冷冻人体就完全是一具尸体了,此时宜终止冷冻协议,按照公序良俗将其埋葬。这种情况不是对接受冷冻者自己决定权的侵犯。此外,自己决定权的行使应当以公序良俗为限,如果冷冻协议的履行将违背国家利益和社会公共利益、公序良俗时,宜终止冷冻协议。

（二）冷冻人体如何"苏醒"

1. 决定"苏醒"的权利是否专属于冷冻者

冷冻协议是接受冷冻者与冷冻机构之间签订的协议,因此,冷冻者当然地对是否"苏醒"享有自己决定权。如果冷冻者接受冷冻的目的是期望将来有一天与自己的家人或朋友团聚,那么,如果在其家人或朋友的有生之年科学技术还不能够使其"死而复生",那么其可以通过与冷冻机构约定冷冻协议的解除条件而解除冷冻协议,决定不再"苏醒"。在这种情况下,冷冻者行使自己决定权既没有违反法律规定,也没有违背公序良俗。所以,此时应当充分尊重冷冻者的自己决定权,准许其不再"苏醒"。那么,如果冷冻者没有与冷冻机构约定冷冻协议的解除条件时,其他人是否有不让冷冻者"苏醒"的权利呢? 一般情况下,冷冻者接受冷冻,就是带着对生的渴望,如果决定不让其"苏醒",无疑是剥夺其生的希望。但是,当冷冻者被冷冻后,不可能自己"苏醒"过来,而是要靠外力帮助其"醒"来。并且,在技术进步的未来,社会必定会发生巨大变化。这种变化不仅会体现在社会物质方面,而且更会体现在社会观念、公序良俗方面,而接受冷冻者无法预知未来。因此,仅仅将"苏醒"的权利交给接受冷冻者本人是不科学的。决定是否"苏醒"、什么时候"苏醒"不应该专属于冷冻者。

2. 有权不让冷冻者"苏醒"的主体

首先,如果科技可以让冷冻者"苏醒"时,冷冻者直系亲属尚在人世,那么直系亲属是否有权不让其"苏醒"? 血缘关系是这个世界上最牢固而又稳定的关系,在绝大多数情况下,我们可以相信直系亲属对冷冻者的感情因素。但是,不能把生命这么严肃的一件事情完全依赖直系亲属的感情,还需要有一个客观标准。因此,在决定是否让冷冻者"苏醒"方面,近亲属享有一定的决定权,即直系亲属可以决定让冷冻者"苏醒"以及在什么时候"苏醒"。但是,不宜让直系亲属享有不让冷冻者"苏醒"的权利。如果让冷冻者近亲属享有不让冷冻者"苏醒"的权利,那么接受冷冻者的命运则取决于其近亲属的选择,这不仅会带来很大的道德和伦理危机,而且更会让冷冻者失去信心和希望。在这种情况下,冷冻者的自己决定权也将没有意义。

其次,如果冷冻者在很多年后才有"苏醒"的条件,那么,其后世人是否对其的苏醒享有决定权?杨仁寿教授在《法学方法论》中的开篇案例——韩愈第三十九代孙诉他人诽谤韩愈中,认为对于直系血亲应当进行"目的性限缩"。从法律文义而言,杨教授认为如果不加以限制,直系血亲可以一直延续几十代甚至几百代,但是,诽谤死人之规范目的在于保护后人之"孝思忆念",假设其年代久远,后人对之已无孝思忆念,即不在保护之列。[①] 对于冷冻者而言,其后世子孙也可能对其不存在"孝思忆念",因此,不能侵犯冷冻者的自己决定权,冷冻者的后世子孙不能决定是否让冷冻者"苏醒"。

为保护冷冻者的权利,政府应建立一个机构,对是否让冷冻者"苏醒"进行伦理审查。伦理审查是人体试验中保护受试者的主要机制。目前在国际社会上,审查机构的设置有机构内和机构外两种模式。我国《涉及人的生物医学研究伦理审查办法》是可以适用于人体冷冻技术中伦理审查的规定。该办法对伦理审查机构的设置进行了详细的规定。从我国规定来看,我国采用的模式,既有研究机构内部设立的审查组织,也有研究机构外设置的审查组织体系。在冷冻人体是否能够苏醒的问题上也宜建立机构外伦理审查机构,在维护社会公序良俗的同时能够充分保护冷冻者的利益。这个伦理审查机构应当有公权力介入,政府应该承担起建立伦理审查机构的责任。此外,还应设立国家科技伦理委员会,作为全国伦理审查的最高决策机构。在地方,至少应以省(直辖市、自治区)为单位,设立地方伦理审查机构,负责地方伦理审查事务。

3."苏醒"后财产关系、身份关系的确认机制

目前世界上已有300多人加入冷冻计划,目前并无"复活"的例子。虽然至今没有冷冻者"苏醒",但未来并不排除其可能性。如果冷冻者"醒"来,应怎样界定其法律身份?婚姻关系能否自动恢复?财产继承是否能够进行?债务关系又该如何处置?这一系列问题都是"冷冻人苏醒"后将要面临的重要问题。

严格来说,这里的"醒"来不是沉睡后苏醒,而是在法律上被确定为死亡后

① 杨仁寿:《法学方法论》,中国政法大学出版社2012年版,第7页。

经医疗救治成功的结果,即"死而复生"。因此,应依民法一般原理处理相关的社会关系、财产关系。例如,对于婚姻关系,如果配偶未婚,可以按照死亡宣告后死人的复归原则处理。此外,还有观点认为,一个人一旦接受了冷冻手术就意味着其已经死亡,对于其所有的法律关系都已经终结。其"复活"也是医疗技术的结果,所以其"复活"后,已不再是以前的自己,而应当是一个全新的人,所以应当重新构建其法律关系,这是一种新的模式。[①]"人体冷冻技术"不仅涉及生命伦理等问题,而且还涉及违背生命循环的自然规律。作为人类对生命追求的新技术来说,其展现了人类对生命的渴望。当然,现在的医学技术还达不到"起死回生"的程度,过于紧张和担心还为时尚早。相关的制度可以慢慢建立和发展完善,人们的伦理观念也可以慢慢发生转变,不能因此扼杀一项新生技术的发展。因此,当下社会应当更加宽容地看待这一新生事物,不能扼杀其发展,也不能忽视它的存在,应尽早制定相关的制度,以弥补法律空白。

对于冷冻者"苏醒"后的身份关系到底该如何确认,是比照死亡宣告后被宣告死亡人重新出现的原则处理,还是将其当作一个新的自然人重新构建其法律关系?这个复活的人,他的器官可能是移植的,其脑细胞大多可能是新的,记忆和人格特质可能是通过化学和物理的微技术经过书面确认后,重新输入和烙印在新的脑细胞上的。那么,这个"苏醒"后的人还是原来那个人吗?或者说其是谁?这涉及对人的最终本质的追问。

罗伯特·艾丁格教授在其著作《永生的期盼——未来人体冷冻设想》中讨论过冷冻者"苏醒"后的婚姻关系。他认为,我们一夫一妻制的习俗不是自然规律,而最终可能被取代,可能是群婚,或者根本没有婚姻,或者是用合约来约束的、严格以个体为基础的婚姻。随着生物功能和繁殖本身都在接受审查和自主变革,没有人有信心做出长远的猜想。[②] 在不久的将来,这个问题的解决方法是相当清楚的,即婚姻关系应当自动恢复,财产仍属于其所有。因为虽然"苏醒"后的人不再是同一个人了,他们将重新焕发活力,并被彻底改变,身体

---

① 叶嘉、李君:《活着还是死亡?"冷冻人"法律身份引争议》,《公民与法》2017 年第 9 期,第 24—25 页。
② 罗伯特·艾丁格:《永生的期盼——未来人体冷冻设想》,美国留学与翻译公司译,北京科学技术出版社 2015 年版,第 80—81 页。

和性格被改变（虽然不是立竿见影）。但是，必须有合理的连续性，或者至少预期会有一个合理连续性（在个人关系上），否则，未来就太可怕了，推动此计划的动机会逐渐丧失。① 在身份关系上，笔者赞同艾丁格教授必须有合理连续性的观点。试想有一天，冷冻者"苏醒"后，发现其配偶子女父母在法律上与其毫无关系，那么对双方来说都是不可接受的。而且每个冷冻的人醒来时当然希望自己既不孤独也不贫困，因此，应该让其"苏醒"后回到其本来的位置上。

对于财产关系则有点复杂。一种情况是冷冻者被宣布死亡后，其财产由其继承人予以继承。如果冷冻者"苏醒"后可以像被宣告死亡人撤销死亡宣告后，有权请求依照继承法取得其财产的民事主体返还财产，那么，继承将变得毫无意义。如果冷冻者"苏醒"后，其继承人已经死亡，其遗产已经作为其继承人的遗产被他的继承人继承，甚至依次往后发生继承，那么此时冷冻者将以何种身份请求返还其财产？虽然冷冻者"醒"来时希望自己既不孤独也不贫穷，但是为了社会的稳定，财产关系不宜恢复。对"苏醒"后的冷冻者的财务支持或社会保障，最好可以在冷冻协议中以保险机制予以事前安排。

三、对冷冻人体的处置

1. 是否可以处分

死亡是"利用目前已知的手段不可能将死去的身体作为一个整体进行复苏的状态"。② "目前已知的手段"迟早会发展到合适的程度，届时这个冷冻的身体不再视为死亡。目前，干细胞技术为人类的疾病治疗和永生探索提供了无限可能。相关专家甚至断言，最快可以在50—100年内实现冷冻人体的复活。③ 虽然这个说法过于乐观，但不能否定的是，人体冷冻技术正在快速发展。未来，在人体冷冻技术领域，很多现在看起来不可能的事或许很快就能成为现实。因此，不宜将冷冻人体划入尸体的范畴。虽然冷冻人体不属于尸体，但是

---

① 罗伯特·艾丁格：《永生的期盼——未来人体冷冻设想》，美国留学与翻译公司译，北京科学技术出版社2015年版，第81页。

② ［美］罗伯特·艾丁格：《永生的期盼——未来人体冷冻设想》，美国留学与翻译公司译，北京科学技术出版社2015年版，第74页。

③ Dennis Kowalski. Frozen Corpses could be Brought Back to Life and Made to Look YOUNGE than when they Died Using Stem Cell Injections, Claims Expert. http://www. dailymail. co. uk/ sciencetech/article－5462963/Humans-frozen-cryogenics-revived-using-stem-cells. html, 2018 年 6 月 10 日访问。

毕竟其在医学上已经宣告死亡,其生命活力也只是潜在的,因此,其需要一种特殊的法律身份和保护。在这项技术没有成熟之前,其处分可以参照尸体处分的相关规定。

关于尸体的属性,学界有"非所有权客体说""准财产权说""可继承物说""非物说""延伸保护的人格利益说"等。杨立新教授的"物与非物结合说"更具有合理性,他认为尸体不是只能表现为"物"与"非物",没有第三条路径。[①] 该观点承认尸体具有物的形式,但是也考虑了尸体所包含的情感因素、人格利益。自然人死亡后,由其近亲属基于情感因素取得了一种权能不完整的所有权,因此,这种对尸体的原始取得是一种特殊的原始取得和特定的原始取得,是近亲属取得死者尸体的所有权。[②] 在明确其所有权的基础上,尸体的处分权包括两种不同的情形:死者生前的处分权和死者近亲属基于尸体所有权的处分权。对于死者生前处分自己身体(遗体)的决定权应当得到充分尊重,近亲属和社会不能违背其意愿。对于其他人对尸体的处分必须符合法律规定和公序良俗。

而冷冻人体相对于尸体,其虽然还有"死而复生"的可能性,但是在医学和法律上均已宣告死亡,其在存在形式上与尸体相同。此外,冷冻人体虽然在将来的某一天终将苏醒,但是,其不可能自己醒来,还需要借助外在的力量,所以,将其看作人是不恰当的。所以,在是否可以处分的问题上宜参照尸体的处分。

2. 享有处分权的主体

对尸体的处分包括两种:死者生前的处分和近亲属的处分。死者生前的处分权,基于其自己决定权,来自自己对自己的身体权享有的支配力。由于此时自然人仍享有主体资格,其当然有自己决定权,这里的处分不是自然人对自己尸体的处分。这种处分属于人格权处分行为,而非遗体处分。因此,享有尸体处分权的主体仅包括死者的近亲属。

冷冻人体比尸体多了"死而复生"的希望,因此,对其处分权的主体更加应当加以限制。首先,冷冻人体在医学上和法律上已经被宣告死亡,其自己不可能做出意思表示,所以,自己不能成为处分权的主体。处分权主体生前与冷冻

---

① 杨立新:《论尸体的法律属性及其处置规则》,《法学家》2005 年第 4 期,第 76—83 页。
② 杨立新:《论尸体的法律属性及其处置规则》,《法学家》2005 年第 4 期,第 76—83 页。

机构订立冷冻协议也只是一种合同行为，而不是对冷冻人体的处分。冷冻技术一旦完成，对该冷冻人体唯一有情感因素和精神利益的只有其近亲属。并且，在冷冻过程中不排除有介入因素的出现，需要采取紧急措施以保护该冷冻人体，因此应当赋予其近亲属处分权。当然，该处分权的行使应当限定为只能为保护冷冻人体而为之的处分。

3. 处分权行使条件

死者近亲属对尸体享有处分权，但是，其处分权受到限制。因为尸体上的准所有权，不是完全的所有权，这个所有权不仅内容不完整，而且行使也会受到很大限制。死者近亲属之所以能取得尸体的所有权，更多基于情感因素，因此体现的是精神利益。所以，死者近亲属对尸体享有的所有权只具备部分所有权权能。该所有权权能不包括收益和抛弃权能，且占有权能也受到限制，不能长期占有尸体而不埋葬。

对冷冻人体的处分应该施以更大的限制。前文已经提到冷冻技术已经开始实施后，冷冻协议终止的情形。在这些情况下，冷冻协议因不可抗力或其他原因已经终止，此时才可以对冷冻人体进行处分。对于冷冻人体的处分首先要考虑其有死而复生的可能，须以有利于冷冻人体的方式行使。其次，即使在冷冻人体不能复活的情况下，也要按照善良风俗将其埋葬，而不能做其他处分。

第六节　低温生物技术人体应用的立法思考

一、立法目的

作为新兴的技术，低温生物技术还不成熟，其应用于人体更是一项处于起步阶段的技术。不管是本章讨论的卵子冷冻技术、胚胎冷冻技术、人体冷冻技术还是其他应用于人体的低温生物技术，其中都不仅仅涉及伦理问题和法律问题，更涉及人类的尊严。因此，对低温生物技术应用于人体进行法律规制迫在眉睫。

虽然本章只是对近年来低温生物技术应用于人体中讨论较多的三项技术进行了详细的讨论,但是低温生物技术应用于人体不止这三项,还包括许多其他的技术,例如精子冷冻技术、器官冷冻技术等。这些技术涉及人的尊严和自己决定权的实现。因此,对其进行法律规制的目的就是要保障人权和人类的尊严。

二、基本原则

第一,对于低温生物技术在人体中的运用需遵循自愿原则。自愿原则,就是以当事人自愿为前提,不得违背当事人的意愿。自愿原则是指在民事活动中体现当事人的意志,排除他人强迫、欺诈及其他不当影响和压力,[①]这不仅是自己决定权的集中体现,而且更是对人的尊严的尊重。不论是哪一项低温生物技术,在运用于人体时都应当以当事人的自愿为前提,即每个人都应当有权决定是否接受低温生物技术,其他任何人都不应当干涉和强迫。

第二,遵循知情同意原则。知情同意的内容包括对技术运用目的和可能产生的损害后果的知情等。知情是保证自愿的前提,只有接受者对此知情才能保证自己决定权的实现。低温生物技术应用于人体是一项新兴的技术,总体上说,其发展还是不成熟的,当事人对该技术的具体运用过程、可能产生的风险、自己决定的限度等内容都不能全面掌握和了解,而这些是当事人实现自己决定权的前提和基础。因此,应当确立知情同意原则,低温生物技术的应用应当取得当事人的知情同意,只有这样,当事人的自己决定权才能得到根本保障。

第三,遵循医疗目的原则。低温生物技术运用于人体应当以医疗目的,而不能以其他目的。以冷冻胚胎技术为例,胚胎冷冻技术的实施必须符合一定的条件,即夫妻双方必须在不能自然受孕的情况下才能实施人工辅助生殖,进行胚胎冷冻技术。如果非处于医疗目的而运用低温生物技术则会带来许多伦理问题和法律问题。

三、具体制度

(一)伦理审查制度

目前在国际社会上,审查机构的设置有机构内和机构外两种模式。卫生

---

① 刘士国:《中国民法典制定问题研究——兼及民法典的社会基础及实施保证》,山东人民出版社2003年版,第65页。

部的相关文件对伦理审查机构的设置进行了详细的规定。从我国规定来看，我国采用的模式,既有研究机构内部设立的审查组织,也有研究机构外设置的审查组织体系。① 在低温生物技术应用于人体这个问题上,也应建立机构外伦理审查机构,不仅要吸收伦理学、医学、社会学、法学等领域的专家,而且也要吸收一定数量的公众代表,对低温生物技术应用于人体进行审查和监督。

（二）监督制度

低温生物技术应用于人体,其涉及的不仅是简单的民事关系,而且还涉及社会伦理、公序良俗等一系列问题。因此,从社会伦理和社会公共利益来看,该技术的应用应当受到政府的指导和干预。为严格监管该技术的应用,国家应以卫生部和各级卫生行政部门为依托,设立一个统一的监管体系。对于低温生物技术在人体的应用,必须设置准入门槛,即医疗机构必须获得行政主管部门的核准授权。在实施过程中,应由医疗机构中的伦理审查委员会对过程进行有效的监督。

（三）法律责任制度

在低温生物技术人体应用过程中,应强调有关医疗机构的行政法律责任,应明确相关负责人和直接责任人员的法律责任。对于违反法律规定、非法实施或者不当实施该技术的医疗机构不仅要对该医疗机构进行处罚,而且还要对相关责任人给予警告、罚款、吊销营业执照和医师执业资格证、行政拘留等处罚。医疗机构非处于医疗目的实施低温生物技术谋取利益的也应承担行政责任。

在民法领域,我国法律对于低温生物技术在人体中的应用并没有作出相关的规制和调整。但是,在低温生物技术运用之前,当事人会与医疗机构签订相应的合同。所以,如果医疗机构不履行义务或不适当地履行义务需承担违约责任。对此,《合同法》需作出明文规定。此外,如果在运用于人体的过程中对人体造成损害,医疗机构还应当承担侵权责任。如果对人体造成严重损害的,还应当承担刑事责任。

（四）其他具体制度

对于低温生物技术人体应用的协议主体,出于对当事人自己决定权的尊重,应当限定为接受低温生物技术应用者本人。不管是冷冻卵子还是冷冻自

---

① 满洪杰:《人体试验法律问题研究》,中国法制出版社 2013 年版,第 132 页。

己的身体,都是当事人对自己身体的处分,因此,协议主体应为接受者本人,他人无权干涉。此外,知情同意也是自己决定权的前提和基础,应当确立知情告知制度。

对于冷冻胚胎,可以建立胚胎收养制度。对于胚胎捐赠,目前我国虽然不禁止,但是也没有胚胎捐赠的技术规范。基于我国的现状,建议先在收养法中建立冷冻胚胎收养制度,但仅限于夫妻双方死亡后,继承人可决定将胚胎送给不孕不育夫妇的情形。[①] 对于收养的主体,出于对儿童的保护和传统家庭伦理的考量,只能是已婚的、不能自然生育的妇女,且该妇女应当处于生育年龄,以杜绝代孕的风险。并且,还应当对收养的家庭进行考察,例如收养人的经济水平、健康状况等,以贯彻"儿童利益最大化"原则。此外,还应当确定双盲制度,对收养人和送养人的信息应当绝对保密,以防止伦理风险。

为规制新兴的人体冷冻技术,可以建立合同审查机制。对于人体冷冻技术,其中最重要的是尊重当事人的自己决定权。是否接受人体冷冻手术应当由当事人自己决定,冷冻哪个部位也应当由当事人自己决定。对于相关协议的签订必须严格审查其签订主体,以保证是当事人自己决定权的体现。合同的内容还应当不违反公序良俗,因此,对合同的内容也应当进行审查,以防止伦理风险。

第七节　结　　语

低温生物技术的发展日新月异,冷冻卵子、冷冻胚胎等应用于人工辅助生殖技术的低温生物技术越来越成熟,冷冻人体"死而复生"也指日可待,这些都会给我们传统的民法体系造成冲击,因此有必要及早对低温生物技术进行法律规制。

女性对于是否冷冻卵子应当有自己决定权,因为冷冻卵子仅仅只是延长了女性的生育期限,冻卵这个环节也不一定涉及生殖,而仅仅是把卵子冻起来,为女性的生育方式提供了多样选择。因此,应当确认单身女性冻卵的自己

---

① 李燕、金根林:《冷冻胚胎的权利归属及权利行使规则研究》,《人民司法》2014 年第 13 期,第 35—40 页。

决定权。由于冷冻卵子的使用涉及单身女性不得进行人工辅助生殖和难以监管的代孕、卵子交易问题,因此有必要加以限制。

冷冻胚胎具有发展成为人的可能性,其伦理问题和法律问题也更为复杂。冷冻胚胎带有人类全部的遗传信息,植入子宫即可发育成胎儿。因此,对于其法律地位的确定,应当充分考虑到其发育成人的可能性,将冷冻胚胎定义为人格是最合理的选择。

人体冷冻技术的应用给传统法律秩序带来巨大冲击。人体冷冻技术作为一项新兴的技术,发展还非常不成熟,并且目前也无"复活"的先例,因此,人体冷冻技术应当属于人体试验。冷冻人体的"复活"或许在将来会成为现实。因此,不宜将冷冻人体划入尸体的范畴。当然,冷冻人体也不属于自然人,不能作为法律关系的主体。对于冷冻人体中自己决定权的行使,目前尚无法律依据和相关理论可循,这里的讨论只是初步的。

第四章
未成年人的
器官捐献自己决定权

第一节　问题的提出

在现代医学条件下,器官①移植技术已相当成熟。数据显示,截至2019年10月29日,我国共有173所医疗机构可以依法开展肝脏、肾脏、肺脏、心脏、小肠、胰腺等复杂器官的移植手术;截至2020年5月11日,有20多家医院成为人体器官移植医师培训基地。② 截至2019年12月,在中华骨髓库管理中心备案的造血干细胞移植、采集医院总计172家。③ 从现有医学技术来看,除了头颅和脊髓不能移植外,人的全身各器官和组织等几乎都可移植,甚至多个器官还可同时联合移植。随着器官移植技术的成熟,未成年人捐献器官的新闻屡见报端,例如"救命宝宝"④出生、"哥哥拒捐骨髓"⑤"香港女孩

---

① 从生物学角度来看,细胞、组织和器官属于不同的人体结构层次。在研究器官移植法律、伦理问题时,学界对"器官移植"一词的理解有广义和狭义两种。世界上大多数国家在进行器官移植立法时,会将除人类生殖组织(精子、胚胎等)、血液外的组织包含在内。澳大利亚则直接在立法上认定组织也是器官,我国台湾地区也规定人体器官移植条例同样适用于人体组织。鉴于细胞移植、组织移植和器官移植中涉及的社会关系、利益冲突、伦理与法律问题有许多相似之处,若无特别说明或特定语境,则本章中的"器官"一词做广义上的理解。
② 《173所器官移植医疗机构名单》《人体器官移植医师培训基地备案名单》,国家卫生健康委员会网,http://www.nhc.gov.cn/wjw/qgyzjg/list.shtml,2020年7月26日访问。
③ 《中华骨髓库备案采集、移植医院》,http://www.cmdp.org.cn/show/1023156.html,2020年7月26日访问。
④ 为了挽救身患重症的孩子A,夫妻两人有意识地选择再孕育一个孩子B,以寻求配对的血型或组织,这个利用其脐带血或者其他基因材料拯救患病哥哥或姐姐的孩子B,就是"救命宝宝"。世界上首个"救命宝宝"亚当出生于美国,医生通过脐带血配对治愈了姐姐莫莉的先天性免疫系统疾病。王康:《基因权的私法规范》,中国法制出版社2014年版,第5页。
⑤ 张田勘:《骨髓捐献风波兄弟相煎如何避免》,凤凰新闻网,http://news.ifeng.com/opinion/（转下页）

欲捐肝救母"①等事件。这不禁让人产生一连串疑问:"救命宝宝"是否有权拒绝器官、细胞或组织的捐献? 未成年人在法律上是否应该具有器官捐献能力? 以年龄和民事行为能力作为捐赠能力的判断标准是否科学?

和成年人相比,未成年人具有身体发育不成熟、心智发育不健全、识别判断能力不完全的特点,尤其在器官捐献这样以牺牲自我来换取他人健康的情况下,他们是需要受法律特别保护的弱势群体。如果未成年人具有器官捐献能力的话,其器官捐献自己决定权的内容和边界如何? 未成年人一出生可能不具有一定的识别、判断能力,但随着年龄的增大,其识别、判断能力就越来越高。婴儿时期的未成年人需要父母或者其他监护人代理决定,一切事务可以由父母做出决定,但器官捐献往往对捐献者不利,有可能在器官捐献行为中单纯地沦为"工具"而非同时作为"目的",那么在法律上应如何提供有效的保护措施? 青少年时期的未成年人有一定的判断能力,在器官捐献问题上应该尊重其自己决定权。然而在法律上如何应对"捐献—移植"过程中的各项风险、保障其器官捐献自己决定权的行使,依然是一个难题。

由于未成年人的年龄小,许多事情都由其法定代理人代理完成,不少人理所当然地认为法定代理人替代其做出的决定就是正确的。代理制度在一定程度上可以代表被代理人的利益,但越界的代理会破坏被代理人的自主性。科技发展是迅速的,尤其是随着手机、电脑通信网络的迅速普及,人们获取信息的渠道多样化,未成年人接触的新鲜事物越多,接受的能力也越强。未成年人不同于精神病人,他们有一定的判断能力,只是在成长过程中需要更多的正确引导。刻意保护很容易忽略他们内心的真实声音,进而忽略他们的权利需求,侵害他们的自主性。

自己决定权是人格权的一种,在法学、伦理学、哲学等相关角度都有过深入研究。器官捐献自己决定权的本质也是人格权,但在未成年人器官捐献自己决定权方面还存在许多需要进一步研究的问题。本章拟对我国有关未成年人器官捐献的法律规范现状、未成年人器官捐献自己决定权的社会基础和伦理基础、权利冲突及损害救济等问题进行规范分析。

（接上页）200901/0104_23_951143.shtml,2019 年 4 月 20 日访问。

① 刘光博:《女孩欲捐肝救母因不满 18 岁遭拒,呼盼获法外开恩》,新浪新闻网,http://news.sina. com.cn/o/2017-04-11/doc-ifyeayzu7544831.shtml,2019 年 4 月 20 日访问。

第二节　我国未成年人器官捐献自己决定权的法律界定和规制现状

一、未成年人器官捐献自己决定权的法律界定

（一）权利内涵

对一个自然人来说，自己的事情由其自己决定，自己决定自己的人格发展，这种"自己决定权"来源于法律对人的自由、尊严、独立等人格维持和发展的尊重。作为伦理原则的自己决定是指自主行为不应受限于他人之控制，①它有强弱意义之分，弱意义的自己决定仅表现为对外来干预的排斥，强意义的自己决定还被作为人的内在价值的一部分。在法律上，美国法官卡多佐（Cardozo）在1914年较早提出了自己决定权的概念。② 自己决定权又称"私事自己决定权"，是由私法自治原则发展而来的一项新生人格权，即有理性的人自己决定自己的事情的人格权。它着眼于自己决定自己的发展和命运，以达到个性人格发展的目的。③ 按照美国学者的理解，在普遍的语法中，自己决定是指独立；在熟悉的哲学意义上，自己决定是指理性的人认识什么是应当做的能力，还指不受非法干预地做的自由。自己决定在以下四种意义上得到延伸：① 管理自己的能力；② 自我管理的实际条件和优点；③ 性格上的完善（在理想意义上）；④ 管理自己的主权（在某个人的道德界限内）。自己决定的核心是做出选择和决定的权利——决定如何使用自己的财产、哪些个人信息公开给他人等。简而言之，最基本的自己决定权是决定自己生活方式的权利。④ 在美国、日本等国家，自己决定权是宪法上的基本权利。我国虽然没有通过法律（狭义）的

---

① Tom L. Beauchamp & James F. Childress, Principles of Biomedical Ethics. New York: Oxford University Press, 2008, p.126.

② 卡多佐在一个判例中指出，"每一个心智健全的成年人都有权决定对自己的身体将如何行事。……除非在某种紧急情况下，必需的手术无法等待取得陷入无意识状态的患者的同意，否则必须首先得到其同意。"See Schloendorff v. Society of New York Hospital. 211 NY 125, 105 N. E. 92, 133 N. Y. S. 1143 (1914).

③ 刘士国：《新生人格权问题研究》，《法学论坛》2011年第6期，第5—9页。

④ ［美］阿丽塔·L. 艾伦、理查德·C. 托克音顿：《美国隐私法：学说、判例与立法》，冯建妹等编译，中国民主法制出版社2004年版，第366—367页。

形式单独确立自己决定权,但是在法理上与实务中一般承认自己决定权,并在特殊领域针对特殊事项有过相应的规定(例如"患者自己决定权"被确认在《侵权责任法》第55条之中)。

器官捐献自己决定权是自己决定权在生命科技时代的一个微观表现,其积极作用在于使得主体能够在有关自己身体人格利益的私事领域,按照其自由意志做出自己的决定。[①] 未成年人器官捐献自己决定权的内涵在于知情同意,医务人员的充分告知是权利行使的前提。知情同意包括"知情"和"同意"两个关键要素,充分告知即为"知情",自己决定即为"同意","同意"的决定应在"知情"的前提下做出。

一般认为,知情同意具有信息的充分告知、信息的理解、同意的能力以及同意的自由表示四个核心要素。[②] 具体表现为:在移植手术实施之前,医务人员应将手术的一切信息充分告知捐献者,具备表意能力的捐献者在对某种医疗方案、医疗行为和医疗措施充分理解的前提下,按照自己的意愿决定捐献或者不捐献器官,这个过程就是器官捐献者在行使自己决定权的过程。自己决定权本质上属于人格权,应获得尊重和保护。

(二)权利内容

在医务人员充分告知后,未成年人可以依据自己的理解和判断做出决定,决定的内容包括:同意捐献器官、不同意捐献器官、因反悔而撤回或撤销捐献意愿。每一种决定都是未成年人依据自己的理解和判断独立做出的,具有自主性。

1. 同意或不同意捐献

未成年人应该有权表达自己同意或不同意捐献的意愿,有关身体或遗体处分的决定应当在一定程度上(只要与其年龄、智力相适应)被法律认可。鉴于活体移植手术风险大,对未成年人可能构成的伤害较大,在实践中一般不提倡未成年人捐献活体器官,即使捐献,也必须以其法定代理人的明示同意为前提。

---

① Wang Kang. Legal Connotation and Boundary of Genetic Autonomy Right: in the Background of Population Genetic Database, in Qi Yanping & Anne-Marie Duguet eds.. *Biotechnology*, *Medicine and Law*. CUPL Press, 2018, pp.98-118.

② 王康:《基因权的私法规范》,中国法制出版社2014年版,第219页。

在遗体器官捐献中常见的是自愿捐献和推定同意两种模式。从民法角度看,同意或不同意是行为人的意思表示,意思表示包含两个要素:一是表意人具有意思能力,即在生理、心理上的精神状态和辨别行为的性质、后果的能力,每个人都有一定的意思能力,只是不同年龄下的意思能力有强弱之分。同时应当指出的是,意思能力与民事行为能力有所不同,后者除了具备意思能力以外,还有年龄要求。二是表意人的意思通过一定形式予以表达,表达形式有两种,分为明示和默示。明示方式有书面和口头两种,默示表示有推定和沉默两种。

在我国台湾地区,除了订立遗嘱以外,死者生前可以填写器官捐赠卡表达器官捐献的意愿,或在全民健康保险凭证上进行同意与否的登记。在我国香港地区,器官捐赠登记名册的存在可以让卫生部门准确地识别有意捐赠器官的人士。在德国,年满16周岁者必须就是否愿意进行器官捐赠接受询问,以明示其意愿;在西班牙,遗体捐献采取"默认加入"(推定同意)的方式,即死者被视为器官捐献者,除非本人"生前表达过反对的意见"。

我国采用"自愿捐献"模式,即年满18周岁的成年人可以在器官捐献网、中华骨髓库或红十字会登记捐献意愿。《民法典》在第1006条第3款规定:"自然人生前未表示不同意捐献的,该自然人死亡后,其配偶、成年子女、父母可以共同决定捐献,决定捐献应当采用书面形式。"据此,我国似乎在一定程度上初步确立了器官捐献的"默认加入"原则,但实际上依然是以"自愿"(来自配偶、成年子女、父母的共同"自愿")为前提的,并未构成对"自愿捐献"模式的颠覆。

2. 对捐赠意愿的反悔

从民法角度看,平等民事主体之间设立、变更、终止民事关系的协议为"合同",体现的是契约精神。捐献者做出捐献的承诺符合合同要素特征。《合同法》分则中没有特别规定器官捐献合同,应属无名合同,可类推适用与其相类似的有名合同。在有名合同中,与器官捐献相类似的是赠与合同,所以,应按照赠与合同的规定来规范捐献行为。[①] 但此种合同有关人格利益的规定,应有其自身的特殊性,例如,捐赠者应有权在手术实施前随时无条件地撤销其器官捐赠的意思。

许多国家或地区都赋予捐献者反悔的权利,我国也明确规定自然人对已经

---

① 李云波:《人体器官移植的物权法解读》,《学术论坛》2008年第8期,第74—79页。

表示的器官捐献意愿有权予以"撤销"。① 器官捐献行为是无偿的,捐献者可能需要付出一定的身体健康代价,只有法律优先保护供体的利益,才能尽可能地补正供体和受体之间在风险收益关系上的不均衡。未成年人的社会阅历较浅,出现惧怕而反悔的可能性更大,因此,允许撤回承诺的规定对未成年人来说更加重要。

我国台湾地区将器官捐献者的反悔行为表述为"撤回",大陆则对"捐献意愿"的反悔表述为"撤销"。罗马法对撤销与撤回进行了区分,判断两者的本质区别在于权利人意思表示行为是否生效。如果该行为在权利人撤销之前已生效,那么,该行为就是可撤销的,撤销的目的是消灭效力。如果该行为作出后并未生效则是可撤回的,撤回的目的在于阻止其发挥效力。简言之,撤销针对生效的法律行为;撤回针对未生效的法律行为。

在器官捐献的情况下,表达器官捐献意愿(意思)的形式至少有两种:一是书面的单方陈述(遗嘱),不涉及具体的相对人;二是器官捐献合同,有具体的相对人。在前者情形下,器官捐献遗嘱是立遗嘱人生前订立的处分其遗体的意思表示行为,该遗嘱的生效以立遗嘱人死亡为生效前提。在立遗嘱人生存期间,该遗嘱未生效,不发生撤销问题,而只能撤回。在后者情形下,基本可以类推适用赠与合同的一般规则,而赠与合同为诺成性合同,通常情况下承诺到达相对方即发生效力,合同成立(在遗体捐献的情况下,该合同尚未生效;在活体器官捐献的情况下,如无其他附加条件,则该合同成立后生效),对器官捐赠承诺只能撤销。

尽管未成年人在大多数情况下不是完全民事行为能力人,但是器官捐献与未成年人身体息息相关,应当认可未成年人撤回(撤销)捐献意愿(意思)的反悔权。"撤回"或"撤销"应该作广义理解,既包括撤回或撤销,也包括变更。变更的事项有捐献的种类、捐献的目的以及捐献的对象等。②

未成年人的捐献意愿具有特殊性,需要考虑法定代理人的意见。实践中可能存在有些未成年人的监护人或者法定代理人不认真履行法定义务情况,其为了金钱或其他利益而不顾未成年人的意愿擅自做出器官捐献决定,损害

---

① 《人体器官移植条例》第8条第1款规定:"捐献人体器官的公民应当具有完全民事行为能力。公民捐献其人体器官应当有书面形式的捐献意愿,对已经表示捐献其人体器官的意愿,有权予以撤销。"
② 杜换涛:《论遗体器官捐献中的意思表示》,刘士国主编:《医事法前沿问题研究》,中国法制出版社2011年版,第299页。

了未成年人的身心健康。因此,未成年人可以行使撤回(撤销)捐献意愿(意思)的反悔权,具体情形包括两种:一是对自己先前做出决定的撤回(撤销);二是在法定代理人或监护人违背其意愿做出同意决定后的撤回(撤销)。

撤回(撤销)的意思表示应以明示的方式做出,既可以是书面方式,也可以是口头表达方式。一旦未成年人提出撤回(撤销)的决定,即使在移植手术即将开始时,医务人员也应当立即停止移植手术,即依照器官捐献人单方的意思就能够实现撤回(撤销)捐献意愿的效果。这是未成年人自主决定权的应有之义,应当得到尊重。

(三)权利边界

器官捐献者有权决定是否捐献、如何捐献以及捐献何种器官,但行使对处分自己的身体及身体组成部分等人格利益的自由应受到限制,例如,不能损害人的尊严、不能伤害他人。[1] 此外,也不可以违背公序良俗,不能以故意损害自己的身体、放弃自己的生命或者出售自己的器官为目的。

自主权或自由是人的尊严的重要内容。这里的"人"不仅包括捐赠者本人,而且还包括本人以外的其他人。任何违背人的尊严下的"自主"行为都不应被认可。在移植技术日渐成熟的今天,如果不强调人的独立性和不可替代性对自己决定权的制约,人的身体将不断剥离人格要素而成为冰冷、没有感情的"物",人逐渐沦为可以被随意组装和替代的物品,或是移植技术的"原材料""实验品"和"作品"。如果真是这样,那么,人类社会赖以延续的人际关系和社群利益也终将会被视为羁绊而被抛弃。[2]

总之,未来是由未成年人自己还是由其监护人代理行使器官捐献自主决定权,应当立足于对人的自由、尊严和独立人格的尊重,禁止把人的身体作为单纯的"工具"。

二、我国法律规制现状及其不足

在 2020 年 5 月 28 日《民法典》通过之前,我国法律(狭义)甚至没有直接表述自己决定权的具体条款。《民法通则》第 4 条表述的"自愿"原则或许可以

---

[1] 邱仁宗、翟晓梅:《生命伦理学概论》,中国协和医科大学出版社 2003 年版,第 229 页。
[2] 韩大元、于文豪:《论人体器官移植中的自我决定权与国家义务》,《法学评论》2011 年第 3 期,第 29—36 页。

作为自己事务"自己决定"的一般性规范基础,但在涉及生命伦理、健康风险的器官捐献的特殊情况下似乎不宜作太过宽泛的解释。[①] 从权利本质上看,器官捐献自己决定权应属于人格权范畴,是自然人的人身自由的体现,可以归于《民法典》第109、990条第2款中的一般条款保护的"人身自由"法益之中。器官捐献行为也可以视为权利人对身体权的行使,从而归入《民法典》第110、990条第1款的保护范围。[②] 不过,我国《民法典》第1006条第1款明确规定:"完全民事行为能力人有权依法自主决定无偿捐献其人体细胞、人体组织、人体器官、遗体。任何组织或者个人不得强迫、欺骗、利诱其捐献",这是具有完全行为能力的自然人的器官捐献自己决定权的具体规范基础。

在与器官移植相关的法律(狭义)之中,关于未成年人是否能够自己决定器官捐献,法律态度并不明朗。2007年颁行的《人体器官移植条例》明确规定器官捐献者必须具有完全民事行为能力,因此,未成年人不具有捐献"器官"(狭义)的法律能力。不过,该条例第2条明确将"人体细胞和角膜、骨髓等人体组织移植"排除该条例之外,这给未成年人捐献人体细胞和角膜、骨髓等人体组织用于移植留下了空间。

在《人体器官移植条例》实施后,我国出现了一些部门规章、地方性法规以及司法解释等,全国人大常委会公布并施行的《刑法修正案(八)》也明确了组织出卖人体器官行为(尤其是摘取未成年人器官)的刑事责任。我国在器官移植方面的规范性文件比较多,非法器官捐献或移植行为可能引发行政责任、民事责任,甚至刑事责任。

（一）不承认未成年人的器官捐献能力

《民法典》第1006条规定:"完全民事行为能力人有权依法自主决定无偿捐献其人体细胞、人体组织、人体器官、遗体。任何组织或者个人不得强迫、欺骗、利诱其捐献。完全民事行为能力人依据前款规定同意捐献的,应当采用书面形式,也可以订立遗嘱。自然人生前未表示不同意捐献的,该自然人死亡

[①] 《民法通则》第4条规定:"民事活动应当遵循自愿、公平、等价有偿、诚实信用的原则。"

[②] 《民法典》第109条规定:"自然人的人身自由、人格尊严受法律保护。"此为人格权的一般条款。第110条规定:"自然人享有生命权、身体权、健康权、姓名权、肖像权、名誉权、荣誉权、隐私权、婚姻自主权等权利。"此为列举式确认个别人格权的规定。第990条分两款规定:"人格权是民事主体享有的生命权、身体权、健康权、姓名权、名称权、肖像权、名誉权、荣誉权、隐私权等权利。除前款规定的人格权外,自然人享有基于人身自由、人格尊严产生的其他人格权益。"

后,其配偶、成年子女、父母可以共同决定捐献,决定捐献应当采用书面形式"。本条借鉴了《人体器官移植条例》的有关规定,[①]但扩大了所调整的捐献客体范围。虽然依然没有承认未成年人的器官捐献能力,但在遗体器官捐献的情况下,其父母可以共同决定捐献未成年人的遗体。

(二)有关细胞、组织移植的法律几乎空白

从医学实践上看,与复杂的心脏、肾脏器官相比,简单的细胞、组织移植更为常见,如果没有完备的立法制度作为保障,未成年人很可能成为潜在的受害者,甚至单纯沦为"工具"。

我国《人体器官移植条例》第 2 条明确将"人体细胞和角膜、骨髓等人体组织移植"排除该条例之外,而现行其他规范性文件中却没有针对细胞、组织的移植做出另外规定,细胞、组织的移植规范呈现空白状态。

与我国立法现状形成对比的是,美国在 1968 年制定并颁布了《统一组织捐献法》;韩国规定未满 16 岁的未成年人在本人及其父母或法定代理人同意的情况下可以捐献骨髓。[②] 我国台湾地区 1982 年就制定了"眼角膜移植条例",1987 年又制定了"人体器官移植条例"。[③]

法定代理人的同意固然是保护未成年人的一道屏障,但在未成年人身上进行细胞提取、组织摘除等手术,难道不应该首先征得未成年人本人的同意吗? 这个问题值得深思,需要一部在全国范围内具有普遍适用效力的专门法律进行回应。

(三)未成年人的权利自由被忽视

在国际法律和伦理原则上,"未成年人的同意"是在特殊情形下未成年人器官捐献、移植手术开展的前提。世界卫生组织《人体器官移植指导原则》[④]中

[①] 《人体器官移植条例》第 8 条规定:"捐献人体器官的公民应当具有完全民事行为能力。公民捐献其人体器官应当有书面形式的捐献意愿,对已经表示捐献其人体器官的意愿,有权予以撤销。公民生前表示不同意捐献其人体器官的,任何组织或者个人不得捐献、摘取该公民的人体器官;公民生前未表示不同意捐献其人体器官的,该公民死亡后,其配偶、成年子女、父母可以以书面形式共同表示同意捐献该公民人体器官的意愿。"

[②] 莫洪宪、李颖峰:《韩国器官移植法对我国的启示》,《复旦学报(社会科学版)》2010 年第 6 期,第 82—92 页。

[③] 我国台湾地区在 1987 年公布的"人体器官移植条例"及"人体器官移植条例施行细则"中,明确将眼角膜移植纳入该规定,因此"眼角膜移植条例"只施行了 6 年,于 1988 年废止。

[④] 该原则最早产生于 1987 年 5 月 13 号第 40 届世界卫生大会(WHO40.13 号决议),在 2010 年通过了新修订的版本。该原则意在为以治疗为目的的人体细胞、组织和器官的获得和移植,提供一个有序、符合伦理标准并且可接受的框架。

的第四个原则就是未成年人保护原则,规定除国家法律允许范围内的少数通例外,不可以从未成年活人身上摘取任何细胞、组织或器官进行移植。

　　未成年人是限制民事行为能力人或无民事行为能力人,有关的事项依据代理制度由法定代理人代理,只有很少部分且与未成年人年龄、智力相适应的民事活动可以由未成年人自己完成。一般而言,器官捐献不被认为是未成年人可以独立完成的民事活动,因此须由法定代理人(监护人)代理做出相应的决定(同时同意)。法定代理人(监护人)一般是未成年人父母等亲近的人,由他们决定器官捐献事项可以最大限度地保护未成年人,但是代理制度不是一劳永逸的,未成年人具有独立的人格,自己决定权是人格权应有之义,尤其是高年龄段的未成年人对社会、生活的认识相对成熟。如果在器官捐献的问题上一味强调法定代理人(监护人)对未成年人采取"家长式"的保护,可能会忽略未成年人的决定自由。

　　(四)缺乏权利救济的特别规定

　　《未成年人保护法》第 14 条①虽然并未确认未成年人的自己决定权,但在本质上是对未成年人作出自己决定的尊重。但遗憾的是,在该法的"法律责任"部分并没有规定不"告知其本人,并听取他们的意见"的行为后果。

　　未成年人是否捐献器官的意愿由法定代理人决定,对医疗机构或医务人员来说,有了法定代理人签字的同意书,开展移植手术就具有了合法性,无论未成年人"同意"与否都不会给其带来法律风险。正是因为这样,如果发生法定代理人侵犯未成年人自己决定权的行为也只是发生在家庭内部,即使未成年人反抗或者拒绝也无济于事,有时未成年人想捐献又会被当作"小孩子不懂事"而被忽略。

　　家庭属于一个具有私密性的私领域。如果在立法上并没有对未成年人法定代理人的器官捐献决定的代理权做出任何限制和约束,没有特别的权利保障和损害救济途径,未成年人的身体权、自己决定自由就缺乏最起码的法律保障,未成年人的人格权益就会很容易被侵害。

---

① 该条规定:"父母或者其他监护人应当根据未成年人的年龄和智力发展状况,在作出与未成年人权益有关的决定时告知其本人,并听取他们的意见。"

第三节 未成年人器官捐献自己决定权的 社会基础和法理基础

一、未成年人器官捐献自己决定权的社会基础

从器官移植技术的发展历程来看,器官捐献和移植手术在目前已相当成熟。临床实践表明,未成年人捐献可再生器官、遗体不会给其带来重大的损害。因此,允许未成年人自愿捐献可再生器官、遗体具有相当的可行性。

器官移植技术的发展不断前进、成熟。最早的医学记载可以追溯至公元1世纪,印度外科医生用自体皮肤移植做鼻再成型手术。后来,科学家们开始在动物身上开展移植试验,为人体器官移植研究奠定了基础。进入20世纪以后,随着"三线缝合法"技术被发现以及"排斥反应"的解决,高难度的器官移植手术开始获得临床上的成功。1954年第一例肾移植手术成功,1963年首例肝脏移植手术完成,1967年心脏移植手术完成。[①] 而中国也紧跟世界的步伐,在1960年由吴阶平教授完成首例尸体供肾肾移植手术。截至2019年1月13日,我国公民器官实现捐献21 688例,捐献器官61 902个。[②] 可见,我国器官移植技术已经相当成熟。从广义上看,部分肝脏和肺叶也可再生,可以在活体状态下移植。遗体器官是在捐献者生命终止后进行摘除的,没有感知上的痛苦,未成年人捐献遗体器官除了帮助他人新生外,还可以达到很好的宣传作用,弘扬社会新风尚,因此应当鼓励未成年人捐献遗体器官。

由于骨髓、皮肤等可以再生,[③]即使捐献给他人也可以通过自身的新陈代

---

① 法国外科医生、生物学家与优生学家亚历克西·卡雷尔(Alexis Carrel)首先发明了的"三线缝合法"的血管吻合技术,解决了移植技术中器官的重建供血问题。20世纪40年代,随着免疫学特别是移植免疫学和免疫遗传学的诞生和发展,诺华公司发明了免疫抑制药物——环孢素(新山地明),异体移植器官的"排斥反应"获得解决。1954年,三位医师成功为一对同卵双胞胎进行肾移植手术;1963年,美国完成首例肝脏移植,同年,美国做了世界上第一例肺移植;1967年,南非完成了世界上第一例心脏移植。参见韩跃红:《护卫生命的尊严——现代生物技术中的伦理问题研究》,人民出版社2005年版,第286页。
② 参见中国人体器官捐献管理中心网,http://www.organdonation.org.cn/,2019年4月1日访问。
③ 之所以强调"可再生"是为了防止给未成年人带来不可逆的伤害。如果在活体状态摘除未成年人的眼膜或角膜,会使未成年人不可逆地失去光明,因此,这种行为应当被禁止。

谢恢复和再生,故给捐献者带来的伤害较小,因此很常见,但在未成年人身上进行复杂的肾脏移植则饱受争议。虽然从广义上看,肾脏、肝脏、肺叶都是可再生的,而且临床实践表明,摘取一个肾脏或部分肝脏、肺叶并不会给人体带来过大的伤害。但考虑未成年人的身体尚未完全成熟,器官处于生长发育期,可能对未来生活造成不可逆的伤害,如果将来反悔,也许会留下终身遗憾。因此,世界大多国家对未成年人活体捐献肾脏或肝脏的行为持谨慎态度,即不允许未成年人捐献复杂的活体器官。

临床中也有成功案例,例如在都柏林发生的"双胞胎换肾"著名案例:双胞胎姐妹二人一同长大,在 14 岁时,姐姐的肾脏发生病变,需要配对的肾脏进行移植手术才能继续存活。经配对,妹妹是唯一合适的肾脏供体,经妹妹及其父母同意后,医生开展了肾脏移植手术,由于两姐妹的血缘关系,肾脏移植之后没有发生强烈的排异反应,术后恢复也很好,两姐妹继续健康成长。通过这件事情,她们彼此成为生命中最重要的人,感情也更深厚。可见,肾脏移植手术在未成年人身上实施也可能符合其最佳利益。

未成年人捐献遗体,不仅可以在一定程度上弥补器官的供需空缺,而且还会带来精神上的利益,对社会也能起到一种很好的宣传作用。遗体捐赠的新闻屡见报端,例如,哈尔滨 4 岁男童陈某因患有脑瘤被诊断为脑死亡,父母决定捐献爱子所有器官,捐献的肝和双肾使天津 3 名患儿重获健康;①"感动中国"十大人物之一的广西女孩何某捐献遗体器官,令 3 人获得新生等。从功利主义角度看,未成年人捐献遗体器官的行为不仅涉及的道德伦理束缚更小,而且还可以通过移植延续生命,带给家人慰藉。此外,还可以极大减少器官买卖的犯罪发生,推动移植手术的普及,让更多的人受惠于这项医学技术。

在我国香港地区,不少艺人都成为器官捐献宣传大使,还亲自签署器官捐赠卡,表达自己身故后捐赠器官的意愿,他们利用自己的社会影响力让更多人加入器官捐献的行列中。未成年人被认为是社会中的弱势群体,如果他们主动捐献遗体器官,那么也能起到推动的效果。以 2012 年度"感动中国十大人物"之一的何某为例,在何某事迹传开后,很多人受她的奉献精神影响,纷纷走进市红十字会,签下在死后无偿捐献人体器官的志愿书。在《桂林日报》报道

---

① 张巍、杨锐:《大爱永留人间——宝贝走了! 延续了 3 个伙伴的生命》,http://www.organdonation. org.cn/show.aspx? id=6542&cid=427,2019 年 4 月 30 日访问。

何某捐献器官的事迹后的 3 个月内，又有 5 例遗体器官捐献完成。看似小小的举动，却带动了更多人主动捐献。未成年人捐献遗体器官的事迹更让人内心震撼，带来的推动作用是不可估量的，鼓励无私奉献的行为应当被认可。

现有器官移植技术已经相当成熟，每年有无数人受益于这项医学技术。从医学角度看，未成年人捐献可再生器官和遗体器官是可行的。

二、未成年人器官捐献自己决定权的法理基础

迈克尔·桑德尔（Michael Sandel）认为，可以从三个角度理解"正义"：一是追求福利最大化的功利主义；二是尊重个体权利的自由主义；三是提倡公民德性和共同善的政治观。[①] 下面从三个角度对未成年人器官捐献自己决定权的法理基础进行阐述。

（一）功利主义角度

虽然社会由个体组成，但任何个体都无法脱离社会而独立存在。器官移植手术是以牺牲一个人的身体利益为代价，将其身体的特定部分移植到另一个人体内，以达到拯救后者生命或维系其健康的医学技术。由于亲属之间的血缘关系会增大配对成功的概率，所以未成年人是器官配对的潜在对象。

由于人体结构的特殊性，有些器官是可以再生的，例如被割掉的皮肤组织，随着时间的推移可以愈合长出新的皮肤；被抽取的骨髓细胞可以再次分裂，形成新的骨髓组织；被部分切除的肝脏可以依靠自身的新陈代谢，长出新的肝脏。可见，即使摘除也不会造成不可逆的重大损害。而遗体器官则在人死后摘取，身体已无感知，摘取的行为不会给未成年人带来身心上的痛苦。如果未成年人想捐献可再生器官（应符合"未成年人最佳利益原则"）或捐献遗体器官，应当尊重他们的意愿。因为这样的无私奉献精神不仅可以缩短受体的等待期，而且还可以极大地降低发生排异反应的可能性。

根据功利主义的观点，凡是能将效用最大化的决定都是正确和公正的。尽管这样的观点似乎有点绝对，但不可否认，在上述特定的情形下，认可未成年人器官捐献自己决定权在一定程度上可以达到社会最大效用。

---

① ［美］迈克尔·桑德尔：《公正——该如何做是好》，朱慧玲译，中信出版社 2012 年版，第 20 页。

（二）自由主义角度

迈克尔·桑德尔对经典案例"失控的电车"①做出了另外一种假设：假设你是旁观者，站在桥的上方俯视唯一的轨道，电车从轨道的一头开来，另外一头是5个正在作业的工人，因刹车失灵即将撞上5个工人。突然，你发现身边有一个身材足够魁梧的男子，推他下去就可以阻止电车撞向5人，但这样做的代价是牺牲这个男子。推他的行为拯救了他人，但是否具有正当性呢？正如桑德尔分析的那样，即使用一个的生命换5个人的生命是划算的，但却不具有正当性，原因在于他不是处于危险中的人，他只是站在桥上观看，推他下去阻挡火车的行为违背了他的意愿，使其成为被利用的工具。② 桑德尔对这个假设的分析实际上就是在强调"自由"的重要性：一个人对自己的身体和财产有绝对的自由，任何人都不应当被强迫去做某件事情，尤其是以牺牲自己为代价去帮助他人。

联合国《儿童权利公约》确认，儿童可以自由决定与自身利益相关的事宜。③ 也就是说，只要行为不伤害他人，就可以自由地去做自己想要做的事情，个体对自身权利的自由是绝对的。器官捐献与未成年人的身心健康息息相关，未成年人作为"自由的、自觉的"存在，有权利对自己的身体及其组成部分做出适当的处分。所谓"适当"，是指在不违反法律和公序良俗的情况下，限于捐献自己的可再生器官、遗体。如果未成年人拒绝捐献也不能勉强，更不能引诱、欺骗、强迫、威胁，因为社会不能强迫未成年人去做违背他们意愿的事情，更不能把自己的想法强加给他们。

自由主义哲学家康德认为，人不能仅仅被当作手段对待，而应当把他同时当作目的。自由是一个人的基本尊严，对不影响他人的事情有权决定做或者不做。虽然未成年人处于成长阶段，不是严格意义上心智完全成熟的自然人，对后果的认知和承担能力上有所欠缺，但这并不影响他们决定与自身权益相关的事务。和那位站在桥上的人一样，未成年人作为旁观者，决定捐献或者不

---

① ［美］迈克尔·桑德尔：《公正——该如何是好》，朱慧玲译，中信出版社2012年版，第22页。
② ［美］迈克尔·桑德尔：《公正——该如何是好》，朱慧玲译，中信出版社2012年版，第23页。
③ 该公约第12条规定："1. 缔约国应确保有主见能力的儿童有权对影响其本人的一切事项自由发表自己的意见，对儿童的意见应按照其年龄和成熟程度给以适当看待。2. 为此目的，儿童特别应有机会在影响儿童的任何司法和行政诉讼中，以符合国家法律的诉讼规则的方式，直接或通过代表或适当机构陈述意见。"

捐献都是其作为人的自由,不能在超出同意的范围内给他设定义务。

(三)德性主义角度

桑德尔是德性论的倡导者,他认为一个公正的社会需要较强的共同体意识,反对将良善生活观念完全私人化。① 为拯救他人生命而自愿进行器官捐献是一种典型的"善"。德性不可避免地受到传统经验的影响。人类以血缘关系为纽带,形成家庭和社会,文明得以诞生和传承。世界卫生组织《人体器官移植指导原则》在"原则 3"中规定:"活体捐献人一般应与接受人在基因、法律或情感上有关系。"具有血缘关系的人是"亲人",而"亲人"往往会更愿意为"亲人"的生命健康做出某些心甘情愿的牺牲,这是一个善良人的普遍心理。"救命宝宝"就是带着这样的"使命"出生的,扮演着"拯救者"的角色。

从德性论角度看未成年人的器官捐献行为可以发现,看似痛苦的行为实际上是朝着共同善的方向走去。未成年人除了是一个独立的个体之外,还有其自己的价值观、道德观。我国香港地区女孩米歇尔(Michelle)在母亲需要帮助的时候,内心的善促使她产生了器官捐献的想法。对她而言,在整个人生中,母亲的生命远比自己的部分肝脏重要得多。禁止未成年人捐献活体器官的规定,可能会造成其终身遗憾。

三、未成年人器官捐献自己决定权的条件限制

在未成年人是否作出器官捐献自己决定的问题上,从功利主义角度来看,未成年人捐献器官可以达到最大效用,促进社会幸福最大化;从自由主义角度来看,未成年人享有捐献或者不捐献的自由,这是其作为独立个体的基本尊严;从德性论角度看,社会是一个善的共同体,我们不应该拒绝未成年主动对善的实践。

世界卫生组织《人体器官移植指导原则》在"原则三"中规定:"活体捐献在以下情况下才可以接受:捐献人知情并获得其自愿同意,已保证对捐献人的专业照料和完善组织后续步骤,并已审慎执行和监督捐献人选择标准。应以完整和可理解的方式告知活体捐献人,其捐献可能存在的危险、捐献的益处和后果;捐献人应在法律上有资格和能力权衡这些信息;捐献人应自愿行动,不

---

① 〔美〕迈克尔·桑德尔:《公正——该如何做是好》,朱慧玲译,中信出版社 2012 年版,第 297 页。

受任何不正当的影响或强迫。"在"原则四"中规定："除了在国家法律允许范围内的少数例外情况,不可出于移植目的从未成年活人身上摘取任何细胞、组织或器官。应当具备保护未成年人的具体措施,在任何可能情况下都应在捐献前获得未成年人的同意。对未成年人适用的内容也同样适用于没有法定能力者。"

"原则四"在一般情况下禁止以移植为目的摘取法定未成年人的细胞、组织或器官。根据对该原则的解释,被许可的例外主要限于家庭成员间捐献可再生细胞(在不能找到具有相同治疗效果的成人捐献人情况下)和同卵双胞胎之间的肾脏移植(当避免免疫遏抑可对接受人有足够的好处,而且没有可在未来对捐献人产生不利影响的遗传病时,方可作为例外)。

如果父母一方(双方)或法定监护人负责预期接受人的福利则可能产生利益冲突。在此类情况下,应要求获得独立方,例如法院或其他主管当局的检查和许可。在任何情况下,未成年人对做捐献的反对将压倒其他任何一方的许可。出于评估,并在需要时解决捐献决定中的任何压力的目的而为潜在的活体捐献人提供专业咨询对未成年人尤其重要。

在遗体捐献的情况下,只要遵循不违反法律、公序良俗及生命伦理的基本原则,前述很多风险和顾虑可以消失。此时,未成年人的器官捐献自己决定权必须得到支持。

总之,未成年人器官捐献自己决定权有现实的社会基础,也有内在的法理基础,具有一定的必要性和可行性。但这一权利的行使必须遵循伦理和法律,在内容上也不可泛泛而论。

第四节　未成年人器官捐献自己决定权的冲突与协调

权利的行使必然伴随着权利冲突,其实质是一种规范冲突。每一个冲突中的权利都能在规范中找到正当性依据,没有谁具有法律上的可谴责性。[①] 应在法律上寻求协调途径,以达到权利行使的平衡,并妥善处理冲突。

---

① 王康:《基因权的私法规范》,法律出版社 2014 年版,第 264 页。

一、权利冲突的类别

未成年人器官捐献自己决定权发生冲突主要有三种常见情形：一是在活体器官捐献中，法定代理人（监护人）强势的"家长式"决定与未成年人的自己决定权发生冲突；二是在遗体器官捐献中，继承人（遗嘱执行人）对未成年人遗体的处置权与未成年人自己决定权发生冲突；三是在未成年人（法定代理人、监护人）撤回或撤销捐献意愿时，受体的人身权与未成年人自己决定权发生冲突。

（一）未成年人自己决定与法定代理人同意的冲突

未成年人在器官捐献行为中享有自己决定的权利，我们应当尊重这种人格自由，但是强调未成年人的绝对自由是不正确的，因为和成年人相比，未成年人的身体和心智还发育不成熟，故在进行民事活动时缺少行为能力的支撑。因此，如果是活体捐赠，未成年人单方面的同意尚不可开展移植捐赠行为，需要法定代理人的同意，以对未成年人的最佳利益进行判断，帮助未成年人做出合理决定。但是，法定代理人的同意不能是"家长式"的决定，其应扮演辅助者、保护者的角色。

如果未成年人的自己决定是充分的、自主的且符合其自身利益的，但法定代理人不同意，或者仅由法定代理人决定捐献未成年人的器官，那么未成年人的权利该如何保护？实际上，器官捐献的决定采用未成年人的自己决定和法定代理人的双重同意的方式更为科学。[1] 也就是说，器官捐献的最终实施除了需要未成年人本人的同意，还要有法定代理人的同意。如果未成年人的自己决定是充分自主的且伤害不大，法定代理人应当考虑未成年人的意愿，尊重未成年人的自己决定权。当然，如果未成年人拒绝捐赠，则无适用法定代理人同意之必要，因为任何人都不能要求个人对他人或社会做出对自己身体不利的奉献和牺牲，这也是尊重未成年人自己决定权的必然要求。

此外，随着"救命宝宝"的成长，也有可能出现这种冲突。父母通过再生一个孩子的方式寻求合适供体是人之常情，从亲属关系或事实上的扶助关系角度来看，这种行为具有正当性和合理性，从社会角度来看具有积极意义，这是

---

[1] 郏立军：《未成年人器官捐赠研究》，《青少年犯罪问题》2018 年第 5 期，第 60—66 页。

其未受到诟病的原因。但是从"救命宝宝"自身角度而言,最初赋予其生命以及捐献骨髓组织的决定都是由其父母做出的,"救命宝宝"没有表达自己意愿的能力,更没有行使权利的能力。"救命宝宝"是否同意捐献,我们无从得知,但随着其成长并逐渐具有判断、识别能力,如果其有拒绝捐献的意识或行为,我们就应该正视这种心理变化并予以关怀,尊重他们自主决定的人格权利。以未成年人骨髓捐献为例,骨髓抽取不是一次、两次,有可能会面临长期捐献的需求,甚至可能伴随其终身,如果有意思能力的未成年人违背父母意愿决定停止捐献,我们应该如何解决这种冲突?

对于这种情形,在理论上可以设计自己决定权的事后追认制度,即在某些极为特殊且对未成年人利益不构成较大损害的前提下,法定代理人可以事先在法律框架内对未成年人的部分身体做出适当处分,其本人在捐献行为完成后或者有意思判断能力后可以行使事后追认权。[①] 如果本人拒绝追认,则应当立即停止捐献,法定代理人应当充分尊重未成年人的自己决定权。

(二)未成年人自己决定权与继承人对遗体处置权的冲突

人之权利能力始于出生,终于死亡。对遗体的法律地位大体有两种观点:一是"物之肯定说",即认为遗体是"物",是存在着的死体;二是"物之否定说",即认为遗体不是"物",而是死者人格权的残存。[②] 传统民法上的物是指存在于人身之外能满足权利主体的利益需要的,且能为权利主体所支配控制的物质实体,具有客观物质性、可支配性、有益性等基本特征。人死后的遗体可以被用于拯救他人生命或促进医学进步。我国台湾地区学者曾淑瑜对此做了进一步阐述:遗体是死者生命的化身,应当给予生者般的尊重,在情感及实际生活上依然"残存着死者之人格",因此,是"具有人格之物",依据习惯法应由其继承人取得所有权。[③] 实际上,无论是否认可其为"物",遗体上的强烈人格利益都是不可否定的,因此更应适用人格法来处置和保护。

在未成年人死后,继承人对遗体享有处置权。如果未成年人生前有捐献遗体器官的意愿,但是死后未获得遗体继承人的同意,遗体捐献的意愿也就落

① 韩大元、于文豪:《论人体器官移植中的自我决定权与国家义务》,《法学评论》2011 年第 3 期,第 29—36 页。
② 余能斌、涂文:《论人体器官移植的现代民法理论基础》,《中国法学》2003 年第 6 期,第 56—64 页。
③ 曾淑瑜:《医疗·法律·伦理》,台湾元照出版公司 2007 年版,第 165 页。

空了;如果未成年人生前未明确表示不愿意捐献遗体,继承人依然可以行使对遗体的处置权利,做出捐献决定。两者都是继承人对遗体进行处分的行为,但是前者侧重于尊重未成年人的自己决定权,后者则侧重于尊重继承人对遗体的处置权。

如果未成年人生前的意愿和继承人的想法相同,自然是最好的结果,但未成年人的意愿也有可能与遗体继承人的想法发生分歧。原则上,继承人对遗体的处置应当建立在不违背未成年人生前意愿的基础上,如果未成年人在生前明确表示不同意捐献的,即使继承人出于奉献的精神或者抱有"希望死后换一种方式活着"的想法,也不可违背未成年人生前的意愿捐献遗体。当然,这个同意的意思表示应是"明示"的,即具备一定的表现形式。

根据我国《继承法》及《民法典》继承编规定,完全民事行为能力人具有遗嘱能力,未成年人所立遗嘱无效。不过这里的遗嘱是指财产性遗嘱。未成年人是否可以通过订立遗嘱的方式处分自己死后的遗体(此为人身性遗嘱),《民法典》并未做明确的规定,但根据法律行为效力的一般规定来看,这种遗嘱当属无效。不过实践中,如果未成年人生前有强烈的捐献遗体或遗体器官愿望,继承人一般会尊重其意愿,顺从未成年人内心的想法,在未成年人死后配合完成捐献事宜。正如那位因捐献遗体器官而被广为称赞的12岁女孩何某,在患病期间向父母明确表达了自己想要捐献遗体器官的意愿,尽管何某无权在生前立下遗嘱或签署任何法律文件,但其意愿获得了父母的支持。在医生确认何某脑死亡后,由何某父母签署《无偿捐献器官申请书》,帮助女儿完成了最后的心愿。何某父母的这种行为就是尊重未成年人器官捐献自己决定权的充分体现。

(三)未成年人的自己决定权和受体人身权利的冲突

当捐赠者行使撤回权时极有可能影响受体信赖利益。在捐赠者做出承诺后移植手术正式实施前,受体会基于对捐赠者的信赖,对移植手术做一系列的准备工作,例如选择接受移植手术、全身免疫系统的破坏、提前住进病房等。当捐献者撤回或撤销器官捐献意愿时,移植手术目的落空,由此导致的财产损失和其他治疗机会的丧失等利益损失就是受赠者基于这种信任产生的信赖利益损失。以骨髓捐献为例,一般而言,在骨髓移植的前3天,受体会被摧毁自身免疫系统,做清髓准备。如果此时未成年人反悔,受体会发生生命危险。捐赠者是无偿捐献的高尚行为,反悔则是其基本的权利,也是自己决定权的应有之义,但是这一反悔行为却导致他人的信赖利益损失。

对于未成年人捐献而言,考虑的因素除了受体的信赖利益,还要考虑未成年人最佳利益。未成年人比成年人捐献需要更大的决心,承担的风险也更大。即使未成年人同意捐献,但如果反悔行为是未成年人自己决定的结果,且符合未成年人最佳利益,此时应尊重未成年人的这一权利。一般情况下,这是受体选择未成年人作为供体所必须要承担的风险。当然,如果未成年人存在故意加害他人的意图,并由此导致他人的生命、健康受到损害,则可能产生相应侵权责任。[①] 不过,此种情形已经不再是权利冲突的问题了。

二、权利冲突的法律协调

权利冲突的本质是利益之间发生了冲突,因此要在对立的两个合理性之间进行利益衡量。如果必须在二者之间做出选择的话,那么必定会牺牲一方的法益,但每个人的权利都值得尊重,最好的解决方法就是在二者当中寻求一个最佳的平衡。[②]

（一）未成年人最佳利益原则

一般而言,未成年人缺乏成熟的理性自我判断能力,所以判断捐献行为是否符合其最佳利益显得尤为重要。[③] 这里所说的最佳利益原则并不是说为了保护未成年人免受器官摘除手术之身心痛苦,完全禁止未成年人捐献器官,而是指在进行多种利益关系以及现实状况之衡量后,为了未成年人的最佳利益考虑,进行或者不进行器官捐献、移植手术。

美国一位父亲与第二任妻子的儿子患白血病,需要找到配对的骨髓以完成移植才能继续存活。因找不到匹配的骨髓,这位父亲想到了其与前妻生的一对双胞胎女儿,但他的请求遭到前妻拒绝,因为前妻认为全身麻醉做骨髓穿刺有死亡危险,还有可能伴有并发症,这一观点获得法院的支持。[④] 尽管这对双胞胎与父亲的患病儿子是具有血缘关系的同父异母姐弟,未成年人捐献骨

---

① 高向华:《浅议器官移植中器官受赠人信赖利益的保护》,《中华医院管理杂志》2006 年第 11 期,第 745—747 页。
② 王康:《基因权的私法规范》,中国法制出版社 2014 年版,第 288 页。
③ 邸立军:《器官移植民法基本问题研究——以捐赠者自己决定权为视角》,法律出版社 2012 年版,第 229 页。
④ 邱仁宗、翟晓梅:《生命伦理学概论》,中国协和医科大学出版社 2003 年版,第 258 页。

髓在当地也未被禁止,但他们姐弟并没有长期生活在一起,缺乏感情上的支持和依赖。对于双胞胎姐妹而言,接受骨髓穿刺或者进行骨髓移植除了给身体带来疼痛和危险外,没有其他的益处,而且未来还可能面临多次抽取的痛苦。基于最佳利益原则,前妻反对骨髓穿刺是符合两个未成年女儿利益的,法院的判决也很好地印证了这一点。

虽然判断最佳利益的人难免会带有主观色彩,但可以从多方面考虑,以寻求判断标准客观化。有三个角度可以衡量捐献行为是否满足最佳利益原则:一是法定代理人在充分了解内在风险和权衡利弊之后同意未成年人捐献,未成年人本人无反对意见;二是未成年人和受体有情感上的支持,通过移植手术可以获得精神上的利益;三是未成年人和受体存在血缘亲情等亲密关系。[①] 考虑最佳利益原则要从未成年人利益角度出发,充分考虑其生活和感情上的需求,只有在多方面衡量后认为捐献行为符合未成年人的最佳利益时,才可开展器官捐献、移植手术。

(二) 自主原则

联合国将"尊重儿童意见"作为一项原则写进《儿童权利公约》,以保障儿童对影响本人的事项享有发表意见的自由,强调未成年人的自己决定权(自主性)。每个有健全思维的成年人对于涉及自身权益的事务都享有自己决定权,虽然未成年人不如成年人身心成熟,但在可理解、可支配的范围内且不损害他人和社会利益前提下,有不受干涉的自己决定权。尊重自主性即为尊重个人自由,即使是以一定的牺牲为代价的捐献行为,只要他们这个决定带来的伤害不大且不足以影响未来生活,社会、家庭都应当尊重他们内心的想法,尤其是法定代理人在行使代理权时,一味采取强"家长式"决定的方式不可取,要多关注未成年人的真实意愿,这是人的自由意志在捐献行为中的体现,也是未成年人作为捐献者的基本人权。[②]

"自主性"的内涵不仅包含对未成年人自己决定的尊重,而且还意味着对拒绝者的尊重,不能让社会沦为道德的绑架者。虽然骨髓移植手术常见,但对于患者来说,等待配对骨髓是一个漫长过程,寄希望于有血缘关系的亲属身上是常有的事情。器官捐献的决定应该由本人做出,不应该逼迫、威胁潜在捐赠

---

① 郗立军:《未成年人器官捐赠研究》,《青少年犯罪问题》2018 年第 5 期,第 60—66 页。
② 霍原:《器官捐献人自己决定权的多元基础》,《学术交流》2013 年第 11 期,第 70—74 页。

者进行捐献或者进行配对检查,更不能像媒体报道的那对兄弟那样,在媒体上寻找并呼吁哥哥捐献,这会无形中给哥哥造成心理压力。在这种情况下,即使做出同意的决定也是缺乏自主性的,与器官捐献自己决定权的精神背道而驰。

(三)公序良俗原则

器官捐献行为并非绝对的个人自主权益,不可无视社会公共利益与公序良俗。不同群体有着不同的习俗和传统,不同宗教之间的信仰也有差异。例如,在一些地区,以人去世后要全尸入土为习俗,如果实行全面的遗体捐献推定同意规则就不可行。根据某些国外教派的教义,即使在患者生命垂危而必须输血的情形,献血和接受输血的行为也是不能被接受的。日本和美国均有支持这一主张的判决(但也引发了较多的反思)。① 在处理这些问题时,基本准则是在传统、信仰与生命价值之间寻求平衡,做到充分尊重和维护人的生命价值。虽然有时候未成年人的器官捐献行为表面上能够满足其"最佳利益"(例如获取高额经济回报),但是却违反法律规定、背离公序良俗,这样的捐献行为也不应当被认可。

第五节　未成年人器官捐献自己决定权的法律保护

未成年人器官捐献自己决定权是一项民事权利,存在被侵犯的可能性,应当在公法和私法上构建损害救济途径。此外,还需建立科学合理的未成年人决定能力标准,完善伦理审查制度、知情同意制度以及保险补偿机制等核心制度,构建完善的法律体系,并在刑法、民法、行政法等各部门法之间寻求衔接和协调,以达到切实保护未成年人自己决定权的目的。

一、侵害未成年人器官捐献自己决定权的行为

(一)医疗机构违反告知义务

由于器官捐献移植手术属于医疗行为,因此,适用医疗侵权责任的法律规

---

① 夏芸:《患者自己决定权和医师裁量权的冲突——评"病人基于宗教信仰拒绝接受输血案"》,《南京大学法律评论》2003 年春季号,第 249—259 页。

范。医疗机构及其医务人员在移植手术中是作为专业人士出现的,在器官捐献、移植手术前应当充分告知手术的实施方案、手术风险、预后效果等相关内容,同时要对专业术语进行详细解释,使捐献人一方充分理解。

根据我国《侵权责任法》第 55 条的规定,未成年人在行使器官捐献自己决定权之前也需要医务人员充分告知手术相关信息,并获取未成年人及法定代理人的同意。如果医务人员未告知或未做正确、充分的信息告知,抑或是未解释说明专业术语造成未成年人及其家属误解,从而做出了违反其真实意思表示决定的,这些都是典型的侵权行为。引诱、欺骗、强迫、威胁未成年人捐献器官是更严重的侵权行为,有可能面临刑罚。

(二)监护人不尽监护职责

根据《民法典》第 35 条的规定,监护人应当按照最有利于被监护人的原则履行监护职责。在未成年人器官捐献方面,监护人更应该"在作出与被监护人利益有关的决定时","根据被监护人的年龄和智力状况,尊重被监护人的真实意愿",依法履行监护职责。

监护人的加害行为包括作为和不作为。"作为"体现在对未成年人自己决定的干扰和无视,例如,虽然明知未成年人不愿意捐献器官,但是为了拯救另一个子女的生命或出于经济考虑的目的而决定捐献,毫不考虑未成年人的意见(不论该未成年人是否具有相应的意思能力)和最佳利益。"不作为"则体现在监护人不履行或怠于履行监护职责,放任他人非法摘取未成年人器官,或者在未成年人基于最佳利益原则和其他伦理、法律要求的情况下做出可再生器官捐献的决定后不予支持和配合。未成年人处于弱势地位,即使权利被监护人侵犯也往往不敢反抗,进而可能导致未成年人在身心健康方面产生损害或其他负面结果。

二、未成年人器官捐献自己决定权的损害救济

未成年人器官捐献自己决定权是一项民事权利,如果权利被侵犯,侵权人应当依法承担相应的民事责任。在民法上的救济途径主要包括请求承担侵权责任、申请撤销监护人的资格。

(一)侵权法上的措施

根据《民法典》第 34 条的规定,监护人的职责是代理被监护人实施民事法律行为,保护被监护人的人身权利、财产权利以及其他合法权益等,监护人不

履行监护职责或者侵害被监护人合法权益的,应当承担法律责任。在具体的责任方式上,可以要求侵权人停止侵害、排除妨碍、赔偿损失以及赔礼道歉。

未成年人器官捐献自己决定权是一项人格权,应给予其自主行使的足够空间。在未成年人不同意捐献活体器官或者生前明确表示拒绝捐献遗体器官的情形下,监护人应尊重其拒绝捐献的权利。如果出现以引诱、欺骗、威胁、强迫等方式妨碍未成年人就器官捐献事宜作出自己决定的侵权行为,应当排除妨碍。监护人如果违背未成年人意愿擅自决定捐献其器官,不仅会给未成年人带来身体和心理伤害,而且还会造成精神损害。

（二）监护法上的措施

撤销监护资格是保护未成年人权益的一项重要制度。决定未成年人器官捐献事宜也是履行监护职责的内容之一,监护人在有可能造成未成年人伤害的决定中应该更加谨慎地履行监护义务,以支持和辅助未成年人做出符合最佳利益原则的决定。

根据《民法典》第36条的规定,如果监护人实施严重损害被监护人身心健康的行为、怠于履行监护职责(无法履行监护职责且拒绝将监护职责部分或者全部委托给他人),并导致被监护人处于危困状态,或者实施严重侵害被监护人合法权益的其他行为,那么就应当撤销其监护人资格,并为未成年人安排必要的临时监护措施,按照最有利于被监护人的原则依法指定监护人。如果监护人不顾未成年人真实意愿,擅自处分未成年人器官,损害未成年人器官捐献自己决定权并造成损害后果的,那么就可以采取撤销监护人资格、变更监护人的民事措施(不排除构成刑事责任的可能性)。

三、未成年人器官捐献自己决定权法律保障之完善

（一）确定未成年人器官捐献能力的标准

在未成年人器官捐献能力的确定标准上,年龄和行为能力并不是唯一的因素,还应该根据这种特殊手术的风险大小,合理地确定未成年人的器官捐献能力。

我国将"完全行为能力"作为器官捐献能力的确定标准。根据我国《民法典》《人体器官移植条例》的规定,一方面,未成年人原则上不具有器官捐献能力,不可捐献狭义的活体器官(现行法对未成年人可否捐献活体细胞、组织未做明确规定,但在实践上对此予以肯定);另一方面,未成年人生前不可以遗嘱

方式处分自己的遗体,但在其生前未表示不同意捐献的情形下,父母可以共同决定捐献其遗体。这种以"完全行为能力"作为器官捐献能力确定标准的做法未免片面,与器官捐献的实际状况和国际经验不完全符合。

1. 亚洲地区的立法简况

亚洲地区(主要指东亚)在文化传统上有许多相似之处,在活体器官(狭义)捐献立法上的异同之处详见表4-1。

表4-1 未成年人捐献活体器官(狭义)的立法简况

国家或地区	成年年龄	可以捐献活体器官的年龄	未成年人捐献活体器官之特殊条件
韩 国	20周岁	16周岁	16周岁以上的未成年人可以在活体状态捐献一个肾或部分肝脏器官给其配偶、直系尊卑亲属、兄弟姐妹或者四亲等以内亲属
日 本	18周岁	15周岁	—
中 国	18周岁	18周岁	—
中国台湾地区	20周岁	16周岁	满18周岁的未成年人经法定代理人出具书面同意后可以捐赠部分肝脏移植于五亲等,满18周岁以上之未成年人且已结婚者,可以捐赠部分肝脏于五亲等以内亲属
中国香港地区	18周岁	16周岁	年满16周岁且已结婚者,可以捐献活体器官

从实践来看,以完全行为能力作为器官捐献意思能力的唯一判断标准存在不合理性。

2. 以成年作为确定器官捐献自己决定能力标准的不合理性

如果未成年人对器官捐献有一定程度的辨识能力,就须取得本人的同意,即使是不允许捐献活体器官的低年龄未成年人,只要本人有相应的辨识能力就必须得到尊重,必须以其自己决定的器官捐献"意愿"为要件。在器官捐献能力的确定标准上,应受关注的是未成年人的判断能力的成熟度,而不是"成年"或具有"完全行为能力"。

3. 器官捐献自己决定能力的判断标准

鉴于器官捐献、移植手术属于一项医疗行为,医疗决定能力的判断标准主要包括"行为能力说""识别能力说""责任能力说""能力浮动说"等几种学说。[1]目前我国在立法上采用的是"行为能力说",但这种标准最大的危害在于可能会一概否定具有一定识别能力的未成年人的自主决定,这无异于剥夺未成年人的自己决定权,有害于其独立人格的发展。根据"能力浮动说",5周岁的儿童决定捐献骨髓给兄弟姐妹、17周岁的高中生捐献部分肝脏给近亲属、10岁的小学生捐献遗体器官都是可以理解的行为,因此,可以得出"在不同的年龄阶段,对不同的器官,未成年人有不同的决定能力"结论。不过从本质上看,"能力浮动说"与捐献者年龄联系起来,与"行为能力说"并无二异。鉴于器官捐献属于利他主义的无偿行为,将"责任能力说"应用于未成年人器官捐献意思能力的判断明显不妥。

相对而言,以"识别能力说"为未成年人器官捐献能力的确定标准更为科学合理,"一个人能否捐献、捐献什么"这样的问题与捐献者是否成年没有必然的联系,应根据个体的具体情况(具体识别能力)做出具体判断。

在世界范围内,各国在器官捐献的决定能力的问题上并没有统一的判断标准。英国通过判决确认了"吉利克(Gillick)能力测试标准",用以判断未成年人的能力。[2]根据该标准,医疗行为的实施必须得到未成年人利益代表者的同意或者具有"吉利克能力"的未成年人同意。通过构建完善的标准体系,可以更科学、合理地判断未成年人当下所处的年龄段是否具有捐献的能力、可以捐献的对象包括哪些、可以献血还是可以捐献自己的肾脏等问题。

总的来说,以民事行为能力(或年龄)作为衡量未成年人是否具有器官捐献能力的唯一、绝对的标准是片面的,在现阶段采取"识别能力说"来构建未成年人器官捐献能力标准体系更为合理。

(二)核心制度

1. 伦理审查制度

未成年人器官捐献手术具有很强的伦理性,作为第三方伦理机构的全面评估就十分重要。我国"人体器官移植技术临床应用委员会"[3]主要负责组织

---

[1]　行为能力标准说以"民法上的民事行为能力"为判断标准;识别能力标准说以"个别的识别能力"为判断标准;责任能力标准说与民事行为能力相似,但不以成年为必要;能力浮动说则根据医疗行为的危险性高低采用不同的判断标准。参见孙也龙:《医事法专题研究系列丛书——预先医疗指示法律问题研究》,中国法制出版社2019年版,第152—153页。

[2]　邵立军:《器官移植民法基本问题研究——以捐赠者自己决定权为视角》,法律出版社2012年版,第226页。

[3]　《人体器官移植技术临床应用管理暂行规定》(卫医发〔2006〕94号)第4条。

相关专家拟订全国人体器官移植技术临床应用规范,对省级卫生行政部门上报的人体器官移植技术临床应用规划提出评议意见。医疗机构设立"人体器官移植技术临床应用与伦理委员会",[①]开展器官移植手术的前提之一是通过该委员会的审查。根据我国法律规定,医疗机构必须建立人体器官移植技术临床应用论证制度。医疗机构在实施人体器官移植前,必须将人体器官移植病例提交本医疗机构人体器官移植技术临床应用与伦理委员会进行充分讨论,并说明人体器官来源合法性及配型情况,经同意后方可为患者实施人体器官移植。人体器官移植技术临床应用与伦理委员会进行人体器官移植论证的人数应当为单数,参加论证的委员应当与本次人体器官移植无利害关系,且从事人体器官移植的委员人数不得超过该论证总人数的1/4。

在未成年人器官捐献过程中,机构伦理委员会的审查应包括两个关键因素:一是合理判断未成年人的自主性。有时未成年人会受他人潜移默化的影响,通过伦理委员会可以判断其决定是否具有自主性。应该强调的是,审查不是单纯的书面审查,还可以通过谈话的方式了解未成年人内心的想法,必要时还可以为未成年人提供专业咨询,并对捐赠决定中是否存在压力进行评估。[②]二是合理判断未成年人的最佳利益。伦理委员会不是捐赠者一方也不是受赠者一方,而是中立的一方,让他们来判断是否符合未成年人最佳利益是相对较为客观的,利于未成年人权益的保障。

在实践中,机构伦理委员会往往形同虚设,并不一定能够发挥其应有的作用。因此,我们应当重视伦理审查委员会的重要性,将其作为保护未成年人的一道屏障。伦理审查的作用在于站在一个客观的角度审查该移植手术是否符合伦理道德,因为人们往往关注器官能不能救命而忽略其中的伦理秩序。

2. 知情同意制度

由于器官移植手术十分复杂且专业化要求高,即使是临床医生也必须要经过多年医学理论的学习和实践经验的积累才能够完成移植手术。而未成年

[①] 人体器官移植技术临床应用与伦理委员会应当由管理、医疗、护理、药学、法律、伦理等方面的专家组成,从事人体器官移植的医务人员人数不得超过委员会委员总人数的四分之一。手术医师应当在手术结束后的 48 小时内书面向医疗机构人体器官移植技术临床应用与伦理委员会报告人体器官移植情况。参见《人体器官移植条例》第 11 条,以及《人体器官移植技术临床应用管理暂行规定》(卫医发〔2006〕94 号)第 8、22、23、25 条。

[②] 郏立军:《未成年人器官捐赠研究》,《青少年犯罪问题》2018 年第 5 期,第 60—66 页。

人的医学知识几乎空白,对即将进行的手术没有全面了解,因此,由专业知识丰富的医护人员全面、充分告知就显得尤其重要。《人体器官移植技术临床应用管理暂行规定》第 24 条规定:"实施人体器官移植前,医疗机构应当向患者和其家属告知手术目的、手术风险、术后注意事项、可能发生的并发症及预防措施等,并签署知情同意书。"

知情同意权是未成年人器官捐献自己决定权的应有之义,构建完善的知情同意制度不应该仅仅停留在签字盖章的层面,而是要达到实质"知情"下的自主"同意"。"知情"和"同意"可以从多方面完善。在"知情"方面,首先,应当要求医师告知方式多样化,除了口头解释,还可以通过视频、图形演示文稿(PPT)或书面的方式呈现,目的就是让捐赠者一方完全了解即将要进行的移植手术。其次,告知的内容要全面、客观、真实,不能含糊其词,造成误解。例如,应让未成年人明确知道自己即将要捐献什么器官、捐给谁、[①]手术方案的具体内容、手术后会有哪些风险、可能会给生活带来怎样的影响等。最后,告知的对象也不是单一的,不仅包括未成年人本人,而且还有其法定代理人、近亲属或者监护人,让他们充分了解整个移植手术的准备、过程、可能的风险以及后果,因为移植手术的最终实施需要法定代理人的同意作为保护屏障。

在做出"同意"决定前,为了使器官捐赠人做出合适的自己决定,根据说明内容的重要性,医生还有义务提供一定建议,这是医生的职责,但明显强迫捐献者的特殊行为不具有正当性。当然,如果进行器官移植的医生在对手术没有把握的情况下,向捐赠人一方做出过于自信的说明,从而使捐赠人做出同意决定的,应当承担相应的法律责任。[②] 在医护人员充分告知后,应当给捐赠者一方充分考虑的时间,让其自己权衡利弊后做出决定,这时的自主决定才是真实充分、能代表当事人真实意愿的。

3. 匿名、隐私、透明性和可追踪性

依据世界卫生组织《人体器官移植指导原则》"原则十一"的规定:"组织和实

---

① 根据《人体器官移植条例》和《卫生部关于规范活体器官移植的若干规定》,活体器官捐献人与接受人仅限于以下关系:① 配偶。仅限于结婚 3 年以上或者婚后已育有子女的。② 直系血亲或者三代以内旁系血亲。③ 因帮扶等形成亲情关系。仅限于养父母和养子女之间的关系、继父母与继子女之间的关系。因此,受体是明确的,但对于遗体捐献则应双方匿名。

② 莫洪宪、李颖峰:《韩国器官移植法对我国的启示》,《复旦学报(社会科学版)》2010 年第 6 期,第 82—92、113 页。

施捐献和移植活动以及捐献和移植的临床后果，必须透明并可随时接受调查，同时保证始终保护捐献人和接受人的匿名身份及隐私"。此处的"透明"可以概括为维持公众获得关于过程的定期更新的综合数据，特别是关于分配、移植活动以及接受人和活体捐献人结果的数据，也包括关于组织、预算和资金供应的数据。

同时，《人体器官移植指导原则》"原则十"规定："高质量、安全和功效好的操作程序对捐献人和接受人同样极为重要。对活体捐献人和接受人双方都应进行细胞、组织和器官捐献和移植的长期效果评估，以记录带来的好处和造成的伤害。移植用人体细胞、组织和器官属于具有特殊性质的卫生产品，其安全、功效和质量水平必须不断加以维护并做到最大化。这需要有高质量的系统加以实施，包括可追踪机制和防范机制，对不良事件和不良反应予以报告，这对国内和输出的人体产品都应如此。"之所以作出此种安排，是因为以下几点考虑：① 评价长期风险和获益方面的信息对于获得同意的过程和充分平衡捐献人以及接受人的利益都极为重要；② 对捐献人和接受人带来的益处一定要大于捐献和移植引起的相关风险（在临床上没有治疗希望的情况下，不允许捐献人进行捐献）；③ 鼓励捐献和移植规划参与国家和（或）国际移植登记，确认在移植中使用的组织和细胞的国际统一编码方法对全面追踪非常重要；④ 如果出现任何捐献或移植的不利后果，以及所有偏离可接受程序从而可能导致接受人或捐献人面临更高风险的状况，那么均应向相关卫生主管部门做出报告，并由后者做出分析；⑤ 在不涉及维护治疗的人体材料移植的情形下，可能不需要主动的长期后续行动，但应在捐献人和接受人的可预期寿命期间保证具有可追踪性。

在遵守可追踪性原则的同时，还应防止公众获得可确认捐献个体或接受人身份的信息，这与"透明"原则并不冲突。因为此系统的目的在于不仅要把学术研究和政府监督的数据可获得性最大化，而且也要确认风险并对其进行纠正，以便尽量减少对捐献人或接受人带来的伤害。

4. 安全保障与保险补偿机制

未成年人作为捐献者时应符合最佳利益原则，其撤回捐献意愿的自由应当予以尊重，但是这种反悔行为必然触及供体的信赖利益，有时很难达到利益的平衡，可以考虑救助、补偿、保险机制。《云南省人体器官捐献条例》等地方性法规曾规定了"人体器官捐献救助金制度"，对经济困难的捐献人家庭或者接受人提供救助，这是很好的经验。受体在选择未成年人作为供体时可以选择合适的第三方投保。如果在手术前，未成年人反悔（反悔的决定符合其最佳利益）导致受体出现物质上的利益损失则由保险机构负责补偿，这样既能保护未成年人的最佳利益，也能保护受体的信赖利益。

由于器官捐献是一种无偿捐献行为，未成年人不会在移植手术中获取任何物质上的利益。因此，应完善补偿机制，即给予未成年捐献者物质或精神上的利益补偿。物质上的补偿包括：营养物品的补给、定期的身体检查等，而精神利益可以在保护隐私、尊重自由的前提下侧重于褒奖利他主义精神方面，尤其是对未成年人自主决定在死后捐献遗体的高尚行为更应该肯定。

此外，某项特定的人体器官捐献移植手术也可能属于试验性临床应用。《人体器官移植技术临床应用管理暂行规定》第 34 条规定，医疗机构及其医务人员开展试验性人体器官移植必须进行技术论证，并按照有关规定取得批准。[①] 医疗机构开展试验性人体器官移植应当履行告知义务，并征得患者本人和其家属的书面同意。试验性人体器官移植不得向患者收取任何费用。有关给予患者补偿问题应当在知情同意书中约定。在人体器官移植技术临床试验性应用的情形下，未成年人器官捐献的风险更大，更应该加强安全保障，提供包括保险、补偿、赔偿、救助等在内的财务安排。

（三）法律体系

我国器官移植立法还存在许多不足，应有针对性地提出具有操作性的解决问题的办法。现有涉及器官移植的法律规范已经不能完全适应社会实际情况，应顺应时代发展，做出相应调整。目前，我国在器官移植方面的法律规范主要包括《人体器官移植条例》、地方性法规、规章等。[②] 这些法律规范需要进一步地整合、完善。

2020 年 7 月，为加强器官捐献移植技术应用的管理，国家卫生健康委员会发布《人体器官移植条例（修订草案）（征求意见稿）》。[③] 其中继续规定："活体

[①] 《人体器官移植技术临床应用管理暂行规定》第 35 条规定："医疗机构开展异种器官移植，应当按照临床科研项目的有关规定取得批准后方可实施。"

[②] 除了已经列出的《人体器官移植技术临床应用管理暂行规定》（卫医发〔2006〕94 号）外，还包括《人体捐献器官获取与分配管理规定（试行）》（国卫医发〔2013〕11 号）、《中国人体器官分配与共享基本原则和核心政策》（国卫医发〔2018〕24 号）等。

[③] 参见《关于人体器官移植条例（修订草案）（征求意见稿）公开征求意见的公告》，中华人民共和国国家卫生健康委员会网，http://www.nhc.gov.cn/yzygj/s3585/202007/fbcaaab5a1d94595a1c6d265ea953518.shtml，2020 年 8 月 1 日访问。

器官的接受人限于活体器官捐献人的配偶、直系亲属或者三代以内旁系亲属。任何组织或者个人不得摘取未满18周岁公民的活体器官用于移植"。在完善人体器官捐献体系方面,鼓励公民逝世后捐献人体器官,增加人体器官获取与分配管理有关规定(主要包括:申请人体器官移植手术患者的排序应当符合医疗需要,遵循公平、公正和公开的原则;国家制定人体器官分配政策,建立人体器官分配系统;人体器官获取组织应当使用人体器官分配系统分配公民逝世后捐献器官,医疗机构和医务人员应当执行该系统分配结果,不得擅自变更人体器官接受人;医疗机构和医务人员禁止使用未经该系统分配的公民逝世后的器官或来源不明的器官实施人体器官移植手术)。修订草案还加大了对医疗机构和医务人员违规开展器官移植工作、无资质擅自开展器官移植、违规进行器官获取与分配等行为的处罚力度。这些内容对捐献者和受体的权益保障非常有力。

在法律体系的完善上,应注重刑法、民法、行政法等的衔接和协调。首先,要填补器官细胞和组织的立法空白,尤其是对未成年人捐献骨髓等组织的行为,应出台相应的规范,以明确捐献的程序、要求等内容。其次,进一步完善《未成年人保护法》和《民法典》有关规定,承认未成年人在特殊情形下的器官捐献自己决定权。最后,随着器官移植技术的成熟,行政法规或地方法规的效力层级已不能完全满足实际需求,应及早制定《人体器官移植法》及配套的技术准则和伦理规范。

法律规制体系的完善不能一蹴而就,应进行全面的立法规划,协调好刑法、民法、行政法、医事法等法律部门在规范器官移植问题上的内外部关系,进一步细化行为规则和法律责任。未成年人捐献器官的决定不仅与其本人切身利益相关,而且还与法定代理人或继承人的权利、社会利益有关,因此,可以考虑在民事法律中加入未成年人器官捐献自己决定权及其损害救济的相关内容。在行政法中,应强调医疗机构、红十字会、器官移植组织的相关人员的职责,规范其医疗行为、接收捐献行为以及器官移植行为,对违规行为追究相应的责任及处罚。而作为兼具民法、行政法性质的医事法则应注重协调医院方、供体方、受体方三者的关系,注重各方权利的保护。

第六节　结　　语

随着社会观念、法治文明的进步,未成年人器官捐献行为多有发生,并受到赞誉。一概禁止未成年人捐献活体器官、组织、细胞等未必符合社会现实生活。以具有完全行为能力作为器官捐献的法定条件已经不能完全适应现实的社会需求。未成年人是一个独立的个体，依法享有人格自由的权利，给予其自由行使的空间是应有之义。父母和孩子的关系应该是"孩子为主，父母为辅"，父母的作用是利用其生活经验和成熟思想帮助其做出正确的决策，而不是直接由父母做出处分未成年人身体的决定。

器官移植手术最先是在西方国家发展和成熟的，因此，西方国家的器官移植法律经过多年的摸索和实践较为科学合理。目前，我国的器官移植技术在不断发展，但是器官移植立法尚不完善。我们应该借鉴境外先进的立法经验，并根据我国的实际情况进行修改和完善。法律规则体系的完善方向应该以未成年人最佳利益的实现为主线，协调各方利益关系，在特殊情形下承认未成年人器官捐献自己决定权。

未来在我国的法律政策上，应允许未成年人具备一定的器官捐献自己决定权。以民事行为能力或年龄作为衡量未成年人是否具有器官捐献能力的唯一、绝对的标准是片面的，在现阶段采取"识别能力说"来构建未成年人器官捐献能力判断标准体系更为合理。

就国际范围内的经验来看，虽然在一般情况下不可出于移植目的从未成年人身上（活体）摘取任何细胞、组织或器官，但是在法律规定的特殊情形，例如直系血亲或者三代以内旁系血亲等形成的亲情关系（仅限于养父母和养子女之间的关系、继父母与继子女之间的关系）的情形下，可以允许未成年人自愿捐献可再生的细胞、组织等器官。允许未成年人生前自愿捐献遗体是对未成年人自己决定权的尊重，同样具有伦理和法理的正当性。

以上器官捐献应遵循未成年人最佳利益原则，生命伦理原则，同时不违反法律和公序良俗，以未成年人的自己决定为要件。在任何可能情况下都应当有保护未成年人的具体措施，并在捐献前获得未成年人及其监护人的同意。在涉及利益冲突时，未成年人及监护人的同意不能成为未成年人器官捐献的充分要件，而应以中立的伦理委员会的审查意见或法院的裁决结论为准。

| 下　编 |

信息科技的民法议题

第五章
数据财产权的法律规范

第一节　问题的提出

信息技术与经济社会的交汇融合引发了数据迅猛增长,数据已成为"国家基础性战略资源",大数据对全球生产、流通、分配、消费活动以及经济运行机制、社会生活方式和国家治理能力产生了重要影响。[①] 作为"数字时代的石油",数据的经济驱动效应日益增加。数据正成为各国未来竞争的关键,对数据资源的保护和利用是各国经济发展关注的重点内容。当前在我国大数据发展战略的指引下,数据的创造、利用和交易不断深入,促进了新兴产业的发展。信息技术与经济社会的交汇融合引发了数据迅猛增长,数据已成为国家基础性战略资源,大数据正对全球生产、流通、分配、消费活动以及经济运行机制、社会生活方式和国家治理能力产生重要影响。

2014 年是我国"大数据政策元年"。"大数据"一词在当年 3 月首次被写入政府工作报告。2015 年 8 月 31 日,国务院印发《促进大数据发展的行动纲要》,明确了我国未来一个阶段大数据发展的主要任务和政策机制,为我国发展大数据产业提供了政策指引。[②] 2015 年 10 月 29 日,《中国共产党第十八届中央委员会第五次全体会议公报》发布,提出实施"互联网+"行动计划,发展分享经济,实施国家大数据战略。2016 年 3 月,我国《国民经济和社会发展第

---

① 《促进大数据发展行动纲要》(国发〔2015〕50 号)。
② 主要任务包括:加快政府数据开放共享,推动资源整合,提升治理能力;推动产业创新发展,培育新兴业态,助力经济转型;强化安全保障,提高管理水平,促进健康发展。政策机制包括完善组织实施机制;加快法规制度建设;健全市场发展机制;建立标准规范体系;加大财政金融支持;加强专业人才培养;促进国际交流合作。《促进大数据发展行动纲要》(国发〔2015〕50 号)。

十三个五年规划纲要》公布,第一次以国家名义正式提出"实施国家大数据战略"。同年年底,工业和信息化部发布《大数据产业发展规划(2016—2020年)》,聚焦大数据产业发展中的关键问题,明确了"十三五"时期大数据产业发展的指导思想、发展目标、重点任务、重点工程及保障措施。2017 年 12 月 8日,习近平总书记在主持中共中央政治局实施国家大数据战略第二次集体学习中,对我国实施国家大数据战略提出了五个方面的要求,包括推动大数据技术产业创新发展、构建以数据为关键要素的数字经济、运用大数据提升国家治理现代化水平、运用大数据促进保障和改善民生、切实保障国家数据安全与完善数据产权保护制度。

在国家大力发展数字经济、数据产业的战略背景下,数据的财产价值应当在法律上得以体现和保护。

由于数据是一个新兴事物,所以对数据的认识和理论研究也是一个循序渐进、充满争议的过程。我国在数据方面的法律纠纷不断增加,例如"顺丰菜鸟大战"[①]"淘宝(中国)软件有限公司诉安徽美景信息科技有限公司不正当竞争纠纷案"[②]"新浪微博诉脉脉不正当竞争纠纷案"[③]"上海汉涛(大众点评网)诉爱帮网不正当竞争纠纷案"[④]等。这些案件都体现了数据的经济价值以及对企业经营发展的重要性,在当前没有可依据的法律权属规定的情况下,法院的判决都是从不正当竞争方面来作出的,但是这种裁判方式仍然没有触及争议的核心——数据的法律性质及其特别规制要求。因此构建数据的法律保护体系具有紧迫性。但是,现行法律框架和内容的相对缺失状况不利于数据财产的保护,因此,对数据财产权的理论研究显得尤为重要。

2017 年通过的《民法总则》第 127 条(2020 年通过的《民法典》第 127 条)首次在民法上明确了数据保护的规范基础,但它只是一个概括性条款,并未对数据的范围、内涵和外延进行界定。《民法典》在总则编和人格权编对个人信息、数据[⑤]进行了规定,但尚难以系统解决复杂的数据权利问题。一方面,企业

---

① 吴文治、陈韵哲:《顺丰菜鸟大战:信息安全背锅　背后是利益博弈》,《北京商报》2017 年 6 月 3 日。
② 《杭州铁路运输法院民事判决书》,(2017)浙 8601 民初 4034 号。
③ 北京知识产权法院民事判决书,(2016)京 73 民终 588 号。
④ 《北京市第一中级人民法院民事判决书》,(2011)一中民终字第 7512 号。
⑤ 《民法典》第 1034—1039 条规定的个人信息也可以称为个人数据、个人信息数据。

通过抓取方式取得的数据是否依旧从人格权角度予以保护、被允许使用的个人数据的范围是否存在限度以及数据所产生的价值是否完全脱离个人等问题都值得进一步讨论；另一方面，数据生产者对这些通过挖掘、加工而得到的数据（作为非个人信息数据的企业数据）是否享有某种财产权益、该权益的保护范围和程度如何，也需要进行深入研究。

第二节　我国数据权利的法律保护现状

一、数据权利的立法现状

虽然在民法典编纂过程中曾经提出类似"数据财产权"的概念，但是最终《民法总则》和《民法典》都只强调了应对数据进行法律保护，并没有对数据和数据权利进行定性。

我国正式对数据保护的立法始于 2012 年，全国人大常委会通过了《关于加强网络保护的决定》，要求有关网络服务提供方必须通过合乎规定、得当的手段来获取个人数据，不可泄露个人数据。工信部在 2013 年出台了《电信和互联网用户个人信息的保护规定》，对相关电信业务的经营者和互联网相关信息服务提供方在本行业范围内的信息利用等行为进行了约束。在 2016 年通过的《网络安全法》中，前述决定中的有关网络信息安全的内容被纳入。国家互联网信息办公室于 2016 年发布《国家网络空间安全战略》，中国银行保险监督管理委员会于 2018 年制定《银行业金融机构数据治理指引》。[①]

我国在 2016 年正式提出了大数据战略，将大数据的发展提到了国家战略高度，鼓励推进数据安全保护技术和相关数据资源的开发利用。在此背景下，我国加快了数据管理立法。2019 年，为了维护国家安全、社会公共利益，保护网络空间权益，保障个人信息和重要数据安全，国家互联网信息办公室发布《数据安全管理办法（征求意见稿）》。2020 年 6 月，十三届全国人大常委会第二十次会议首次审议了《数据安全法（草案）》。该草案确立了数据分级分类管

---

① 参见银保监发〔2018〕22 号文。该指引要求银行金融机构建立自上而下、协调一致的数据治理
　体系。

理以及风险评估、监测预警和应急处置等数据安全管理各项基本制度,明确开展数据活动的组织、个人数据安全保护义务和责任,支持促进数据安全与发展的措施,建立保障政务数据安全和推动政务数据开放的制度措施。[①]《数据安全法(草案)》坚持安全与发展并重的主旨,将大大促进我国数据安全的法治保障。当然,数据的法律规制不限于对数据技术、数据产业引发的数据安全的规范,还需要进一步对数据权利进行法律规范。但是正如《大数据白皮书(2018年)》[②]所指出的,我国有关信息安全和数据管理的法律体系仍未建立。有关数据所有权、隐私权等相关法律法规以及有关信息安全、开放共享的规范和标准相对缺乏,数据技术风险防范和数据安全治理能力不够。

二、数据权利纠纷的司法现状

就司法裁判现状来看,大多数案例都只是针对案件的具体情况适用《反不正当竞争法》第 2 条[③]这一概括性条款进行裁判,承认企业的数据利益和财产价值,一般对于擅自抓取企业数据者会作出不利裁判。

国内关于数据纠纷的较早案例是"新浪微博诉脉脉不正当竞争纠纷案"。脉脉(淘友天下科技有限公司)主张其业务范围定位是职场类社交软件,即使在与新浪(微梦创科)合作停止之后,其自主抓取新浪所收集的职业信息是一种合法行为,并未违反《开发者协议》。但法院裁判认为,淘友技术和微梦合作结束之后,根据新浪《开发者协议》,其并没有将之前收集的个人数据进行删除,且收集到的数据有协议所不允许的部分,所以构成对协议的违反。并且用户是微梦创科的基础资源,用自身所掌握的用户信息与第三方主体展开合作的模式是其重要经营方式。淘友这种行为损害了微梦的竞争优势,同时对信息的不删除行为也损害了新浪平台下用户的信息。因此,一审和二审法院都主张淘友违反了商业道德,并损害了微梦创科的自身竞争优势,通过对《反不正当竞争法》有关条款的阐述和适用作出了支持微梦的判决。微梦作为以用

---

① 蒋琳:《数据分级分类管理、应急处置制度将确立》,《南方都市报》2020 年 6 月 28 日,第 GA07 版。
② 中国信息通信研究院:《大数据白皮书(2018 年)》,http://www.cac.gov.cn/2018 - 04/25/c_1122741894.htm,2020 年 8 月 20 日访问。
③ 本条规定:"经营者在市场交易中,应当遵循自愿、平等、公平、诚实信用的原则,遵守公认的商业道德。本法所称的不正当竞争,是指经营者违反本法规定,损害其他经营者的合法权益,扰乱社会经济秩序的行为。本法所称经营者,是指从事商品经营或者营利性服务(以下所称商品包括服务)的法人、其他经济组织和个人。"

户信息为基础的互联网企业不仅与脉脉发生纠纷,而且也曾经以不正当竞争为由对超级星饭团提起诉讼,这两家企业都存在明星数据流量统计、信息处理、粉丝应援打榜等业务,微博认为超级星饭团未经同意抓取粉丝数据,构成对其数据权益的侵犯,最终法院的判决依据依然是《反不正当竞争法》的有关条款(第2、17条)。

在"上海汉涛(大众点评网)诉爱帮网不正当竞争纠纷案"中,两家企业的经营业务存在重合,都是以为大众提供生活指南作为服务目标。大众点评认为爱帮网未经许可直接抓取它所拥有的用户点评数据以此来吸引客户。在一审中①,其向法院主张爱帮网对其构成著作权侵犯,海淀区人民法院认为大众点评对于用户点评数据的汇编模式存在独创性,构成规定的汇编作品,因此,在一审中认定爱帮网存在著作权侵权。但是二审法院对该裁判作出否定,对大众点评的著作权请求未予认可,最终法院裁判爱帮网构成不正当竞争,大众点评得到赔偿。从两级法院的裁判可以看出来,对于数据的竞争用著作权的方式并未得到认可,仍然是以《反不正当竞争法》第2条作为裁判的主要依据。

在"淘宝(中国)软件有限公司诉安徽美景信息科技有限公司不正当竞争纠纷案"中,淘宝首次在诉讼请求中主张"数据财产权",认为其对数据产品中的原始数据和衍生数据都享有财产权。安徽美景公司作为"咕咕平台"的实际运营商,其通过用远程登录的方式不当获取这些数据产品,然后利用这些数据进行牟利,这一行为损害了淘宝的数据财产权。在判决中,法院认为,本案争议的数据内容虽然是源于用户的原始信息、原始数据,但是淘宝公司在收集之后又自行作出了深度的开发,通过后续的分析过滤整合以及匿名化等方式,形成了不再体现个人信息的衍生数据,这些内容应当属于淘宝自己的劳动成果,都是淘宝的无形资产。淘宝通过对数据的分析整合,让这些数据成为市场所需要的内容,形成大数据分析,成为市场所需要的大数据产品。淘宝作为数据的搜集者、开发者、转让者对这些数据享有合法的权益。另外,对于淘宝所拥有的原始数据,因为仍然属于未脱离网络用户的信息范畴,所以对于原始数据,淘宝公司享有使用的权利,但不能独立再进行其他权利处置。对于数据财产权,法院并没有直接确认,也没有明确说明数据的权属性质,但是法院承认

① 《北京海淀区人民法院民事判决书》,(2008)海民初字第16204号。

了对于衍生数据,数据控制者由于在此过程中付出了人力、物力、财力,所以衍生数据属于数据控制者的劳动成果,而这些经过加工的数据所创造出来的权益也应当由数据控制者享有。并且,数据产品作为影响公司竞争力大小的重要组成部分,这些数据可以给数据控制者带来相应的经济价值。这些数据产品可以通过服务协议、转让合同等方式让数据控制者获得经济权益。网络运营者对于其开发的数据产品享有独立的财产性权益。关于被诉行为是否构成不正当竞争,法院认为,美景公司未经授权,亦未付出新的劳动创造,直接将涉案数据产品作为自己获取商业利益的工具,明显有悖公认的商业道德,如果不加禁止,将挫伤数据产品开发者的创造积极性,阻碍数据产业的发展,进而影响广大消费者福祉的改善。被诉行为实质性替代了涉案数据产品,破坏了淘宝公司的商业模式与竞争优势,已构成不正当竞争。

三、我国数据权利在法律实践中的不足

（一）立法上的不足

正如国务院《促进大数据发展行动纲要》指出的,目前我国在大数据发展和应用方面已具备一定基础,拥有市场优势和发展潜力,但也存在政府数据开放共享不足、产业基础薄弱、缺乏顶层设计和统筹规划、法律法规建设滞后、创新应用领域不广等问题,亟待解决。

我国数据保护法规大多是从公法角度出发,通过行政监管来减少数据侵权行为,然而仅通过公权力介入的数据保护模式也有局限性,这种公权力监管体系下的权利保护方式效率不高,数据本身独特的可复制性和转移成本低的特点会导致违法成本低,数据控制者维护数据利益成本较高,很难对侵权行为有所遏制。另外,数据的纠纷仍然属于私权纠纷,行政监管并不能解决私法的问题。

虽然《民法典》第127条规定数据受法律保护,但是并没有对数据进行法律界定,也缺乏相关的配套措施。《网络安全法》也没有对数据进行权属界定,只是对企业的责任进行了规定。未来,需要通过私法和公法的相互配合,完善数据安全、数据权利的规制体系。

（二）司法上的不足

在上述几个案件中,法院都对数据企业所主张的利益做出了肯定,其裁判

依据都是基于《反不正当竞争法》第2条。虽然这种裁判路径保护了合法数据控制者的利益,但是并未触及纠纷的核心——数据权利保护,这是基于对不正当竞争行为的控制而不是基于对数据权利的规制。此外,概括性条款一般往往是作为兜底条款而存在,在没有具体规定的时候才可以援引,这就要求法官必须根据不同案件的情况加以分析认定,这样很难保证司法的可预见性。

还有一个问题值得关注,即数据产品的价值问题,在"淘宝(中国)软件有限公司诉安徽美景信息科技有限公司不正当竞争纠纷案"中,淘宝所请求保护的数据都是已经在市场上流通、有过交易记录、已经被市场定价的产品,所以此类数据的价值很好确定,法院可以依据市场价值对侵权主体的赔偿额度做出裁判。但是,在"上海汉涛(大众点评网)诉爱帮网不正当竞争纠纷案"中,由于大众点评的用户评价信息并不是企业内部的产品,所以,该类数据的价值很难衡量,法院在没有准确的裁判依据的前提下,很容易造成赔偿额度确定的偏颇。

由于数据财产的纠纷是新型诉讼案件,所以法院很难做到周全,并且在裁判依据不明确的前提下,也难以保证司法的公正。由于数据具有可转移性、可复制性,故司法执行难度也会加大。法院在执行过程中,很难保证数据在执行之前没有被复制、隐匿,如果无法确保,执行效果也会大打折扣,无法实现对数据控制者权益的充分保护。

第三节　数据财产权的法律证成

一、数据财产权的社会基础

首先,数据产品的出现需要企业付出大量的生产成本,这些成本包括但不限于资金、人力和技术等方面的支出。单从阿里在大数据平台的构建这一方面来看,阿里从2004年开始构建数据仓库,2008年筹备组建全新的数据平台技术架构,并且建立了数据交易平台,2010年对原有的数据平台进行了更新。① 阿

---

① 中国信息通信研究院:《大数据白皮书(2018年)》,http://www.cac.gov.cn/2018 - 04/25/c_1122741894.htm,2020年8月20日访问。

里在数据平台方面经历几轮技术更新,但数据处理所依托的技术和存储平台包括但不限于数据库这一项,所以对于数据的技术投入也是企业支出的重要部分。为了配合技术的更新换代,也需要大量的人力配合。根据支付宝发布的《阿里巴巴人财榜》显示,阿里的技术岗员工占比已达到51%。[1]

其次,随着国内大数据平台的建立和大数据战略的确立,数据交易行为不断增加。贵阳大数据交易平台的定位以撮合用户进行数据的电子交易为主,同时也发展其他数据技术处理工作,其交易规则和交易品种反映数据是可以进行转移的。贵阳数据投行曾经向舆讯科技转让价值200万的数据使用权,以此获得了其15%的股权。根据《民法典》的规定,股权具有财产属性,以此类推,数据也具有财产属性,拥有财产价值。2015年国务院颁布的《促进大数据发展行动纲要》对大数据进行了定义,[2]并指出大数据的特点之一是应用价值高,也就是说,数据本身极具交换价值和使用价值。

二、数据财产权的法理基础

(一)传统权利理论对数据权利的解释

我国现行法对数据及数据权利的界定不太清晰。在我国《数据安全法(草案)》中,数据是指任何以电子或者非电子形式对信息的记录。数据活动是指数据的收集、存储、加工、使用、提供、交易、公开等行为。数据安全是指通过采取必要措施,保障数据得到有效保护和合法利用,并持续处于安全状态的能力。[3] 由于这一定义相对宽泛,故并没有指出数据的法律地位和数据权利的属性。根据传统的权利理论,有关数据权利的见解有以下几种。

1.数据权利属于新型人格权

有学者主张,个人对于自身信息资料的权利应当作为一项独立的具体人格权对待,而不能完全为隐私权所涵盖。就目前而言,在传统民法体系中还缺少相应的权利类型,据此,应当引入独立的个人信息资料权概念。[4] 即对于个

---

[1] 阿里巴巴人财榜:《投资人才就是投资未来》,https://www.sohu.com/a/305990049_655472,2020年8月20日访问。

[2] 定义指出,大数据是以容量大、类型多、存取速度快、应用价值高为主要特征的数据集合,正快速发展为对数量巨大、来源分散、格式多样的数据进行采集、存储和关联分析,从中发现新知识、创造新价值、提升新能力的新一代信息技术和服务业态。

[3] 《数据安全法(草案)》第3条。

[4] 王利明:《个人信息资料权是一项独立权利》,《北京日报》2012年7月9日,第18版。

人信息资料(数据),通过信息资料权这一人格权路径对个人数据进行保护。根据这一观点,现有交易的数据只不过是被商品化的人格权,内容的核心仍然是信息利益,在传统的隐私制度无法保护个人数据信息的情况下,这种权利设置可以更好地平衡信息利益和财产利益。

但是这种学说也有一定的缺陷。首先,数据不等于个人数据,它还包括经过脱敏处理后的衍生数据、企业数据部分,个人信息资料权可以保证个人利益得到较为充分的保护,但是也忽略了数据后续的加工过程。其次,个人信息资料权的性质和欧盟《通用数据保护条例》中的隐私权有所类似,用人格权方式进行保护的法律机制会更侧重对企业的限制,但数据具有公共属性,应当尽可能增加数据的交流和互通,这需要较为宽松的共享环境。最后,《民法典》人格权编已经提出对个人信息数据进行保护,所以不应当对第 127 条中的数据和第 111 条的个人信息数据作出相同或重叠意义的解释。

2. 数据权利属于知识产权

还有很多学者认为知识产权的本质是智慧信息,数据作为信息的物理层,信息是数据的信息层,所以数据的本质是反映信息,两者存在相似。[①] 但是,对于数据的知识产权保护模式值得商榷。首先,将数据权利定性为一种垄断的权利是有难度的。数据算法有多种方式,独占性很难得到保证。数据的获得路径并非唯一,强调数据的专有性会影响数据的产生和发展路径及规模。其次,知识产权的保护更强调其"创造者"的权利,而数据权利的主体主要是对数据进行二次加工的主体,而非数据的原始拥有者。著作权中保护的是有独创性的汇编产品,但是公开数据多只有数据的收集,不存在独创性。在我国现行法律中,没有规定对数据曾经付出劳动、资金就可以享有"数据库权"。再次,企业创造数据的目的包括交易、二次加工等,其中并不包括传播,而客体是能被读取的数据,即使从邻接权的相关规定中也无法得到合理解释。最后,数据权利的救济方式具有独特性,使得适用知识产权的保护模式存在困难。保护数据库权在欧盟的实践中也存在较多问题,如果想用数据库这种曲线的方式来对数据进行保护,操作性不强。

3. 数据权利属于商业秘密

根据《反不正当竞争法》的规定,盗窃、贿赂、欺诈、胁迫、电子侵入或者其

---

① 郑胜利、袁泳:《从知识产权到信息产权——知识经济时代财产性信息的保护》,《知识产权》1999年第 4 期,第 7—9 页。

他不正当手段获取权利人的商业秘密,未经允许获取、披露、使用或者允许他人使用权利人的商业秘密,均属于侵权行为。① 在 2017 年"云智联网络科技(北京)有限公司与北京微梦创科网络技术有限公司不正当竞争纠纷案"②中,新浪(微梦创科)认为云智联未经许可对新浪微博的相关明星、粉丝数据直接抓取、同步等行为,构成对新浪经营的侵权。一审法院对新浪的请求予以支持,认为云智联的行为确实属于侵权行为。云智联上诉,北京市知识产权法院维持了一审法院的结果,认为构成了不当竞争。在 2018 年"淘宝(中国)软件有限公司诉安徽美景信息科技有限公司不正当竞争纠纷案"中,淘宝认为安徽美景信息有限公司擅自使用了自己享有财产权的"生意参谋",构成不正当的竞争。法院支持了淘宝的诉求。在 2015 年"北京百度网讯科技有限公司与北京奇虎科技有限公司等不正当竞争纠纷案"中,百度主张被告通过捆绑、混淆搜索词和搭便车的方式,损害了原告的流量效益,而被告却在从中获取了不正当利益。在此次纠纷中,法院也认定被告的行为是不正当竞争。③ 在没有相关立法的情况下,目前法院大多数适用这种判决和裁定方式。

欧盟的《商业秘密保护指令》也有此种规定,④但固定商业秘密必须符合一定的条件,这些条件包括:数据必须是不易获得、旁人难以了解的;其所保护的内容也应当具有商业价值;这些数据一直被合法控制者以合法的方式进行全方位的保护。该指令确定了正当数据控制者所享有的权利,而在所有权问题上保持中立。该商业秘密的认定标准在实践中很难被证成,而商业秘密所保护的数据也只包括公众所不易获取的数据,对于可以被公众抓取的数据仍然难以通过商业秘密的方式进行保护。所以,商业秘密说仍然无法解决现行纠纷所指向的数据,仍然需要对公开数据部分进行合理的确权保护。

4. 数据权利是一种物权

"物权说"主张,数据需要一定的存储介质具备有体物的要求,并且可通过

---

① 《反不正当竞争法》第 9 条规定:经营者不得实施下列侵犯商业秘密的行为:① 以盗窃、贿赂、欺诈、胁迫、电子侵入或者其他不正当手段获取权利人的商业秘密;② 披露、使用或者允许他人使用以前项手段获取的权利人的商业秘密;③ 违反保密义务或者违反权利人有关保守商业秘密的要求,披露、使用或者允许他人使用其所掌握的商业秘密;④ 教唆、引诱、帮助他人违反保密义务或者违反权利人有关保守商业秘密的要求,获取、披露、使用或者允许他人使用权利人的商业秘密。经营者以外的其他自然人、法人和非法人组织实施前款所列违法行为的,视为侵犯商业秘密。
② 《北京市海淀区人民法院民事判决书》,(2017)京 0108 民初 24512 号。
③ 《北京市第一中级人民法院民事判决书》,(2012)一中民初字第 5718 号。
④ DIRECTIVE (EU) 2016/943 of the European Parliament and of the council of 8 June 2016.

交换的形式获得经济权益,所以是一种特殊的物。[①] 数据的权利人可以对数据行使物权。"物权理论"肯定了数据的价值以及数据的加工者的数据行使权。

针对这一理论,多数学者进行了反驳,认为数据并不符合物所具有的独立属性,因为数据不能脱离载体而存在,其和光纤不一样,光纤是真实存在的,而数据是一些代码,需要借助载体而存在,无法实现独立性;并且数据可以被复制和删除,所以,占有的主体可以是多个,排他性无法实现;数据价值的实现方式并不是单纯地占有,而是对数据的使用和利用,这一点也与对"物"的要求有所不同。[②] 也有学者参照德国的司法实践,主张数据和其承载的载体是一致的,将其视为一种集合物,只有在破坏载体并且该载体影响内部数据使用的情形下,才构成对数据的破坏。[③] 但这种解释已经突破了物权所保护的范围,并且随着技术的进步,这种方式只会更加偏离对数据利益保护的核心。赫拉利(Harari)认为,谷歌、腾讯等公司通过收集个人信息进而获得的广告收入只是他们收益的小部分,而数据所带来的价值才是主要的,如果赋予数据以物的地位可能造成"数据独裁",从而造成社会"边缘化"。[④] 所以,通过物权路径来规制数据在目前存在很多理论难点,这种做法的合理性还需要进一步的讨论。

(二)独立存在的数据财产权理论

除了上述四种对数据定义外,也有很多学者主张用数据财产权来对数据进行保护,即将数据视为一种新型的财产,以独立存在的数据财产权来摆脱前述权利理论的困扰。因为互联网公司的竞争力来源于数据竞争力,数据已经成为其内在的经济资源,是互联网公司资产中非常重要的组成部分。实体企业也在不断增加线上数据的开发和利用,所以,设立数据财产权是当今时代经济发展对社会制度和法律制度所提出的客观要求。

数据财产理论始于 20 世纪后期,美国学者劳伦斯·莱斯格(Lawrence Lessig)对这一理论的发展贡献了重要力量。他虽然不是首先提出该理论的学者,但他系统阐述了数据财产理论。莱斯格对于数据的保护和规制途径主要

---

① 沈德咏:《〈中华人民共和国民法总则〉条文理解与适用》,人民法院出版社 2017 年版,第 98 页。
② 梅夏英:《数据的法律属性及其法定位》,《中国社会科学》2016 第 9 期,第 164—183、209 页;韩旭至:《数据确权的困境及破解之道》,《东方法学》2020 年第 1 期,第 97—107 页。
③ 王镭:《电子数据财产利益的侵权法保护——以侵害数据完整性为视角》,《法律科学》,2019 年第 1 期,第 38—48 页。
④ Yuval Noah Harari. Why technology favors tyranny. *The Atlantic*, 2018(10).

出现在《代码》①一书有关数据隐私的论述部分(第11章)。莱斯格主张应清醒地认识数据的财产属性,并希望通过财产权的方式来对数据进行保护。

对于数据财产权的归属问题,莱斯格主张应当归属个人。这可以让用户去自由地选择不同的价值观。因为在"交易成本"较低的情况下,或者说公共利益没有冲突的时候,财产制度更具有优势。这种保护方式,一方面给了用户更多的自主选择权,可以决定自己的隐私权是否让渡,另一方面能够让隐私权得到更大的保护。

莱斯格认为,将数据财产权让渡给个人,企业若想获得个人的数据只有两种方式:一是签订合同,将数据合理让渡,企业支付一定的资金。这种情况下给个人更大的自决权,国家只是对上限标准进行统一的规定,个人可以根据自己的信息价值和市场需求进行自主定价,企业若同意则支付对价,从而获得该资源。这种方式的优点在于让用户获得一定的议价能力,迫使企业和数据主体进行对话协商,这种做法能够更好地保护消费者在交易中的地位,防止其被过分忽视。而企业和用户的对话方式也会随着技术的发展而逐渐降低对话成本。二是通过侵权的方式,利用非法的技术手段,获得个人数据,而这种行为是典型的违法行为,可以用现有的侵权法律规定进行规制。莱斯格认为,如果将数据财产权归属数据的收集者,那么用户很难了解数据的利用方式,因为用户所掌握的技术力量很小,这样侵权成本会大大降低,使用户和企业的地位更加不对等。一方面,数据财产权的保护方式可以满足不同的隐私保护需求,赋予用户议价的能力。另一方面,起到预防的作用。② 通过企业和用户的事前协商,订立数据使用协议,提前规定数据的使用权限和范围,让用户和企业明确数据的具体使用路径。这种明晰权利义务的方式可以约束双方行为,并且一旦超过规定权限,用户可以行使自己的权利。这种预防机制可以改善事后追责的弊端,避免个人数据受到大规模损害时难以确定侵权范围和追责范围的问题,也能减弱因为技术的发展带来的"个人信息透明化"给用户带来的恐慌。

莱斯格主张,"个人信息不同于知识产权,所以我们应当对个人信息和知识产权以不同的态度,我们对知识产权的支持态度仅限于创建和支持信息领

---

① [美]劳伦斯·莱斯格:《代码——塑造网络空间的法律》,李旭等译,中信出版社2004年版;[美]劳伦斯·莱斯格:《代码2.0:网络空间中的法律》,李旭、沈伟伟译,清华大学出版社2018年版。
② 龙卫球:《数据新型财产权构建及其体系研究》,《政法论丛》2017第4期,第63—77页。

域的运作。但对于个人信息(至少是某些信息)应该持不同的态度。"①因为个人信息有异于知识产权,知识产权的公开是一种正向过程,知识产权的不断公开的后果是给知识产权人带来更多的分享和自由。无论对社会公众和知识产权人都是一个有益的过程,而隐私权也异于知识产权,更像是不动产的所有权。因为隐私权的设定是有限度的,它不能保护所有的私人信息,这样社会成本会过高。

莱斯格理论只是对个人数据进行了探讨,但设立数据财产权的意图是对非个人数据进行妥善处理。莱斯格的数据财产理论直接对数据经营和数据财产性等问题作出了回应,在面对一般人格权对这种情况的保护已经明显牵强的情况之下,认为单纯通过对人格权的解释已经不适用,但数据财产权对网络产业发展做出了重要贡献。

在莱斯格理论的影响之下,国内学者也对数据财产权理论进行了探讨。国内有关数据财产权的著作出现在 2009 年,由于当时大数据的概念还没有在国内普及,所以并没有采取数据财产权这个说法,而是称之为"信息财产权"。②2015 年,齐爱民等人提出了数据财产权③的概念,认为数据权利应当包括个人数据权和数据财产权两方面。其中,数据财产权的客体要具备明确、可管控、有意义、能独立存在、不易获得等特征。在大数据时代,数据是社会发展的一项基础资源,可带来经济价值。为保护数据交易应当构建财产权制度,赋予数据以财产权性质。国内另一位主张构建数据财产权的是龙卫球教授,他认为从欧美传统的数据保护模式来看,过分忽视企业的利益是对企业发展活力的束缚,应当赋予企业财产权,让企业有更多的数据经营自主权。他认为数据财产权的未来设计应当类似于物权,因为债权方式难以保障数据开发者的利益,尤其是数据资产部分,这是对数据控制者的绝对赋权,以此来鼓励数据经营者的数据生产,为数据交易提供保障。④ 这一观点注重对数据控制者财产权的保

---

① 劳伦斯·莱斯格:《代码 2.0:网络空间中的法律》,李旭、沈伟伟译,清华大学出版社 2018 年版,第 247 页。
② 陆小华:《信息财产权:民法视角中的新财富保护模式》,法律出版社 2009 年版;高富平:《信息财产:数字内容产业的法律基础》,法律出版社 2009 年版。
③ 齐爱民、盘佳:《数据权、数据主权的确立与大数据保护的基本原则》,《苏州大学学报》2015 年第 1期,第 64—70、191 页。
④ 龙卫球:《数据新型财产权构建及其体系研究》,《政法论丛》2017 年第 4 期,第 63—77 页。

护，但是"类似于物权"的主张并没有得到普遍认可。

（三）数据财产权构建的可行性

在"淘宝（中国）软件有限公司诉安徽美景信息科技有限公司不正当竞争纠纷案"中，虽然法院对于淘宝所提出的其对数据享有数据财产权的诉求没有予以承认，但是法院在判决中表明，衍生数据是淘宝花费了人力、物力和财力而加工分析所得，所以，淘宝对此享有劳动成果，淘宝对衍生数据拥有独立的、竞争性的财产权益，但是这种权益不是绝对性的，只是一个相对性的权利，义务只针对部分人。在大众点评和百度案件中，法院在认定大众点评的权利时指出，"经营者的权益并非可以获得像法定财产权那样的保护强度"。[①] 从这些司法裁判做法来看，对于数据控制者的财产权益是予以认可的，所以数据财产权的确立会减轻司法的定性难度。

从理论上看，商业秘密也属于财产权的范畴，但是相较于其他传统财产权，其并没有被直接赋予法律上的垄断，并且这种权利也不是一种完全的、排他性的权利，但法律对它的秘密状态又予以认可和保护，为了维护交易秩序和市场伦理，法律赋予它一种不被他人以非法手段获得秘密的请求权。商业秘密的法律地位和数据财产权具有极大的相似性，只不过商业秘密是非公开数据，而数据财产权的客体是公开数据。目前的司法实践也主张对于数据主体的财产性权益不能予以绝对权化，在保护其权益的同时，不能增加绝大多数主体的义务。

《民法典》采取对个人信息和数据进行分别规定的做法，并且在征求意见稿中，曾经在知识产权客体部分规定有数据信息，但最终删除。从法律篇章结构框架来看，《民法典》第113—125条都是传统的财产权内容，第126条设置了一个概括性条款，第127条的数据保护规定，数据权利并没有直接列入传统财产权的行列。此外，根据第127条的规定，数据和虚拟财产是用顿号隔开的并列内容，所以，数据的财产权属性是有章可循的。结合之前的草案来看，对于数据的权利，立法者也试图将其纳入财产权的范畴，但是用传统财产权来保护仍有难度，所以，创设新型数据财产权更符合立法本意。

---

① 北京百度网讯科技有限公司与上海汉涛信息咨询有限公司其他不正当竞争纠纷案，上海知识产权法院(2016)沪73民终第242号民事判决书。

第四节　数据财产权法律规制
经验的比较与借鉴

一、美国有关数据财产权的法律实践

(一)立法实践

在数据财产权理论的影响下,2018 年美国加利福尼亚州颁布了《加州消费者隐私保护法》(California Consumer Privacy Act,CCPA)。该法加强了对企业在收集、访问、删除和共享个人信息数据过程中消费者的保障权利。对于存在违法行为的企业,接到监管机构通知后有 30 天整改期限,如果问题解决了将不再进行处罚,但如果问题仍未解决,则最高罚款为 7 500 美元。[①] 基于这项规定的要求,谷歌(Google)表示使用其网站广告应用程序可以屏蔽那些个性化广告。根据消费者的浏览记录、兴趣以及过往行为而推行具有针对性的广告行为,在过去这种广告方式给供应商带来大量的利益,但根据本法的规定,这种涉及个人数据营利的方式会大大影响企业的利润。

(二)司法经验

"eBay v. Bidder's Edge"案[②]是一起著名的数据纠纷案件。eBay 是一个线上用户可以自主拍卖和交易的平台。Bidder's Edge(BE)也是一个拍卖聚合网站,它可以帮助用户在其他平台中搜集用户所感兴趣的物品,并进行比价,这样可以方便用户,不需要再进行点击搜索对比。BE 的搜索行为中也包括对 eBay 的信息搜集。eBay 认为 BE 的行为一方面会加重 eBay 系统的负担,给自己造成"系统伤害"(System Harm)。另一方面,BE 对 eBay 数据的滥用也会对自己造成"声誉损害"(Reputational Harm)。所以 eBay 通过援引动产侵害将 BE 诉诸法院,请求法院发布禁止令。加利福尼亚北部地区法院认为,BE 作

---

① Maria Korolov. California: Consumer Privacy Act (CCPA): What you need to know to be compliant, July 7, 2020. https://www.csoonline.com/article/3292578/california-consumer-privacy-act-what-you-need-to-know-to-be-compliant.html, last accessed on August 23, 2020.

② eBay Inc. v. Bidder's Edge Inc. 100F.SUPP.2D.1058(N.D.Cal.2000).

为和 eBay 存在竞争关系的企业，其抓取行为确实直接或间接地对 eBay 造成了损失。另外，作为竞争关系的公司，如果不支持 eBay 的诉讼请求，则会间接认定同行的数据抓取行为是合法的，这样在给 eBay 造成损害的同时，也可能不利于行业秩序的确立。在这个案件中，加利福尼亚北部地区法院在损害并不明显的情况下，肯定了原告的诉讼请求，不仅维护了交易规则，而且也承认了对于数据加工付出劳动方有权获得财产权支持，但是法院支持的前提是被告的抓取行为对原告可能或者已经造成侵害，如此才能对数据抓取行为进行禁止。如果企业双方不存在竞争关系，则法院不会阻止对数据进行访问、复制，以及对在网站上可获得的公开数据加以利用。① 因此，美国在司法实践中对数据财产权是予以承认的，对于数据企业创造的公开数据进行分类保护。对于存在同行竞争的情况，保护数据创造方的合法权益，而对于不存在竞争的主体，出于公众利益、互联网信息流通需要以及行业发展等的考虑，并未将数据财产权上升到绝对化的高度，这种方式可以减轻公众的负担。

二、欧盟有关数据财产权的法律实践

（一）立法实践

欧盟基于人权保护原则，侧重于从用户权利保护的角度对数据活动进行法律规制。2016 年，欧盟出台《通用数据保护条例》（General Data Protection Regulation，GDPR），并于 2018 年 5 月 25 日实施，给数据保护带来了新的变化。GDPR 对个人数据作出了更高强度的保护。GDPR 对企业责任的规定非常严格，对数据违规行为最高可处以 2000 万欧元或者全球营业额 4％的处罚。对 Google、Twitter、Facebook 等大型国际互联网企业来说，全球营业额的 4％是一项很大的负担，企业的违约成本加重，企业对个人数据的使用会更加谨慎。在个人数据的保护与预设方面，从技术和组织两方面纳入隐私保护措施。在个人数据保护影响评估方面，对于处理个人数据可能造成当事人高度风险的，出于对用户保护的需要，应当事前执行个人数据保护影响评估。GDPR 通过知情同意原则来限制企业对个人隐私数据的采集，其赋予用户以自决权来实现私人自治，并且要求企业对于隐私政策必须做到清晰、易懂，以明确个人

---

① HiQ Labs Inc. v LinkedIn Corps. 273 F.Supp.3d.1099（2017）.

数据的使用限度和深度,这种立法方式的重点是保护个人数据,对企业数据活动的限制较为严格。

由于数据经济的发展,欧盟此前就出台了保护数据财产权的相关法律规定。1996 年,欧盟通过《关于数据库的法律保护的指令》(简称《数据库指令》),赋予那些不受著作权法保护但又有实质性投资的数据库以特殊权利。该指令在第 1 条对数据库进行了定义[1]后,又在第 7 条第 1 款规定:"各成员国应为在数据库内容的获取、检验核实或选用方面,对证明在质量和(或)数量做出实质性投资的数据库制作者赋予防止对数据库内容的全部或在质量和(或)数量做出实质性投资的数据库为实质部分进行摘取与(或)再利用的权利。"这一权利就是数据库权。

数据库权体现了知识产权保护的方法,对于包含独创性部分的数据仍然受到知识产权的保护,对于不适用著作权部分的数据用数据权利进行补充,这种保护方式首先对数据的经济价值予以了认可,但是仍然属于知识产权范畴。按照这一规定,要想获得数据库权利必须对数据库进行了付出,这种付出可以是劳动、资金、人力等实质性投入。数据库权是欧盟为数不多的保护数据控制者的权利,这种权利的设定是为了保障数据控制者的权益。不过,在欧盟对数据人格权保护路径下,对于数据库权适用的范围和标准依旧有很大的争议。例如,对权利的享有必须源于对数据库存在实质性投入这一标准,荷兰学者认为,实质性投入是对数据库的直接投资,只有如此才能产生数据库权。欧盟法院认为,数据库制作人的实质性的投资必须是针对在先存在的数据的收集与校正,而不能是由数据库制作人通过自身活动创造的。因为对于这类信息数据的投资主要用于创造、制作信息数据,而不是用于收集、矫正此类信息数据。同时,欧盟也并未对实质程度进行有操作性的定量分析。因此,在欧盟法域中,数据库特殊权利也并非企业进行大数据保护的首选。[2] 也就是说,对于和数据库有联系的衍生内容的投资不属于对数据库的投资,不在数据库权利保护的范围之内。在欧盟的司法裁判中,对数据库权的内容及边界的界定仍然不够明晰,对企业的数据财产保护程度仍

---

[1] 该定义为:"以一种系统或条理的方法对独立的作品、数据或其他素材进行编排而形成的集合,该集合的元素可以通过电子方式或其他方式进行独立访问"。See Article 1, Directive 96/9/EC.

[2] 龙卫球:《再论企业数据保护的财产权化路径》,《东方法学》2018 年第 3 期,第 50—63 页。

然是有限的。

（二）司法经验

在"Ryanair Ltd. v. PR Aviation"一案中，瑞安(Ryanair)是荷兰的一家航空公司，PR 在线航空旅行社(PR Aviation)是一个第三方平台。后者通过收集各个航班公司的航班信息和航班价格，然后对用户收取佣金，在其网站上接受预定。PR 在线航空旅行社就是通过对瑞安网站公开数据的抓取，而直接给自己的客户使用。瑞安认为 PR 在线航空旅行社的这种行为侵犯了其著作权和数据库权，请求法院判决被告停止该侵权行为，并对其所遭受的损害进行赔偿。乌德勒支地方法院在初审中支持了原告的主张，但案件上诉到阿姆斯特丹法院后，上诉法院直接对初审法院的判决结果予以撤销，认为被告并不存在任何侵权行为。因为根据荷兰的著作权法规定，对公开数据抓取和使用是被允许的，原告排斥其他企业抓取数据使用的条款因与当地法律相违背，所以自始至终是一个无效条款，故被告不存在任何侵权行为。上诉法院补充说，原告在创建数据库时并没有"实质性投入"，所以无法获得数据库的保护。随后，原告向荷兰最高法院提出上诉，理由是其数据既不属于《数据库指令》下的著作权，也不属于特别权利的保护范围。为此，就线上数据库能否适用《数据库指令》以及能否通过合同限制该等数据库自由使用问题，荷兰最高法院请求欧盟法院做出答复。欧盟法院认为，原告网站提供的航班数据，尚不能受到著作权法或数据库权的保护，并进一步肯定当网站经营者就其本身数据内容，无法透过著作权排除他人未经授权使用时，仍得以服务条款限制其他企业自动抓取、收集网站资料的行为。2015 年 1 月，法院最终裁定原告有权禁止被告以自动化系统抓取网站数据后转为商业使用。对于数据库权，欧盟法院认为，根据"副产品原则"和"实际投入原则"，原告的数据库只不过是其经营种类的副产品。由于数据的获取行为与数据的生成过程无法进行分离，故无法满足数据库实际投入这一要求。欧盟法院也指出，如果原告对数据库的创造是未曾提前计划的，且它的收集、汇编等行为又需要进行另外附加的实质性花费，那么，作为制作者同样可以主张数据库权利，因为现有的事实并不能证明原告的要求，所以其所主张的数据库权利无法得到支持，并且被告根据《指令》第 8.1 条主张其可以对原告公开的数据进行合理的使用，最终欧盟法院没有支持原告所主张的著作权和数据库权，但是法院认为原告仍然有权可以通过服务条款限制其他人的数据自动抓取行为。①

　　这也反映出数据权在现实的操作中存在很大的难度,并且数据库权的适用范围被大大限缩,所以企业主张用数据库权利来对自己的数据进行保护的难度是非常大的。在欧盟立法尚不能达到完全协调一致的情况下,各国的著作权法和《数据库指令》的规定可能存在矛盾,这也加大了数据库权的实际操作难度。欧盟法院认为企业可以通过自主订立服务协议的方式来防止其他主体对自己数据的随意抓取和商用行为,这也证明欧盟对于企业数据财产价值还是予以承认和保护的,只不过保护的力度和范围较为有限。

　　面对数据经济增长的速度和对欧洲经济的影响力度,欧盟试图在企业数据(非个人数据)之上构建一个特殊的权利——数据生产者权(data producer's right)。② 但是,欧洲内部对于该项权利的效果依然存在忧虑,因此在之后的欧盟官方文件中没有再次出现。对于数据财产权的法律保护模式,欧盟其实也和其他国家或地区一样还在探索的路上。

三、欧美数据权利法律规制经验的启示

　　在美国的法律规制经验中,数据控制者不得对不存在竞争关系的人限制其对公开数据的抓取行为。美国对数据的保护趋势是一个从绝对权到权利的绝对性相对减弱,认为数据财产不应该是一个绝对权。这是因为一方面,如果设定为绝对权将会加重不特定大多数人的责任;另一方面,爬虫技术在互联网上有着不可替代的作用,绝对禁止爬虫可能造成诸多方面的不便,而且大多数的抓取行为并不会造成不利后果,绝对禁止爬虫也不利于公共话语权的表达和信息的自由流动。美国对数据控制者的数据财产权利的法律规制采取了既支持又限制的模式,值得借鉴。

　　虽然欧盟认为数据库权有一定的适用价值,但欧盟对数据财产权予以正面确认的态度却不明朗。数据库权产生的时间较早,很难契合当今数据的发

---

① 许可:《判决千差万别的背后,数据库权的能与不能》,https://www.sohu.com/a/213321295_455313,2020 年 8 月 9 日访问。

② 欧盟委员会于 2017 年《建立欧洲数据经济》文件中提出,为保护机器生成数据,应设立数据生产者权利。*See* European Commission, Communication from the Commission to the European Parliament, the Council, the European Economic and Social Committee and the Committee of the Regions. Building a European Data Economy. https://eur-l ex. europa. eu/legal-c ontent/EN/TXT/? uri=COM: 2017: 9: FIN. last accessed on July 10, 2020.

展速度和发展模式。并且,欧盟对数据库还做了限缩解释,即对于存在侵害数据控制者的数据抓取、使用行为应予否定,并赋予数据控制者以相应的权利,以支持数据控制者通过援引数据库权或通过订立服务协议的方式进行保护,但对那些不存在威胁的数据抓取、使用行为则不加以限制和否定。这些法律规制经验也有一定的可取之处。

其实,欧盟和美国在本质上对数据财产权利保护的态度是一致的。首先,两者都不承认数据财产权利的绝对性。二者只对存在竞争关系、数据抓取可能导致数据控制者利益损害的行为加以禁止,其他情况不属于禁止的范围。其次,二者都承认数据控制者的数据财产受法律保护,不能只承认个人数据权而忽略数据控制者对数据财产的形成所付出的努力。

第五节　构建我国数据财产权法律规范的建议

一、数据财产权的规范模式及体系

(一)数据财产法律规制政策与基本原则

数据财产权是顺应大数据发展战略而衍生出来的私法权利,传统的财产权制度与数据财产权利保护无法合理契合。

数据有多种样态,数据财产也有不同类型。数据财产权的法律规范应当建立在数据分类的基础之上,即主要针对企业数据、衍生数据。上海数据交易中心 2016 年发布的《数据互联规则》明确规定数据交易对象包括:数据集、工具集、应用集三种类型。

从国外的司法裁判的观点来看,对于数据财产权的性质应当将其定位为限制性排他权利。因为数据具有无形性、可分享性和时效性,如果继续将其权利绝对化,会加重不特定相对人或社会公众的义务。之所以将其定位为限制性排他权利,一方面是因为数据本身的公共属性,另一方面也是为了实现数据共享的价值目标。

在数据财产法律规制的基本原则上,应明确隐私保护优先、保护财产权益、促进数据共享、保障数据安全的原则。在现有的权利保护法律体系之下，数据财产权注重从私法的角度对数据控制者的财产权益进行规制，允许数据通过合法方式进行流转和交易，但是必须基于自愿、合法、等价、有偿等方式。另外，虽然可交易的数据已经经过了脱敏处理，但毕竟来源于个人，在赋予数据控制者权利的同时也不能忽视对个人数据权益（尤其是人格权）的保护。《数据互联规则》强调了隐私保护原则、数据互联行为原则、数据权益保护原则和数据安全防控原则。在隐私保护方面，明确了告知同意、选择退出、禁止公开、数据完整、维护权益、应急补救等具体措施，并从成员管理、建立标准体系、数据互联流程等方面进行管理控制。在数据互联行为方面，采取使用权移转、有限互联、去身份、负责任、禁止再识别、权利穷竭等具体措施来规范数据交易。在数据权益保护和数据安全防控方面，也提出了具体措施要求。

（二）数据财产权的规范体系

目前我国只有在《民法典》第127条提到了数据保护问题，但没有确定权利。因此，在数据财产权的体系构建上，应当尽快补充配套性的具体条款。在法律适用上可以通过对第127条的合理解释，将数据财产权益纳入规范保护的范围。考虑到目前的司法现状，最好通过专门立法，明确规定数据财产权的法律规范。

1. 形成数据财产权的规范基础

虽然我国正在起草《数据安全法》，但根据现有草案内容来看，其内容仍然是从行政法的角度对数据行为进行规范，问责机制和规制方式仍然是约谈、警告、责令改正等行政手段，并且大部分是概括性条款。在《数据安全法》通过之后，我国应尽早制定专门立法——《数据权利法》，以对包括数据财产权、数据人格权在内的数据权利进行合理的法律保护。有关数据财产权的条款建议如下。

第 X 条　数据上的财产权益受法律保护。数据财产权利主体对其合法获取、控制的数据有储存、利用、处分和收益的权利。

第 X+1 条　数据控制者属于数据财产权利主体，在行使财产权利时应尊重利益相关者的权益，不得危害国家安全。基于公共利益、国家安全、重大突发紧急事件等重大事由，国家可以依法对数据活动采取紧急措施。

第 X+2 条　数据控制者可以自己利用或许可其他主体利用数据，可以转让、传输、共享数据,也可以对他人提供数据技术服务。数据的跨境流通需遵守相关法律、行政法规和有关规定。

第 X+3 条　其他经营同类业务并具有竞争关系的主体实施下列行为的,数据控制者可以请求其承担侵权责任:(一)通过爬虫技术恶意获得公开数据并在经营活动中利用;(二)指使不具有竞争关系的主体使用爬虫技术获取数据并为自己所用。

第 X+4 条　行使数据财产权益,涉及个人信息权益的,应当遵循有关个人信息保护的法律规定,优先对个人信息进行保护。

2. 数据财产权规范体系的构建

数据财产权的规范保护,需要其他法律的密切配合。

首先,由于数据财产权和商业秘密存在极大的共性,所以可以在《反不正当竞争法》第 12 条第 3 款之后增加一款,规定:"对于经营同类业务的主体,不得擅自引用并恶意使用数据控制者所合法拥有的数据。"这样做的好处是可以和非公开数据的保护做到有机衔接,进一步完善数据财产的保护体系。

其次,在民法上构建数据许可合同的规范基础,将数据服务和数据产品的交易行为进行专门保护,以实现数据流通和数据利用的有序化和规范化,让数据财产权体系更加完善。

再次,在金融、证券、教育、医疗、电信、工商等各个领域,可以部门规章或规范性文件的形式,对相关数据行为进行行政规制。例如,随着支付宝、微信支付、Apple Pay 等新兴支付方式的兴起,金融数据安全成为私权保护的重点之一,也是国家安全的一部分。2018 年发布的《银行业金融机构数据治理指引》已将有关数据收集的国家标准纳入行业规范,即使其所涵盖的范围较为有限。未来的行政法规及部门规章应当注重落实《网络安全法》《数据安全法》的精神,对本行业的数据安全、数据权利保护场景进行具体规制,以便对数据行为作出较为全面的规范,尽可能减少法律漏洞,同时也有益于数据的跨境流通,保障数据交易安全。完善《数据安全法(草案)》规定的约谈制度,对于"省级以上人民政府有关部门"进行明确界定,在层级进一步具体化。对于在线数据处理服务的内容及数据控制者的行政责任等问题,应针对数据处理流程进行具体的规定。

最后,形成完善的法律责任体系。《刑法》现有条款也可以对数据进行一定的保护,例如第285条规定的非法侵入计算机信息系统罪。[①] 在犯罪行为涉及"获取该计算机信息系统中存储、处理或者传输的数据"的情形下,可以援引该条予以刑事处罚。但数据一般不是存储在计算机系统中而是储存在云端,类型和形式也更加多样。在民事责任方面,应基于数据财产的具体特性,形成关于侵权损害赔偿的裁判基础,其中最重要的是对侵权行为和损害的判断问题。随着数据经济的不断发展,刑法和民法都需要不断更新,以提供更多数据财产权利保护的途径。

二、数据财产权的规范内容

(一)数据财产权的主体

数据财产权的主体应为数据控制者。数据控制者的概念可以和个人数据控制者相互对应,欧盟《通用数据保护条例》对个人数据控制者定义的主体范围较为广泛。[②] 一般法院都承认数据控制者对数据的收集和加工付出了劳动,基于公平原则,应当承认数据控制者的财产权。在大数据时代,数据是一个集成状态,个人本身很难对数据的形成和发展有所影响,大数据生产单位往往就是企业——数据控制者的主要构成部分。所以,赋予数据控制者以数据财产权的主体地位,符合现实逻辑。

数据控制者不只是法人,自然人和非法人组织同样可以成为数据财产权的主体。数据控制者必须对数据的处理有决定能力,能决定对数据的处理方式和数据保密程度,以及提供相应的安全措施。只有满足以上要求,才能成为法律上的数据控制者。根据以上数据财产权性质的讨论和数据的特性,数据控制者可以定义为:能够决定对数据进行收集、存储、加工等操作的自然人、法人和非法人组织以及公共数据处理机构。

---

① 《刑法》第285条规定:"违反国家规定,侵入国家事务、国防建设、尖端科学技术领域的计算机信息系统的,处三年以下有期徒刑或者拘役。违反国家规定,侵入前款规定以外的计算机信息系统或者采用其他技术手段,获取该计算机信息系统中存储、处理或者传输的数据,或者对该计算机信息系统实施非法控制,情节严重的,处三年以下有期徒刑或者拘役,并处或者单处罚金;情节特别严重的,处三年以上七年以下有期徒刑,并处罚金。提供专门用于侵入、非法控制计算机信息系统的程序、工具,或者明知他人实施侵入、非法控制计算机信息系统的违法犯罪行为而为其提供程序、工具,情节严重的,依照前款的规定处罚。单位犯前三款罪的,对单位判处罚金,并对其直接负责的主管人员和其他直接责任人员,依照各该款的规定处罚。"

② 个人数据控制者是指单独或者共同决定数据处理目的与方式的自然人、法人、公共机构或其他实体。

数据经济的发展需要企业的努力，企业的发展需要利益驱使和责任鞭策。承认数据控制者是数据财产权的主体，同时通过对权利的规范配置可以更好地引导数据技术、数据产业的健康发展。

（二）数据财产权的客体

数据财产权的客体是经过数据控制者加工、处理并受数据控制者控制的衍生数据和财产数据。经过技术处理后的衍生数据对数据控制者的商业活动具有极高的价值。随着大数据产业的蓬勃发展，数据已经成为一种企业的资产，对企业的市场价值、竞争力和发展活力有着重大影响，所以，确定数据的客体范围对于企业的竞争力判断也有重要影响。

我国有很多大数据交易所，根据我国各个交易所设定的交易规则来看，可以交易的数据必须是合法且无产权争议的数据。在贵阳大数据平台的交易规则中，交易的数据不应当是原始数据，必须是经过加工、清洗之后难以识别身份信息的数据。根据上海数据交易中心 2016 年发布的《数据互联规则》规定，只有持有方式和获取手段都合法的数据才会受到保护，对于合法持有的数据进行增值处理的行为才受到保护。从以上这些交易所制定的交易规则来看，能够拥有数据财产权进行交易的数据必须具备合法性的特征，并且这些数据是经过技术处理的，应当是无法直接识别个人身份的衍生数据。

在《数据安全法（草案）》中，数据被定义为："任何以电子或者非电子形式对信息的记录，反映了信息是数据的表达形式，数据是信息的承载形式的本质特征。"从该定义出发，对能够作为数据财产权客体的企业数据不可一概而论。企业数据一般可以分为：公开、半公开和不公开三类。非公开数据属于机密较高的企业数据，也可以作为商业秘密进行保护。这一部分数据，通常属于知识产权的保护范畴。其他主体通过自己的技术努力对相关数据做出的破解，不在商业秘密的保护范畴内，如果其他主体将自己破解的数据进行公开，则这种数据自动转变为公开数据，可以按照公开数据的保护模式进行保护。半公开数据，一般是指数据库中所包含的数据，数据库中承载的数据较为繁杂。在美国，如果数据库中的相关汇编者对原始数据的选择和编辑存在原创性，则会受到版权法的保护，但对于没有独创性的数据，即使对此付出了劳动，版权法也不会给予保护。由此，就形成了数据财产权和数据知识产权相结合的保护模式。对于半公开数据中不属于知识产权的部分可以作为数据财产权的客体,给数据控制者一定的自主权,通过协议来对数据的抓取行为作出限制。而对于公开数据,应当归属于数据财产权的保护客体范畴。

总之,数据财产权的客体应当是经过技术处理且无法确定身份信息的企业公开数据,这些数据必须具备合法性,并为数据控制者所掌控。合理区分保护对象、确定数据财产范围,有助于明晰数据财产权的保护边界。

（三）数据财产权的行使方式及范围

《网络安全法》规定了个人对其数据享有自决权。和其相衔接,数据财产权也尊重数据控制者的自主决定权,准予其可以通过合法的方式对自己所控制的数据进行处理,并且方式也较为灵活。数据控制者有权使用自己合法收集、加工处理的数据,可以许可他人使用或转让这些数据,也可以为其他主体提供相应的数据技术服务。

数据财产权既保护非竞争主体的善意数据抓取权利,同时也对可能给数据控制者造成损害的数据抓取行为予以禁止。和数据控制者存在竞争关系的主体实施的恶意的数据抓取行为,由于损害了数据控制者的财产权益,故对其后续的数据行为不应当予以保护。

当然,使用爬虫技术并不代表就是侵权行为。根据国内外的司法判例和立法经验来看,当和数据控制者不具备竞争关系的主体,通过爬虫技术获得其所可获得的公开数据的时候,这种行为并不属于禁止的范围,但是如果该主体在自主获得数据以后,将数据许可或者转让给与数据控制者存在竞争关系的主体时则可能构成侵权责任。

三、数据财产权的制度体系

（一）监管制度

1. 形成统一的交易规则和监管机制

目前我国的大数据交易通常依托数据交易平台和工商系统,没有统一的、独立的数据交易规则和监管机构。未来,应设置统一的交易标准和交易规则,同时设置专门的监管部门,使之能够独立履行数据监管的职责。在目前数据监管机构相对分散的情况下,可以在工信数据部分增加数据保护和监管的内容,也可以在现有的工商系统中增设数据监管部门。江苏省对这种方式进行了探索,利用工商系统的资源优势对数据行为进行监管,采用线上、线下双重保护。线上,在隐私政策、数据收集协议中可以设置举报或反馈的链接,以便个人用户维权。在线下,根据不同类型企业的风险承受程度,制定适当的监管政策和合规责任。

2. 合理设定数据控制者的法律责任

对数据控制者的法律责任要进行合理设定。《通用数据保护条例》对于违反规定者的罚款范围是 1 000 万—2 000 万欧元或全球年营业额的 2%～4%。而《2018 年加州消费者隐私法案》(CCPA)也规定单次的罚款可高达 7 500 美元。这些高额的罚款数额既可以给企业警示,让企业在经营中避免侵犯个人数据权益,但高额的罚款同时也给企业带来了较重的负担。目前我国数据经济是在发展的上升期,确实需要规范数据的收集和使用行为,应对不当行为进行预防,但也应当给企业一定的宽限。对于数据不法行为,应根据违法者的过错程度、法益损害的严重性、数据的重要性作出适当的处罚,以免遏制数据技术进步和数据产业发展。

3. 规范数据控制者的数据行为

在数据行为规制方面,应在法律上明确数据控制者(尤其是从事数据活动的民事主体和其他机构)的数据安全保障、数据权益保护的义务和责任,以便引导、约束数据行为。此外,对数据控制者的数据行为的规范可能涉及行政许可。一般,需要通过许可才得以实施的行为往往关乎国家安全、公共利益或人的生命、健康等重大权益,属于创设法定资格的事项。[①] 一些特殊数据运营所需要的各方面支持要求极高,大多掌握在政府及公共机构手中,故有必要对该类数据进行主体资格、经营行为上的行政许可。

(二) 数据利用与数据安全保障

为了防止恶意侵权的发生,在数据利用方面可以采取"受控开放"和"完全开放"的折中制度。对于涉及公共利益需要、法律明确规定、国家政策要求的数据,可以要求数据控制者将内容依法予以公开。而对于极具商业价值的数据(例如,脉脉从新浪微博获得的内部用户信息),可以通过企业双方所认可的隐私政策进行交易流转,由数据控制者自主决定是否予以公开。如果是基于学术等方面的事由而需要获取特定数据的,可以通过申请、协议等方式在不存

---

① 《行政许可法》第 12 条。

在安全隐患的前提下予以"受控开放"。无论何种情形，公开数据同样包含数据控制者的创造，对该部分的利用不能无视数据控制者的权益诉求。

由于数据利用对国家安全、公共利益或者民事权益可能构成风险，故应对数据实行分级分类保护制度。我国《数据安全法（草案）》第 19 条规定了数据分级分类保护制度，要求根据数据在经济、社会发展中的重要程度，以及在遭到篡改、破坏、泄露或者非法获取、非法利用时可能造成的危害程度，对数据进行分级分类保护。这个分级分类保护措施，可以按照部门、行业监管的数据类型的风险程度予以分级分类，制定重要数据保护目录。

（三）数据跨境流通制度

随着全球化程度的不断加深，数据跨境流通日益普遍。欧盟 GDPR 第五章对个人数据的跨境流通采取了严格限制的模式，只有在用户明示同意、合同履行、数据传输所至区域有充分保障措施都满足的前提之下，才可以予以流通。与欧盟的相比，美国更为强调市场的主导作用和行业自律。保障数据控制者的数据交易流通的自主性，但是相关主体一旦违反义务，则会启动事后问责制度。美国 2018 年颁布《澄清境外合法使用数据法案》（CLOUD Act），意图打破域外数据本地化的管制屏障，保障美国获取境外数据的便捷。

就目前我国的立法和政策趋势来看，数据跨境流通规则更侧重严格限制模式。就目前数据规模来说，中国在全球范围内是领先的，因而数据跨境流通制度不能只将安全评估作为唯一的合规机制，可以根据数据的数量、内容设置不同的限制条件。

数据财产权的确立对正常的数据抓取行为提供了合法的依据，对非本土互联网企业抓取数据的行为应当予以管控，可以要求境外企业不仅要完全遵守我国法律规定和协议内容，而且其所属国家的数据保护程度也应当与我国基本一致。我国工信部发布的《数据安全管理办法（征求意见稿）》第 28 条规定：向境外提供重要数据的需经有关部门批准。为了保障国家利益，《数据安全法（草案）》也对数据出口问题作出规定，但相较于欧美等国的规定，《数据安全法》的域外管辖权更为狭窄，对于国外企业在我国收集数据后发回的情形，并没有规定国内的执法机关有权进行管辖和追责，有关规定还不够具体。

对于涉及国家秘密、社会利益的数据跨境流通，可以借鉴欧盟的白名单机制，保持数据保护程度的对等性，进行行政审批并加强监督。当然，能够满足欧盟的白名单所要求的保护强度的国家目前也只有 20 个。对于规模小、安全性相对较低的数据，可以赋予数据控制者更多的自主权，通过合同对数据的接收方作出约束。对于类型不同的企业，也可以采取区别的监管政策。大型企业所掌握的数据数量和内容更为复杂和重要，出境流通的风险也更高，所以对它们的监管级别应当更高，申报材料中对数据的数量、内容、个人是否知晓同意、接收方现有的数据安全保障能力、网络环境水平等内容要求应当更加详尽，评估要求也更为严格。对于规模较小企业正常数据的流通可以不设置门槛或者设置较低的门槛，以确保中小型企业的数据创新。

我国与其他国家和地区进行数据交流互通是不可避免的，因此，可以适当借鉴欧盟的严格监管模式，对数据跨境流通采取分类分级管理的制度。在数据全球流通趋势下，对数据互联行为的限制只能是为了降低风险。美国对数据流通采取较为宽松的政策主要是由于其无论在医疗、金融、教育等各个行业都有详尽的立法，并且数据技术有绝对的优势。

（四）侵权损害救济制度

根据我国《民法典·侵权责任编》的规定，在数据财产权侵权损害发生后，被侵权人有权主张侵权人承担侵权责任，责任方式主要是：停止侵害、赔偿损失。由于数据的特有属性，往往无法直接规定一个额度作为赔偿标准，而只能根据案件的具体情况予以确定。

在发生纠纷之时已经对数据控制者造成实际损害的，应当按照实际损害的数额进行赔偿。对于损害大小难以确定的，例如损害程度无法准确评估，可以按照侵权人可得收益为标准予以赔偿，但是这种可得利益也应当是可以预见到的，不能过分夸大侵权人的可得利益额度来进行赔偿。对于被侵权人为防止侵害进一步扩大所支付的合理开支也应当列入赔偿范围。合理开支包括：在调查取证过程中所预先垫付的合理费用、原告所支出的律师费用等。在数据控制者的实际损失无法确定、侵权人的可预期利益也无法认定的情况下，赔偿数额应当以侵权行为人的主观恶意程度、经营规模、数据在相关市场的影响力和市场当下的价格、市场地位以及支配地位等因素为基准来确定赔偿金额。

对于侵权行为人损害市场交易秩序的行为还可以由市场监督部门对其做出相应的行政处罚，行为人甚至可能面临刑事责任风险。

第六节　结　　语

数据无论是对个人、企业、社会还是国家来说都有着重要的意义。我国在促进数据经济发展、数据技术进步的同时,应加强数据权益保护、数据安全保障的力度,完善数据权利保护体系,提高数据安全治理能力。

数据的财产价值应该在法律上予以体现。随着数据投入的增加,数据控制者开始主张数据为公司的资产,但采取何种保护模式还需要进行理论探讨和制度构建。对数据财产的保护可以通过物权、知识产权、商业秘密等保护路径来实现,但是这些保护路径都没有对数据财产和数据行为的本质作出合理解释,对公开数据部分也难以做到合理保护。通过构建数据财产权法律规范对数据财产进行保护、承认对数据加工付出劳动的数据控制者的利益是一个合适的选择。

在法律上对数据财产权进行配置的时候,应对数据利益相关者之间的利益进行平衡。根据国内外的立法和司法经验,数据财产权不能绝对化,既要保护数据控制者的权益,也要保障数据的共享和流通,更要以数据隐私等人格权益优先保护为价值判断。

第六章
健康医疗大数据应用
隐私风险的法律规制

第一节 问题的提出

健康医疗领域正在进入大数据时代。健康医疗大数据作为国家的基础性战略资源,其重要地位日益凸显,在促进"互联网+医疗健康"发展、满足社会多样化的健康医疗需求、构建和谐医疗秩序、提高公共健康安全治理能力等方面的作用越来越重要。

伴随着健康医疗大数据应用,健康信息隐私泄露、非法利用等负面问题接连出现。例如,美国健康保险公司 Premera Blue Cross 的信息系统曾在自2014 年 5 月起的 9 个月内遭到黑客攻击,造成了超过 1 000 万客户的健康信息被泄露。另一家健康保险公司 Anthem 的信息系统也在 2015 年被黑客攻破,约 8 000 万员工和客户信息被泄露。[①] 2018 年,我国媒体报道了华大"14 万中国人基因大数据"外流事件,[②]这引发公众对人类遗传资源信息通过网络传递出境问题的关注。2019 年年底的新冠肺炎疫情,更加体现出健康医疗大数据在应对公共健康危机中的重要性,当然在控制疫情过程中对健康数

---

① 根据美国独立研究机构波莱蒙研究所(Ponemon Institute)发布的《2015 年数据泄露成本研究》显示,在世界范围内,医疗保健信息泄露的平均成本是每条记录 363 美元,而在美国,这一数字为 398 美元。参见李伟编译:《医疗数据泄露,要损失多少银子?》,https://www.cn-healthcare.com/article/20150602/content-474587.html,2020 年 5 月 12 日访问。2020 年,Premera Blue Cross 公司同意向美国卫生和公众服务部(HHS)的民权办公室(OCR)支付 685 万美元,以解决此次因自身数据安全违规行为引发的不良事件。
② 刘慎良:《14 万中国人基因大数据是否外泄? 华大基因回应》,http://www.xinhuanet.com/fortune/2018-10/29/c_1123625455.htm,2019 年 6 月 5 日访问。

据应用隐私风险的控制问题也不容忽视。

隐私风险广泛存在于健康医疗大数据应用的诸多场景之中,而我国现行的隐私规制还不足以应对隐私风险。如果缺乏有效的隐私风险控制,可能引发公众对于大数据应用的负面情绪,更可能阻碍健康大数据的流通与共享,不利于健康医疗事业发展。本章主要基于我国健康医疗大数据的应用现状,具体讨论健康医疗大数据应用中的隐私风险控制的法律问题。

第二节　我国健康医疗大数据应用风险的法律规制现状

一、健康医疗大数据的法律界定

（一）健康医疗大数据的定义

医疗卫生信息化的发展推动了健康医疗大数据的产生,使得医疗数据逐渐呈现出大数据的特点。所谓健康医疗大数据是指覆盖生命周期,经过电子病历、病案监测、生物数据、公共卫生信息、医保数据等多种渠道,应用于临床医疗、药品研发、管理决策、健康管理等方面的数据以及新一代的医疗信息技术与健康医疗服务业态。[1]

健康医疗大数据不同于传统的健康医疗数据,后者主要产生于诊疗过程中,在形式上包括:患者就诊时的病历记录、影像资料、病理报告等,多为单一的、特定领域的医疗数据,且数据之间仅为有限联系,整合程度低,价值有限。实际上,传统医疗数据是可以被包含在健康医疗大数据之中的。[2] 在国家卫生健康委员会 2018 年发布的《国家健康医疗大数据标准、安全和服务管理办法(试行)》[3]中,健康医疗大数据被定义为:"在人们疾病防治、健康管理等过程中

---

[1]　刘瑞爽、冯瑶、李晓洁、张海洪、赵励彦、丛亚丽:《关于健康医疗大数据优良实践的伦理共识(第一版)》,《中国医学伦理学》2020 年第 1 期,第 8—11 页。

[2]　刘士国、熊静文:《健康医疗大数据中隐私利益的群体维度》,《法学论坛》2019 年第 3 期,第 125—135 页。

[3]　《国家健康医疗大数据标准、安全和服务管理办法(试行)》,国卫规划发〔2018〕23 号,2018 年 9 月13 日发布。

产生的与健康医疗相关的数据。"该定义没有将健康医疗大数据与传统的医疗数据相区分,忽视了健康医疗大数据的特殊性。

(二)健康医疗大数据的特征

健康医疗大数据在具备规模大、结构多样、增长快速、价值巨大等大数据一般特征的同时,还呈现出多态性、不完整性、时间性与冗余性。健康医疗大数据的多态性包括:纯数据、信号、图像、文字等多种形态数据。健康医疗大数据的不完整性表现为相关数据在采集、存储、使用等各环节的运用信息不健全,部分环节的脱节以及书面诊疗记录内容的不确定也会导致此种情况出现。健康医疗大数据的时间性表现为大数据采集的诊疗信息贯穿患者的整个生命周期,呈现为一定的波形图像与时间函数。健康医疗大数据的冗余性表现为医疗数据庞大繁杂,不断衍生,同时不匹配或者相互矛盾的数据也不可避免地出现。[①] 这些特征表明,对健康医疗大数据的法律规制不能套用传统的数据治理,也不能等同于其他类型的大数据治理模式。

(三)健康医疗大数据的分类

根据数据的不同来源可将健康医疗大数据分为:院内数据、院外数据。院内数据主要指医疗机构采集和存储的健康医疗数据,包括患者基本信息和诊疗信息等。目前各省市三级医疗机构多存有高质量的诊疗数据,且已经具备一定规模。院外数据主要指由智能硬件或在线医疗企业采集的健康医疗数据,例如个人体征信息、问诊信息等,虽然该类数据增长迅猛,但维度多且缺乏整合,质量参差不齐。

根据数据的不同类型,可将健康医疗大数据分为:基本信息数据、健康医疗数据、生理信息数据、基因数据。基本信息数据包括:姓名、性别、身份证号、医保卡号、健康卡号、年龄、联系方式、家庭地址、职业类别、家族图谱等能够进行个人身份识别的数据。健康医疗数据包括:健康体检数据、诊疗纪录数据、健康档案数据等。生理信息数据包括:具有较高个人识别功能的指纹、掌纹、虹膜、基因、面部特征、耳郭等生理信息数据。基因数据是由研究机构、医疗机构、商业机构的数据库自行采集或者通过与其他实验室合作的方式获取的人类遗传资源数据。

(四)健康医疗大数据的生命周期

健康医疗大数据的法律规制需着眼于大数据的生命周期。数据管理组织

---

① 于广军、杨佳泓:《医疗大数据》,上海科学技术出版社 2015 年版,第 16 页。

认为数据周期是指数据的生命周期,是数据从创建、采集、使用到消亡的全过程。目前所建立的医疗数据周期管理的模型(MDLM)主要分为五个模块:过程中的组织机构、数据的采集与过滤、数据存储、数据安全、数据的治理与持续改进。[①] 健康医疗大数据法律规制可以借鉴数据管理周期的模型,将数据治理细分为数据的采集、存储、共享等多个环节。从数据模型构建的过程可以发现,数据治理的核心是在保障数据安全的基础上实现数据的高效利用,同时要明确设定数据使用者的义务与责任。

(五)健康医疗大数据与数据、信息的区分

在不严格的意义上,数据与信息是等同的,各国立法也出现了"信息"与"数据"交互使用的现象。大数据时代的数据可以分为个人数据与非个人数据,数据的"可识别性"是区分个人数据与非个人数据的关键标准。[②] 在学理上,识别说的具体标准可以分为直接识别和间接识别。所谓直接识别是指仅依据数据信息本身关联个人。所谓间接识别,即根据某一数据再加上其他数据才能关联个人。[③] 从以上观点可以看出,部分学者实质上将大数据时代背景下的数据与信息等同,并且都较为认同"识别说"。

也有学者认为数据与信息是不可等同的。信息的外延大于数据。数据只是信息表达的一种方式,信息还可以通过传统媒体来表达。电子数据是信息数字化的形式,其通常与电子信息具有共同的意义,即信息通过数据形式生成、传输和储存,控制数据即掌握了相关信息,在这个意义上,数据和信息具有天然的共生性和一致性。[④] 有的学者从信息链的基本节点角度出发,认为信息是数据被赋予现实意义后在信息媒介上的映射,而数据是载荷或记录信息且按一定规则排列组合的物理符号(包括数字、文字、图像、声音或计算机代码)。[⑤] 还有学者认为,单纯的数据与个人信息具有本质区别,数据文件是信息的表现形式,而数据信息则是数据文件蕴含的信息内容。从功能上讲,大数据

---

① 于广军、杨佳泓:《医疗大数据》,上海科学技术出版社 2015 年版,第 24 页。
② 程啸:《论大数据时代的个人数据权利》,《中国社会科学》2018 年第 3 期,第 102—122,207—208 页。
③ 郭瑜:《个人数据保护法研究》,北京大学出版社 2012 年版,第 123 页。
④ 梅夏英:《数据的法律属性及其民法定位》,《中国社会科学》2016 年第 9 期,第 164—183,209 页。
⑤ 肖冬梅、文禹衡:《法经济学视野下数据保护的规则适用与选择》,《法律科学》2016 年第 6 期,第 119—127 页。

指的是内容层。从具体操作上讲，大数据指的是符号层的数据符号。[①]

借鉴上述学者观点，大数据、信息与数据之间的逻辑关系应为：大数据＞数据＞信息。首先，"大数据"是通过信息处理技术对海量信息进行加工处理而生成的有价值的数据集合资料。单纯的"数据"是指通过文本、数字或符号等形式对客观事物或状态进行的一种描述。"数据"的范围应该最为广泛，对数据进行处理后呈现的内容包括信息和非信息。"非信息"是信息技术对数据池加工处理的结果，而"信息"是数据挖掘、整合和开发应用的结果。同时，个人数据与个人信息都具有可识别性。

二、我国健康医疗大数据相关政策与应用现状

（一）我国健康医疗大数据相关政策

在有关个人信息（包含健康医疗数据）保护的法律和部门规章层面，我国于 2009 年通过的《刑法修正案（七）》第 7 条新增关于侵犯公民个人信息的犯罪。2013 年，工业和信息化部发布《电信和互联网用户个人信息保护规定》，[②]以加强对电信和互联网用户个人信息的保护。2017 年，《网络安全法》施行，提供了互联网领域的个人信息保护规则，同年施行的《民法总则》在第 111、127条中表明了对个人信息、数据的保护立场。2020 年通过的《民法典》更是在第1034—1039 条对个人信息的保护进行了详细规定。

2015 年中共中央、国务院印发《"健康中国 2030"规划纲要》，[③]明确提出了建设健康信息化服务体系的工作任务。同年，为全面推进我国大数据发展和应用，加快建设数据强国，国务院印发《促进大数据发展行动纲要》（国发〔2015〕50 号）。2016 年，国务院印发《"十三五"国家科技创新规划》，[④]提出要建立国家生物医学大数据共享平台，构建健康大数据云平台服务模式的战略部署。在 2016 年国务院办公厅印发《关于促进和规范健康医疗大数据应用发展的指导意见》[⑤]后，国家卫健委先后确定两批健康医疗大数据中心试点城市

[①] 纪海龙：《数据的私法定位与保护》，《法学研究》2018 年第 6 期，第 72—91 页。

[②] 《电信和互联网用户个人信息保护规定》，工业和信息化部令第 24 号，2013 年 7 月 16 日发布。

[③] 中国政府网，http://www.gov.cn/xinwen/2016 - 10/25/content_5124174.htm.

[④] 《"十三五"国家科技创新规划》国发〔2016〕43 号，2016 年 8 月 8 日发布。

[⑤] 《关于促进和规范健康医疗大数据应用发展的指导意见》国办发〔2016〕47 号，2016 年 6 月 21 日发布。

及省份,包括福州、厦门、南京、常州四市及山东、安徽、贵州三省,标志着健康医疗大数据推进工作进入实质性落地阶段。2018 年 4 月 28 日,国务院办公厅印发《关于促进"互联网＋医疗健康"发展的意见》,[①]指出要加强区域医疗卫生信息资源整合,探索运用人群流动、气候变化等大数据技术分析手段,预测疾病流行趋势,加强对传染病的智能监测,提高重大疾病防控和突发公共卫生事件的应对能力,支持研发医疗健康相关的人工智能技术、医用机器人、大型医疗设备、应急救援医疗设备、生物三维打印技术和可穿戴设备等。同年,国家卫健委发布《国家健康医疗大数据标准、安全和服务管理办法(试行)》,[②]在健康医疗大数据标准管理、安全管理、应用规范、监督检查等方面给出具体的指引。

此外,各地纷纷出台相应的地方性法规和政府规章。例如,贵州省出台了《贵州省大数据发展应用促进条例》[③]《贵州省政府数据共享开放条例》[④];天津市出台了《天津市促进大数据发展应用条例》;[⑤]浙江省出台了《浙江省公共数据和电子政务管理办法》;[⑥]上海市出台了《上海市公共数据和一网通办管理办法》;[⑦]昆明市出台了《昆明市政务信息资源共享管理办法》。[⑧] 此外,福建省、河北省等也陆续出台了大数据或政务数据管理方面的地方性法规或政府规章。

(二)我国健康医疗大数据应用现状

我国已经建立起福建、江苏、山东、安徽、贵州、宁夏等第六个国家健康医疗大数据中心与产业园建设国家试点。主要分为东西南北中等五大区域:江苏为东部区域中心,贵州为西部区域中心、福建为南方区域中心、山东为北方区域中心、安徽为中部区域中心,而宁夏为示范省区。我国健康医疗大数据应用发展任务包括建设 1 个国家数据中心、7 个区域中心,并结合各地的实际情况,建设若干个应用发展中心,总体上形成"1＋7＋X"的发展模式。

---

① 《关于促进"互联网＋医疗健康"发展的意见》,国办发〔2018〕26 号,2018 年 4 月 28 日发布。
② 《国家健康医疗大数据标准、安全和服务管理办法(试行)》国卫规划发〔2018〕23 号,2018 年 9 月 13 日发布。
③ 2016 年,贵州省第十二届人民代表大会常务委员会第二十次会议通过,这是中国首部省级层面有关大数据的地方性法规。
④ 2020 年,贵州省第十三届人民代表大会常务委员会第十九次会议通过,这是中国首部省级层面有关政府数据共享开放的地方性法规。
⑤ 2018 年,天津市第十七届人民代表大会常务委员会第七次会议通过。
⑥ 2017 年,浙江省人民政府政府令 354 号。
⑦ 2018 年,上海市人民政府令第 9 号。
⑧ 2019 年,昆明市人民政府令第 151 号。

2018 年 2 月,全国健康医疗大数据应用共享平台正式发布。2018 年 5 月,由中国卫生信息与健康医疗大数据学会家庭健康专委会、腾讯云和微医云三方共建的"全国健康医疗行业云平台"发布。与此同时,"国家健康医疗大数据(试点工程)云脑中心"揭牌上线。该中心作为我国首个以大数据、云端服务及深度学习等人工智能技术为基础的智能健康平台已聚合了健康医疗领域的 40 多个数据库,包含相关数据 150 亿余条,每天增量 200 多万条数据。[①]

三、我国健康医疗领域隐私风险规制及突出问题

（一）健康医疗领域的隐私规制与问题

我国有关医疗领域的隐私规制缺乏系统性的立法及其规则体系,不能满足实践的迫切要求。首先,患者隐私保护的规定较为抽象,缺乏具体规则。例如,《母婴保健法》中将保护患者隐私视为医师职业道德的要求,[②]《基本医疗卫生与健康促进法》规定了不得侵害个人健康信息的一般条款。[③] 在《艾滋病监测管理的若干规定》与《最高人民法院关于审理名誉案件若干问题的解释》等规章或司法解释中虽然也有隐私保护的相关条款,但普遍存在此类问题。[④] 其次,对侵害患者隐私的行为界定模糊,救济方式有限,缺乏具体的分类标准。《执业医师法》对"泄露患者隐私造成严重后果"的行为、[⑤]《传染病防治法》对故

[①] 李后卿、印翠群、樊津妍:《中国健康医疗大数据国家战略发展研究》,《图书馆》2019 年第 11 期,第 30—37 页。

[②] 《母婴保健法》第 34 条规定:"从事母婴保健工作的人员应严格遵守职业道德,为当事人保守秘密。"

[③] 《基本医疗卫生与健康促进法》第 92 条规定:"国家保护公民个人健康信息,确保公民个人健康信息安全。任何组织或者个人不得非法收集、使用、加工、传输公民个人健康信息,不得非法买卖、提供或者公开公民个人健康信息。"第 102 条规定:"违反本法规定,医疗卫生人员有下列行为之一的,由县级以上人民政府卫生健康主管部门依照有关执业医师、护士管理和医疗纠纷预防处理等法律、行政法规的规定给予行政处罚:(一)利用职务之便索要、非法收受财物或者牟取其他不正当利益;(二)泄露公民个人健康信息;(三)在开展医学研究或提供医疗卫生服务过程中未按照规定履行告知义务或者违反医学伦理规范。前款规定的人员属于政府举办的医疗卫生机构中的人员的,依法给予处分。"第 105 条规定:"违反本法规定,扰乱医疗卫生机构执业场所秩序,威胁、危害医疗卫生人员人身安全,侵犯医疗卫生人员人格尊严,非法收集、使用、加工、传输公民个人健康信息,非法买卖、提供或者公开公民个人健康信息等,构成违反治安管理行为的,依法给予治安管理处罚。"第 106 条规定:"违反本法规定,构成犯罪的,依法追究刑事责任;造成人身、财产损害的,依法承担民事责任。"

[④] 《艾滋病监测管理的若干规定》第 21 条规定:"任何单位和个人不得歧视艾滋病患者、病毒感染者及其家属,不得将患者和感染者的姓名、住址等有关情况公布或传播。"

[⑤] 《执业医师法》第 37 条规定:"医师执业活动中,泄露患者隐私造成严重后果的,由县级以上人民政府卫生行政部门给予警告或责令暂停六个月以上一年以下执业活动;情节严重的,吊销其执业证书;构成犯罪的,依法追究刑事责任。"

意泄露"个人隐私的相关信息"等行为均规定了追究行政或刑事责任,①但在实践操作中,将何种行为认定为该类受处罚行为,以及对此类行为选择追究行政责任或刑事责任的界限依旧不明。同时患者隐私保护的救济手段也十分局限。

(二)其他相关领域的数据处理规定与问题

在健康医疗领域之外,其他相关领域也存在关于个人信息隐私保护的规定。健康医疗大数据所具有的独特性决定了数据的处理范围不能局限于医疗领域,应广泛关注其他相关领域的数据处理行为。

在私人关系领域,有关个人信息、个人数据的处理规则主要规定在《消费者权益保护法》《网络安全法》《民法典》以及《电信和互联网用户个人信息保护规定》中,主要以知情同意原则作为信息处理的合法性基础。《消费者权益保护法》《网络安全法》都要求在满足"合法""正当""必要"原则的前提下,需经过个体同意才可以收集、使用信息。② 2020 年通过的《民法典》对个人信息保护提供了几个原则性和规则性规范,可以对个人健康信息进行隐私保护。③《电信和互联网用户个人信息保护规定》也不例外。④ 同时,《网络安全法》将"个人信息"与"隐私"作为相互独立的两类范围,将二者上升到同等重要的地位,⑤但在实践中,知情同意并非唯一的信息使用的基础,在公共领域的范围内,公权力等机关的信息处理行为也不容忽视。

在公共领域,数据处理规则主要包括在《身份证法》《刑事诉讼法》《统计

---

① 《传染病防治法》第 74 条规定:"疾病预防控制机构违反本法规定,有下列情形之一的,由县级以上人民政府卫生行政部门责令限期改正,通报批评,给予警告;对负有责任的主管人员和其他直接责任人员,依法给予降级、撤职、开除的处分,并可以依法吊销有关责任人员的执业证书;构成犯罪的,依法追究刑事责任:故意泄露传染病病人、病原携带者、疑似传染病病人、密切接触者涉及个人隐私的有关信息、资料的。"

② 《消费者权益保护法》第 29 条第 1 款规定:"经营者收集、使用消费者个人信息,应当遵循合法、正当、必要的原则,明示收集、使用信息的目的、方式和范围,并经消费者同意。经营者收集、使用消费者个人信息,应当公开其收集、使用规则,不得违反法律、法规的规定和双方的约定收集、使用信息。"《网络安全法》第 41 条规定:"网络运营者收集、使用个人信息,应当遵循合法、正当、必要的原则,公开收集、使用规则,明示收集、使用信息的目的、方式和范围,并经被收集者同意。"

③ 《民法典》第 1034 条第 2 款规定:"个人信息中的私密信息,适用有关隐私权的规定;没有规定的,适用有关个人信息保护的规定。"

④ 《电信和互联网用户个人信息保护规定》第 9 条规定:"未经用户同意,电信业务经营者、互联网信息服务提供者不得收集、使用用户个人信息。"

⑤ 《网络安全法》第 45 条规定:"依法负有网络安全监督管理职责的部门及其工作人员,必须对在履行职责中知悉的个人信息、隐私和商业秘密严格保密,不得泄露、出售或者非法向他人提供。"

法》之中。①《身份证法》要求公民在申领身份证时要如实提供申领者的姓名、性别、民族等相关信息。该规定是典型的以公共利益为出发点的信息收集行为。《刑事诉讼法》中要求采取技术侦查措施时,对于国家秘密、商业秘密、个人隐私给予特殊照顾,规定其使用目的仅限于对犯罪的侦查、起诉与审判。《统计法》要求其统计调查对象要遵照该法与国家规定,配合统计调查的工作,提供较为完整的统计信息。这说明在不同的场景中,知情同意原则不再是唯一的处理原则,公共利益、国家利益等也可以作为信息处理的合法基础。

基于对我国当前隐私风险规制现状及问题的梳理,健康医疗大数据隐私规制应集中解决以下两个问题:一是对健康医疗大数据隐私风险进行界定。针对健康医疗数据的结构性变化,应顺应时代的发展趋势,确定健康医疗大数据隐私风险的范围。二是制定具体可行的隐私风险规制路径,为实际操作提供更具体的指导规范,实现健康医疗大数据背景下的隐私保护。根据不同的场景,处理好隐私风险与数据共享的关系。

第三节　健康医疗大数据应用隐私风险法律规制的理论基础

一、风险场景规制理论

在健康医疗大数据的背景下,将"场景"与"风险"理论相结合的理念可简称为"风险场景"理念。"场景"理念是影响数据利用程度与数据主体接受程度的因素的统称。场景具有多样性的特点,不同场景需要考虑的具体因素不同。要避免对于所有场景作出绝对的评判与一刀切式的论断。场景理念在近年来较受欢迎,世界经济论坛的报告中就涉及以场景为核心的信息维护路径。"风险"理念是指对于隐私风险的评估,其覆盖生命周期的动态过程。针对不同的风险采取不同的应对措施,秉持具体问题具体分析的理念。大数据背景下风

---

① 高富平:《个人信息使用的合法性基础——数据上利益分析视角》,《比较法研究》2019 年第 2 期,第 72—85 页。

险不可避免地存在,风险与机遇永远是共存的,因此,风险规制的最终目标并非绝对消除风险,而是将其控制在可接受的范围。

约瑟夫·弗莱彻(Joseph Fletcher)主张,应根据具体的情境来进行价值判断与选择,确定具体场景下的伦理规则。这就是境遇伦理学的基本思想。以"境遇决定实情"的理念来进行道德决断,可以根据实际情况来改变伦理规则,将实际情境中的变量与一般准则中的常量放在同等重要的位置。[①] 传统伦理学的原则可能无法妥当解决现代技术带来的问题,而要从具体的境遇出发。乌尔里希·贝克(Ulrich Beck)提出并深刻论证了风险社会理论,他认为"风险社会产生新的利益对立与新型的受威胁者共同体"。[②] 奥特弗利德·赫费(Otfried Hoffe)给出了一个风险分析的伦理路径:首先,要认清风险类型,将未知风险转变为可预见风险,提高风险的可控性;其次要考虑相关的代价,考虑可能的损害与利益以及二者的出现频率,并以期待利益的最大化作为合理标准。[③] 基于场景公正理论(Theory of Contextual Integrity),海伦·尼森鲍姆(Helen Nissenbaum)认为,保护隐私与个人信息的关键并不在于隔绝信息,而在于确保信息流通的"语境性公正"(Contextual Integrity),即在特定的语境中,信息流动应符合人们预期;特定的信息流动与特定的场景化的信息模式相匹配,在特定语境中分享的信息,不应在有违这种语境的环境中分享。因此,隐私与个人信息保护法一定要尊重语境(respect for context),应当根据语境制定数据使用方式的规则,应通过具体化信息的主体、信息的接收者和发送者、信息传输原则以及信息类型五个独立参数来描述信息流,来判断是否侵犯隐私。[④] 这些伦理与法理研究,为大数据时代的隐私风险规制奠定了深厚的理论基础。在以上理论的基础上,将场景与风险密切联系在一起,就形成了风险

---

① Joseph Fletcher. *Situation Ethics: The New Morality*. Philadelphia: The Westminster Press, 1966, pp.17 - 20, p.124.

② 乌尔里希·贝克:《风险社会》,何博闻译,译林出版社 2003 年版,第 28 页。

③ 奥特弗利德·赫费:《作为现代化之代价的道德——应用伦理学前沿问题研究》,邓安庆、朱更生译,上海译文出版社 2005 年版,第 65—103 页。

④ 参见海伦·尼森鲍姆教授 2018 年 5 月 15 日在中国人民大学未来法治研究院主办的"个人信息与数据流通高峰论坛"上的发言,http://lti.ruc.edu.cn/sy/xwdt/sjygrys/01c670d918ca4ad483fefa882f92e43e.htm,2020 年 7 月 9 日访问。尼森鲍姆教授 2004 年发表的论文对"作为场景正义的隐私"进行了深入阐述。Helen Nissenbaum. Privacy as Contextual Integrity. *Washington Law Review*, Vol.79, No.1, 2004, pp.119 - 157.

场景规制理论。① 该理念贯穿健康医疗大数据的各种应用场景。下面论述不同利益相关者之间的风险结构关系，接着重点讨论隐私风险的法律规制的模式和路径，最后以科学研究场景、商业利用场景、公共健康危机应用场景为例，分析隐私风险法律规制的具体措施。

二、以利益冲突与协调为中心的风险关系分析

（一）数据主体与数据控制者

在我国的健康医疗大数据应用中，可以设定"数据主体"与"数据控制者"两种概念。其中"数据主体"的含义同欧盟在条例中的规定，指数据的主要来源主体，任何已识别或可识别的自然人。而数据控制者指决定数据处理的目的与方式，并利用安全技术对数据进行处理、维护的企业、行政机关与其他组织。欧盟《通用数据保护条例》就运用了数据处理者与数据控制者两个概念。在中国，一般认为，数据处理者为数据控制者提供技术支持，而数据控制者赋予数据处理者规模性处理数据的资格，但在实际运用中，数据采集、存储、分析、使用、删除的全过程，二者都承担起充分利用技术、采取有效措施保障数据的安全、维护数据主体权利的责任。可以说，针对健康医疗大数据的特殊性，数据处理者与控制者在一定程度上已经不能完全割裂开来，并且二者的区分的意义也不大。本书使用"数据控制者"的概念，事实上已将二者囊括。

（二）数据控制者利益与个人利益

无论处于何种风险场景中，平衡数据使用者利益与个人利益间的关系都是至关重要的。在健康医疗大数据的背景下，数据成为社会交往的工具，任何主体都可能成为信息的使用者。保护数据控制者的利益就是维护社会主体使用数据的利益。在实现数据控制者利益的同时往往会直接或间接地造福社会，最终又进一步推动个人利益的实现。数据控制者可分为：企业、政府机构以及其他组织，三者在不同风险场景中与个人利益的关系不同。

对于企业与个人利益而言，首先须明确企业可包括：数据企业、研发机构以及医疗保险企业等。在健康医疗大数据时代，企业广泛分布于三大医疗产业，健康医疗产业可分为上中下游三类产业。上游为医疗数据资源产业，中游

---

① 范为：《大数据时代个人信息保护的路径重构》，《环球法律评论》2016 年第 5 期，第 96—100 页。

为数据处理产业,下游为数据应用产业。[①] 在科学研究与公共健康危机场景中,个人利益应作出一定的让步,以发挥企业的技术支持作用。而在商业利用场景中,应根据风险等级调整二者的利益。从企业角度出发,数据控制者需要掌握信息、分析信息来提供个性化、智能化的服务,确定企业自身的发展方向和营销手段,实现最终的营利目的,保持自身的平稳运行。从社会角度出发,一方面,企业的平稳运行既可以进一步便利信息主体的生活,为民众提供更多的选择机会;另一方面,也将推动更多的高新技术产业与新兴企业的蓬勃发展,推动国家经济结构的调整,推进国家综合国力与整体国民素质的提升。但不论在何种场景中,医疗健康数据都是企业正常运行的基础资源。相关数据信息的分析深度、掌握程度甚至成为部分企业在激烈的商业竞争中取得优势地位的重要工具。

对于政府机构与个人利益而言,个人医疗数据已经成为政府提供医疗卫生公共服务及医疗领域公共管理的重要资源。二者的关系主要放在公共健康危机场景中讨论,此时,国家利益、公共利益原则上应高于个人利益。政府机构使用医疗数据,主要是为了实现法定职能、履行法定职责,维护数据安全、公共利益、国家利益。

对于其他组织与个人利益而言,其他组织可包括:医疗机构、科研机构、医疗保险机构等。两者的关系主要在科学研究场景与公共健康危机场景中讨论,此时非基于营利目的而为公共利益处理数据,数据主体应作出让步。此类组织使用医疗健康信息主要为完成科研项目、致力于利用研究成果造福国民,同时在实践中,此类组织也具有广泛的形式,包括:医院、独立体检机构、社区卫生服务机构、区域医疗信息平台、第三方检测机构等。科研机构常以高校、研究所的形式存在,收集使用个人的健康医疗数据进行科学研究,有力推动国家科学技术以及人类社会的整体进步。

(三)公共利益与个人利益的关系

公共利益是不特定人可以享受的利益,是社会公共秩序维护的利益。基于公共利益的数据处理行为主要涉及健康医疗大数据的科学研究场景与公共

---

① 王达、伍旭川:《欧盟〈一般数据保护条例〉的主要内容及对我国的启示》,《金融与经济》2018 年第 4 期,第 78—81 页。

健康危机场景中。在两种场景中,公共利益应高于个人利益,数据主体应做出一定权利的让渡,主要体现在两方面:一是涉及公众知情权。相关人员需要适当允许部分的个人医疗信息投入流通环节,但是对于数据信息的使用应该是合理合法、公开透明的。二是为了公共秩序、公共安全的需要,政府在进行公共管理时,可以不经个人同意收集、使用个人信息。例如借助批量性的数据进行预防医学的研究、研发新的医学治疗方法或药物,或者为完善医疗保健服务和保障体系。数据使用者中的政府机构利用医疗信息行为可视为基于公共利益的处理行为,在维护公共利益的同时,也应维护好数据主体的个人利益,权利的让渡并非完全牺牲个人利益,不能以公共利益为名义而不正当地限制个人利益。

(四)隐私保护与数据共享

在健康医疗大数据风险场景中,隐私保护与数据共享往往相伴而行,均为重要的价值追求。在健康医疗大数据的应用场景中常常伴随着不同程度的隐私泄露风险。因此,要协调好隐私保护与数据共享的关系。下文将根据健康医疗大数据的科学研究场景、商业利用场景与公共健康危机应对场景展开分析。

在科学研究场景中,数据共享相对于数据安全更符合场景要求。数据处理行为一般具有较高稳定性,往往是在政府机构或公共机构设定操作规范的框架下进行的科研活动,具有公益性质。对于数据处理的过程中出现的隐私泄露等问题,科研人员往往是处于过失的心理状态,而非故意行为。同时科学研究的目的就是利用健康医疗大数据平台所提供的数据资源,实现对数据的充分分析与利用,数据共享是该场景的应有之义,因此,在该场景中,隐私保护往往被设定为前提或基础性要求,而数据共享是在隐私保护的基础上实现的。

在商业利用场景中,数据的共享与隐私保护具有较为复杂的关系。实现数据共享与隐私安全的充分协调,需要对该场景的主要参与者——企业提出较高的要求,商业利用场景中的隐私利益更易受侵犯。以目前较为受欢迎的可穿戴式医疗设备为例,企业研发监测心率和睡眠状况的手环、便携式血压仪、智能体温检测仪等仪器设备并投入市场,一方面,这类设备可以准确收集用户健康信息,并提供建议与反馈,带给用户全新的健康体验;另一方面,设备的使用也滋生了一定的安全隐患。线上医疗、健康管理等智能终端 APP 存在过度索权、超范围收集使用个人信息、未经同意向第三方转移、过度推荐精准医疗定向广告等问题。因此,在商业利用场景中,可以构建数据敏感度的识别路径,通过衡量数据处理行为中的风险程度来确定数据的使用范围,实现隐私保护与数据共享,同时要求企业建立起统一的行业规范,积极承担社会责任。

在公共健康危机应对场景中,数据安全相较于数据共享更符合场景的价值追求。为实现解决公共危机的目的,要求各类数据利用者在政府机构的指引下,谨慎有序地开展活动。对于数据的共享依然要适用严格的隐私保护制度,将数据使用限制在安全的范围内。数据共享仅围绕医疗卫生服务的提供方、接收方等主体,提供数据的采集、传输、存储、处理等多个层面的利用。在政府等公权力机构的主持下,各方主体的数据处理要高度满足合法性与合理性的要求。在利用好个体层面的数据共享的同时,更要充分利用、分析好群体层面的数据资源。为避免在特殊状态下对民众健康数据隐私的过分侵入而引发更严重的公共危机,可以采取更为保守的方式,即仅允许数据在"最小范围"内流通。

在健康医疗大数据背景下,数据共享已成为不可逆转的趋势,大数据技术的迅猛发展也注定会将原本孤立的隐私利益紧密地联系起来。健康医疗大数据具有科研价值、商业价值与社会公共管理价值,其影响范围不限于医疗卫生行业还涉及其他行业的发展,影响社会治理。

三、健康医疗大数据隐私风险控制的合法性基础

在健康医疗大数据背景下的数据处理一般应具备四项合法性基础,具体包括:基于知情同意的合法性基础、基于与主体生命利益相关的其他重要利益的合法性基础、基于数据使用者利益的合法性基础以及基于公共利益的合法性基础。[①]

(一)基于知情同意的合法性基础

在健康医疗大数据背景下,知情同意原则是首要的、最重要的合法性基础。一方面,同意原则体现着私人自治原则的应用,以及对数据主体的人格尊严与自由的尊重。例如在商业利用场景中,根据双方的合同要求,企业应提供

---

① 高富平:《个人信息使用的合法性基础——数据利益分析视角》,《比较法研究》2019 年第 2 期,第 72—85 页。

相应的服务或者产品、福利等,数据主体会以现金支付等方式支付一定对价,例如,私立健康保健企业需要用户支付一定费用,并且提供用户个人的健康信息来实现服务用户的目的。只有在用户作出同意或授权的意思表示后,企业才具有使用数据的合法性。另一方面,信息的不对称性使数据主体往往处于相对弱势的一方。仅凭用户的有限力量无法实现对于信息的后续使用以及使用方式、处理技术等多项事宜的掌控,知情同意原则的适用可以有效保护数据主体的数据安全。

(二)基于数据主体其他重大利益的合法性基础

在健康医疗大数据背景下,基于保护数据主体的其他利益的考虑,可以进行有关信息处理。我国《信息安全技术个人信息安全规范》第 5 条"征得同意的例外"中设定了类似条款,即:"出于维护个人信息主体或其他个人的生命、财产等重大合法权益但又很难得到本人同意的。"在此种情形下,数据使用者收集、使用个人信息无须征得数据主体的同意。生命权是人权法律保障的首要权利,至少可以认定为保护数据主体相关生命权益,在紧急、特殊情况下,无须征得信息主体的同意。例如,在发生突发事件,被救助者生命安全受到严重威胁、处于生命垂危之际,由于无法及时获取伤者的过敏史或其他家族病史等重要信息,故可以不经被救助者的同意直接调取并使用其信息。

(三)基于数据控制者利益的合法性基础

在健康医疗大数据背景下,可以基于数据控制者的利益而处理数据。从政府机构、其他组织角度考虑,其数据利用多与公共利益、国家利益相关。从企业角度考虑,其在处理健康医疗数据时,会着眼于实现自身的合法利益,但应满足诸多法定的限制条件,尤其是在保证数据安全的前提下,才可不经信息主体的同意,直接收集、利用个人数据。

(四)基于公共利益的合法性基础

在健康医疗大数据背景下,基于公共利益的数据处理行为具有合法性。为维护公共利益,可在符合比例原则、利益补偿原则与正当程序原则的条件下,对数据主体的权利进行限制,但应确定好公共利益的范围与边界,避免出现以公共利益的名义进行数据滥用的情形。

为公共利益进行数据处理的情形主要有:一是公权力机构的强制性命令。在《信息安全技术个人信息安全规范》中就有相关规定:"与国家安全、国防安全直接相关的""与公共安全、公共卫生、重大公共利益直接相关的""与犯罪侦查、起诉、审判和判决执行等直接相关的""为新闻单位且其在开展合法的新闻报道所必需的""为学术研究机构,出于公共利益开展统计或学术研究所必要,且其对外提供学术研究或描述的结果时,对结果中所包含的个人信息进行去标识化处理的"等几种情况,可以作为"征得授权同意的例外"。二是数据使用主体履行法定义务,承担社会责任。例如,健康药物研发中心可以会同高校药学院基于线上药物研发平台和大数据分享平台,利用相关实验数据与有效信息,共同推动药物研发。

第四节　健康医疗大数据应用隐私风险法律规制的模式和路径

一、健康医疗大数据中的隐私风险

隐私权又称为私生活秘密权,凡是公民不愿意公开的私人资料、私人生活等均属于隐私权的范畴。患者隐私应包括:患者隐私信息、私人领域、私人行为。而在医疗过程中又将患者隐私分为隐性与显性两类。显性的患者隐私,例如诊断书、检查结果、病例等。而隐性的患者隐私是指隐藏在显性数据中的信息,例如患者血液组织中的基因信息、所显现出来的家族遗传情况等,[①]由此构成传统的患者隐私权,即患者的隐私信息、私人领域以及私人行为不予公开的权利。

在健康医疗大数据背景下,具有隐私性质的个人健康信息本质上也是一种数据资源。美国前首席信息官特蕾莎·M. 佩顿(Theresam·M. Payton)认为,"可以通过一个同心圆来思考隐私。我们把自己放在同心圆中心,在中心离我们最近的地方,是我们完全自我保留、不与任何人分享的秘密、思想和仪式。"[②]依照法律经济学理论,可以把隐私作为追求社会福利的一类资源,这种观点将推动有关对"隐私的合理期待"的规范的细化,倡导对隐私进行相对保

---

① 于广军、杨佳泓:《医疗大数据》,上海科学技术出版社 2015 年版,第 56 页。
② [美]特蕾莎·M. 佩顿、[美]西奥多·克莱普尔:《大数据时代的隐私》,上海科学技术出版社 2016 年版,第 47 页。

护,以适应数字经济的发展,避免保护过度。因此,健康隐私保护的实质是对个人健康数据的保护与分享、收益与成本之间的权衡。

不过,一般意义上的个体的健康信息隐私与健康大数据中的健康信息并非完全等同。有学者认为"医疗大数据患者隐私权"是指"患者对与个人健康、身份有关,以大数据形式储存在电子媒介上,具有医疗价值和经济价值,并经权利人或医疗健康机构采取保密措施的个人敏感信息和健康信息等所享有的自由支配、控制、不被他人非法侵扰的具体人格权"。[1] 这种说法具有一定的合理性,但是主要是从个人隐私权出发,在一定程度上忽视了健康医疗大数据的结构多样化特点。为适应大数据发展,应将个人隐私权与群体隐私利益一并纳入健康医疗大数据的隐私范畴之中,[2]即在群体语境中实现隐私权保护,个体应适当降低隐私期待,并弱化对健康医疗数据使用的个体同意与持续控制,认可群体隐私利益的存在。

在健康医疗大数据将对于个体的关注逐步向群体转移的趋势下,可能会出现对于某些收集、使用群体性数据的做法,虽然不涉及个体隐私权的侵犯,但可能是违反群体隐私利益的行为。同时,群体维度优势更体现在公共卫生领域,疾病的发生具有随机性,而影响该疾病诊疗的因素也具有不确定性,个人身体差异、遗传因素等都可能成为影响最终结论的因素。对于一定群体的研究有利于提出整体的预测方案,同时在一般规律的基础上进行个性化诊疗方案的制定,做到一般方案与个性化方案的结合。引入"健康医疗大数据群体隐私利益"的概念,可以找到个人隐私权与群体隐私利益的平衡点。

因此,健康医疗大数据隐私权主要分为两部分:一是个人对于医疗健康信息的公开或不公开的权利,即公民健康医疗敏感信息未经本人同意不得公开。保护内容是公民个人在医疗机构或健康管理机构因诊疗行为或疾病筛查或管理活动所产生的有关健康状况的信息,例如艾滋病类的传染性疾病、遗传性疾病等个人敏感信息。[3] 二是将健康医疗数据群组中的成员作为整体,对于

---

① 蒋言斌、李想:《我国医疗大数据患者隐私权保护及其模式选择》,《医学与法学》2018年第1期,第1—7页。
② 刘士国、熊静文:《健康医疗大数据中隐私利益的群体维度》,《法学论坛》2019年第3期,第125—135页。
③ 邓明攀、刘春林:《健康医疗大数据应用中的权利保护和行为规制》,《医学与法学》2019年第4期,第39—46页。

群组健康数据以及群组名义进行的活动享有共同利益。

二、健康医疗大数据中隐私风险的法律规制模式

健康医疗数据的隐私保护机制主要有两种模式：一是对健康医疗数据进行专门立法，例如，美国《健康保险携带及责任法》（HIPAA）以及《个人可识别健康信息的隐私标准》等。二是对于包括健康医疗数据在内的个人数据进行统一立法，例如，欧盟《通用数据保护条例》（GDPR）等。

（一）美国对隐私风险的法律规制

美国隐私保护采取"个人书面同意＋例外规定"模式。美国的隐私概念始于1890年，经过"维斯基诉英格兰生命保险公司"案件正式确立之后，[①]内容扩张为"凡是属于个人信息的支配和控制的利益"，[②]同时"信息隐私"[③]也被纳入。隐私权与个人信息具有较强的关联性。美国HIPAA基于电子数据传输与安全的国家标准设定隐私规则，面向健康计划、医疗资料交换所及医疗服务提供者。隐私规则将"个人可识别的健康信息"称为"受保护的健康信息"。隐私规则只要求信息的使用与披露处于信息共享的"最低必要"限度，而非要求消除隐私风险。在"通知与其他个人权利章节"中为保护个人隐私信息，还赋予个人访问权、信息修正权、限制请求权等并配合披露责任制。在一般情况下，信息的使用与披露要满足两个要求：符合隐私规则中规定的情形与个人的书面授权，但同时也存在例外情形，例如隐私规则允许信息可直接用于12个与公共利益相关的国家重点项目，而不经个人的授权与许可。《个人可识别健康信息的隐私标准》在之后将隐私规则进一步细化，建立了一套完备的去识别化的处理机制。规定移除18种个人标识符之后，健康医疗信息的使用便脱离隐私规则的限制范围，成为不可识别的个人信息。[④]

（二）欧盟对隐私风险的法律规制

欧盟对隐私的法律保护采取"知情同意＋持续控制"模式。同时，以德国等大陆法系国家为例，主要以人格权保护路径来保护个人信息，并未设定"隐

---

① 郭瑜：《个人数据保护法研究》，北京大学出版社2012年版，第50页。

② 齐爱民：《大数据时代个人信息保护法国际比较研究》，法律出版社2015年版，第182页。

③ 张建文：《隐私权的现代性转向与对公权力介入的依赖》，《社会科学家》2013年第6期，第10—14页。

④ Art. 1，3 - 6，Health Insurance Portability and Accountability Act /1996，Public Law 104 - 191.

私"的定义,而是将其归入人格权的私领域。① 欧盟 GDPR 的制定,形成了个人数据保护以及数据自由流动规则,涉及数据主体、数据控制者以及数据处理者的权利义务。GDPR 保护的"个人数据"指的是"任何已识别或可识别的自然人相关的信息"。其中数据主体的同意是指"数据主体通过一个声明,或者通过某项清晰的确信行动而自由作出的、充分知悉的、不含混的、表明同意对其相关个人数据进行处理的意愿"。为实现隐私利益的保护,该条例对个人数据处理规定了"目的限制""数据最小化""准确性"等原则要求。同时提出数据处理的合法性条件,包括:数据主体的知情同意、签订契约的必要、数据主体或另一自然人的核心利益、公共利益等,但以知情同意作为首要原则。在特殊类型的数据处理方面,严禁处理"显示种族或民族背景、政治观念、宗教或哲学信仰或工会成员的个人数据、基因数据、为了特定识别自然人的生物性识别数据,以及和自然人健康、个人性生活或性取向相关的数据"。本条例规定了数据主体的更正权、被遗忘权、限制处理权、数据便携权以及反对权等数据权利,并且严格限制数据控制者与数据处理者对于数据的使用,以保证个人隐私的安全。在数据处理的整个过程中都尽量保持数据主体的优先地位,实现数据主体在整个处理过程中的持续控制。

(三)隐私风险的规制比较

美国模式与欧盟模式有一定的共性和区别。一是相对于美国模式,欧盟模式创设了多样性的合法基础,可应对具体场景的多种情况。在美国模式中,对信息的使用和披露只能以授权同意的方式作出。而欧盟模式中数据处理具有以知情同意为主的六项合法性条件。二是二者都利用了设定个体数据权利、数据使用者义务的方式进行隐私保护,但是欧盟的隐私规则对个体信息的保护更为严密和健全。三是二者均存在一定的局限,因为两种模式都是以保护个体隐私权为出发点,不能完全适应时代的发展要求。因为健康医疗大数据中的数据包括通过数据建模等技术将个体信息整合之后、具有群体性特征的数据,故应进一步考虑群体隐私利益的保护模式。当然,二者对于数据主体、相关数据使用者的权利、义务的设定经验可资借鉴,尤其是其中具有可操作性的隐私规则体系,有助于实现隐私保护与数据共享的平衡。

---

① 王泽鉴:《人格权法》,北京大学出版社 2013 年版,第 198 页。

三、健康医疗大数据中隐私风险控制的路径

实现健康医疗大数据隐私保护需要充分利用数据技术。数据技术能在很大程度上保障数据主体的隐私安全,增强数据安全性。例如辅助以数据脱敏等技术处理,将数据中隐藏的隐私信息进行变形处理、加密运算。同时还可利用数据联盟的方式分享数据模型及统计参数,来降低风险。利用差分隐私的方式,在数据上添加噪声或者拟合分布来避免原始数据的直接使用。[①] 同时,辅助以一般性的数据信息分层标准以实现隐私的保护。对此,可以运用"两步走"的具体路径。第一步,根据低级、中级、高级三层标准大致确定数据所处敏感层级;第二步,对应健康医疗大数据风险应用场景,根据实际情况采取具体的保护措施。

借鉴数据分层管理的理念,对大数据场景中的医疗健康数据进行分类,辅之以保密性更强的技术手段。以数据主体人身与财产安全的受损害程度、数据主体的人格尊严与身心健康的受影响程度以及社会负面影响程度三种角度出发,作为衡量敏感度的主要参照标准。设定灵活性较高的数据敏感层级,将敏感层级分为低中高三层。低级敏感信息可以包括:混杂性的数据、非医疗健康数据以及商业价值与医学研究价值较低且影响幅度较小的数据,例如患者的出生或死亡日期、入院与出院日期等。中级敏感信息可以包括具有一定的利用价值,会造成一定商业价值与医学研究价值的信息,例如,患者的医疗保险信息、家庭住址等。高级敏感信息主要包括利用价值极高,人身性较强,一旦受到侵害将产生巨大的危害性的信息,例如,基因信息、患者的家族病史、个人的生物识别符号等。[②]

同时,要对应具体风险场景予以识别数据的敏感度,规划具体的保护措施。因为在不同的场景以及利益追求下,某类数据的敏感度会发生一定的变动。例如,在新冠肺炎疫情防控期间,几乎每个人的医疗健康数据都通过"健康码"等途径被大量使用。部分信息(例如姓名、所在地区)被归入低级别敏感

① 王爽、尹聪颖:《健康医疗大数据时代的隐私保护探析》,《医学信息杂志》2019 年第 1 期,第 2—5 页。
② 刘士国、熊静文:《健康医疗大数据中隐私利益的群体维度》,《法学论坛》2019 年第 3 期,第 125—135 页。

信息的范畴。电话号码、住址、出行轨迹等信息可以被归入中级别敏感信息，感染新冠病毒的信息则属于高级别敏感信息。不过，考虑到在特殊情境下，前述低中级别的信息等可能对于部分确诊者、疑似者以及来自疫区的人员会产生不利影响，故可将该类信息上升至中级别或高级别敏感信息。

健康医疗大数据个体层面与群体层面的隐私保护需要寻求个体利益与群体利益的平衡，以便推动数据使用者利用过程、方式的透明化，进一步推进数据共享的实现，提高公众的安全。健康医疗大数据隐私利益的保护贯穿各种具体场景，例如科学研究场景、商业利用场景以及公共健康危机应对场景。

第五节　健康医疗大数据应用
隐私风险的场景规制

一、健康医疗大数据的科学研究场景隐私风险规制

科学研究场景是健康医疗大数据重要的应用场景之一。在这个应用场景中不可避免地存在着一定的隐私风险。科学研究人员在进行科研活动、操作和使用数据的过程中，可能会基于过失或间接故意的心理状态作出数据利用不当的举措，从而引发数据泄露、不当利用的风险。科学研究场景中涉及的主体主要是医疗机构、医药研发机构、高等院校以及研发企业等。

（一）科学研究场景风险规制的经验

欧盟《通用数据保护条例》第 89 条是为实现"公共利益、科学或历史研究目的或统计目的"所规定的"安全保障"与"克减"措施。"安全保障"要求采取适当的技术与组织性的措施来保障数据主体的权利与自由。"克减"是指可对数据主体的访问权、更正权、限制处理权以及反对权等数据权利进行限制，以避免严重、彻底阻碍研究目的的实现。同时，在以保护公共利益为目的时，可以在之前被限制权利的基础上增加数据控制者、数据处理者的更正、擦除、限制处理的通知责任以及数据携带权。作为"最小使用"原则的例外，允许数据使用者基于研究目的进一步处理数据，而不将其视为违反初始目的的行为。

美国《健康保险携带与责任法》第 5 条支持基于科学研究目的进行的信息

处理行为,但同时规定须通过政府等公权力机构批准与研究者限制等方式保证数据安全。根据该条的隐私规则,可在不具备个人授权或许可的条件下,将信息运用于科学研究目的。所谓"研究"是指"任何系统的调查,旨在发展或有助于可归纳的知识"。在具备以下条件时,"隐私规则允许涵盖实体为研究目的使用与披露受保护的健康信息":机构审查委员会或隐私委员会的授权;为必要的研究目的而不删除受保护信息的研究者声明;对于死者信息使用与披露的必要性声明。

2018 年,我国国务院办公厅发布《科学数据管理办法》,[①]明确了科学数据管理的原则和措施,提出"分级分类管理、确保安全可控"原则,要求主管部门和有关单位设定数据的密级及开放条件。在规范科学数据使用者与生产者的行为、数据保密与数据安全的同时,鼓励数据共享,实施科学数据强制汇交制度,建立集中管理与储存数据的国家科学数据中心,对数据的采集、汇交、保存、共享与利用等各环节提出制度要求。该办法通过建立国家科学数据中心、国家科学数据网络管理平台,实现了数据开发利用、开放共享和数据安全保障。

通过以上梳理,可以发现在采取合理的安全保护措施的基础上对数据进行充分利用是医疗健康大数据的重要目标。在此过程中,数据主体甚至要让渡部分权利以实现研究目的,必要时可跳过数据主体同意或授权的环节,但无论如何,对隐私的限制必须具有法律上的正当性基础,并遵循合理的法律程序。

(二)科学研究场景隐私风险规制的完善

根据健康医疗大数据中数据的多样性、结构性等特点,可将科学研究范围进一步具体划分为:医药研发大数据、疾病诊疗大数据、公共卫生大数据。科学研究场景进一步细化后,还可分为:临床大数据应用场景、药学大数据应用场景、中医大数据应用场景、针灸大数据应用场景、基因大数据应用场景、公共卫生大数据应用场景、区域医疗中的大数据应用场景以及健康物联大数据应用场景。[②]在进行科学研究时,可进一步选择医疗数据研究场景,以此来确定可利用数据的范围,可利用数据的程度以及在数据利用的采集、存储、保护等

---

① 《科学数据管理办法》,国办发〔2018〕17 号,2018 年 4 月 2 日发布。
② 于广军、杨佳泓:《医疗大数据》,上海科学技术出版社 2015 年版,第 94 页。

各个环节的注意事项与责任,以便在合理使用数据的基础上推动数据的共享,实现数据更高层次的挖掘与利用。[①]

在健康医疗大数据科学研究场景中,对数据共享程度的要求较高,而数据利用过程中的隐私风险相对较低。建立健康医疗大数据基础上的科学研究相较于一般的医学研究而言,具备更便利的研究条件、更大的适用范围以及更高的利用价值。基于科学研究的目的在一定程度上可以理解为以公共利益、国家利益为出发点进行数据处理。

因此,一方面,当主要基于公共利益或国家利益使用相关信息进行科学研究时,可规定数据主体要作出一定的让步,也可以对数据使用的目的、适用范围、储存时间、流转范围、使用频率等作出更宽松的限制规定,甚至不予限制。同时应在尽量保证数据安全的前提下,允许数据使用者不经数据主体的同意而使用信息。另一方面,可以将保证数据安全的任务转交给政府机构等公权力机关或已被授权的专业性组织。可由政府机构牵头制定严格的限制规则,设定完整的应用流程,向数据主体履行充分告知义务,以取得数据主体的理解与支持,在必要情况下可以给予一定的补偿。

二、健康医疗大数据商业利用场景隐私风险规制

在健康医疗大数据的商业利用场景之中,主要涉及的主体是以营利为目的的数据控制者,例如数据企业、医药研发或销售企业、医疗保险企业等。这些企业在商业经营中会对他人的信息进行收集和处理,涉及数据安全问题。

(一)商业利用场景隐私风险的制度

欧盟《通用数据保护条例》对于商业利用中数据处理者和数据控制者进行了具体的规定。企业的商业利用行为对应的是该条例第 6 条的"为签订和履行合同的需要""为追求数据控制者的合理利益"的合法基础,同时对于数据使用的目的、范围、数量、储存时间、更新以及技术支持都设定了严格要求,需符合"合法处理数据"的原则。这些原则包括但不限于:与数据主体个人相关的数据信息应当以合法、公正、透明方式处理;个人信息收集目的特定、明确和合法;数据收集范围的最小化;个人数据储存的准确性、完整性与机密性。第 6

---

① 于广军、杨佳泓:《医疗大数据》,上海科学技术出版社 2015 年版,第 64 页。

条还规定:"处理对于控制者或第三方所追求的正当利益是必要的,这不包括需要通过个人数据保护以实现数据主体的优先性利益或基本权利与自由,特别是儿童的优先性利益或基本权利与自由。"同时,该条例在第 37—39 条要求企业设置数据保护官以保证数据的合规使用,并设定了违反条例时的巨额罚款标准。为进一步维护数据安全,对于数据控制者,条例为其设定了个人数据泄露通知、检验企业的隐私政策与 COOKIE 政策检验数据流通各环节的关联企业与供应商等义务。对于数据主体,条例赋予其对个人数据的访问权、更正权、拒绝权、被遗忘权、可携带权等数据权利,以对抗数据控制者的不当利用。

欧盟《通用数据保护条例》值得我国借鉴。一方面,该条例将数据主体的隐私保护、数据安全作为出发点,为企业的商业利用提供了完整严格的规制,使企业有章可循。另一方面,该条例是对传统的数据使用理念的延续,即只允许将数据利用控制在最小范围内,并做出数据安全高于数据共享的价值选择。在大数据背景下,该理念将逐渐满足数据流通的发展需要。健康医疗大数据商业利用场景中企业的数据处理行为应以"数据控制者的合法利益"作为正当性基础。在充分发挥大数据安全技术的前提下,适当放宽对企业的限制,根据不同的风险等级设定企业的应用路径。

(二)健康医疗大数据商业利用场景隐私风险规制的完善

在健康医疗大数据商业利用场景中,可以结合风险大小运用择入或择出两种隐私风险规制模式。在择入机制中,数据主体的选择具有优先性,以严格的"知情同意"为合法性基础,即只有在数据主体作出明确的"同意"的条件下才能继续。在择出机制中,同意是"默示同意",数据主体享有的权利是作出"不同意"的意思表示。数据控制者在采集信息时不需要征求数据主体的同意,但是数据主体可以在得知后要求停止使用其信息,终止整个进程。择入机制倾向对数据主体相关信息、隐私的保护;择出机制则倾向提升信息的利用效率,挖掘更深层的数据价值。[①] 两种模式的选择都来自利益权衡的结果。

在健康医疗大数据商业利用场景中,以低、中、高三类数据敏感层级作为风险评估的依据,分类设定数据控制者(企业)在商业利用场景中的义务和

---

① 郑家宁:《知情同意原则在信息采集中的适用与规则构建》,《东方法学》2020 年第 3 期,第 198—208 页。

责任。

第一,当数据处于低敏感层级时,可推断数据利用的风险程度较低且数据处理风险处于可控范围内。此时,数据的匿名化处理不可缺失。企业应说明其安全先进的数据处理技术与科学高效的管理方式,增强社会透明度来打消不必要的社会忧虑。在此前提下,企业可以不设定或者较少设定企业的数据处理义务,例如延长数据的存储时间、扩大数据的适用范围等。

第二,当数据处于中敏感层级时,可以适用择出机制,即企业在进行商业利用时,数据主体享有拒绝企业使用的权利。企业在当然满足低风险状态下行为要求的基础上,再讨论本层级的数据利用,建立严格的"谁使用谁负责"的使用者责任机制,同时可将现有立法中"目的限定原则""信息最小化原则"转换为"风险限定原则"。[1] 一方面,以企业数据处理的风险控制作为起点,只有当后续使用未超过之前的风险控制的范围才可允许其继续使用。另一方面,即使后续的处理行为超出初始目的,改变了原有的使用方式,只要风险未发生扩大化,数据主体就不具备提出"拒绝"的条件,企业可继续使用。

第三,当数据处于高敏感层级时,可推断数据利用的风险较大,应严格适用以知情同意为前提的择入机制。此时,风险程度较高或风险处于不可预见范围,企业意图实现商业利用的目的需满足"双层同意"标准。首先,企业应取得数据主体的明确同意,可采用书面授权的形式。其次,要取得专业机构的明确授权。专业机构类似于"数据保护官"的角色。该机构应经国家认证,具备审查资格,并按照国家的统一审查标准开展业务活动。同时应以鼓励数据共享作为目标,以实现健康医疗大数据的充分利用。

三、公共健康危机应对场景规制——以新冠肺炎疫情为例

(一)我国新冠肺炎疫情的隐私数据处理

2020年1月20日,国家卫生健康委员会将新冠肺炎纳入《传染病防治法》中的乙类传染病,并采取甲类传染病的预防控制措施,同时将其纳入《国境卫生检疫法》中的检疫传染病管理范围。中央网络安全和信息化委员会办公室

---

[1] 范为:《大数据时代个人信息保护的路径重构》,《环球法律评论》2016年第5期,第92—115页。

于 2020 年 2 月 4 日发布《关于做好个人信息保护利用大数据支撑联防联控工作的通知》,[①]指出为疫情防控、疾病防治收集的个人信息,不得用于其他用途。任何单位和个人未经被收集者同意,不得公开其姓名、年龄、身份证号码、电话号码、家庭住址等个人信息,但因联防联控工作需要且经过脱敏处理的除外。《通知》还要求,收集必需的个人信息应参照最小范围原则,收集对象原则上限于确诊者、疑似者、密切接触者等重点人群,一般不针对特定地区的所有人群,防止形成对特定地域人群的事实上歧视。

2020 年 3 月,中国信息通信研究院与百度、阿里云、京东云等多家科技企业联合发布《疫情防控中的数据与智能应用研究报告》,[②]系统分析了疫情防控期间以大数据和数据驱动的智能应用为核心的企业优秀实践经验。针对大数据的应用情况,报告进行了两方面的总结:一是隐私保护不足。疫情防控形势的不断升级,催生了多种宣传预防方式。排查上报重点地区返乡人员和确诊患者信息是帮助卫生监督机构及时掌握情况,迅速切断传播的必要举措。但在操作过程中,有关部门在制作确诊患者相同行程查询工具并上报原始数据时,虽然及时隐去了患者的相关信息,但仍出现了泄露情况。二是数据使用者的数据共享不足。充分发挥健康大数据优势的前提是实现数据之间的互联互通。我国实际上还未建立起完备的健康医疗大数据体系,仍存在着数据源有限、数据开发能力不足、数据碎片化等问题。不同企业、医疗机构和政府部门的数据呈现"孤岛"形态,众多医疗数据亟须高效整合。

（二）疫情防控中对健康数据处理的国内外制度经验

在新冠肺炎疫情背景下,世界各国都在积极采取有效措施抗击病毒。在抗击疫情过程中,各国均需收集、分析健康数据信息来把握疫情的发展态势。

欧盟各国依旧坚持 GDPR 隐私原则,限制疫情相关数据的使用权限,对数据主体实行严格保护。法国国家信息与自由委员会与西班牙数据保护局都认

---

① 中国政府网,http://www.gov.cn/xinwen/2020 - 02/10/content_5476711.htm,2020 年 6 月 6 日访问。

② 中国信息通信研究院:《疫情防控中的数据与智能应用研究报告(1.0 版)》,http://www.caict.ac.cn/kxyj/qwfb/ztbg/202003/P020200305495005485729.pdf,2020 年 5 月 6 日访问。

为只有公共卫生机构才有疫情健康数据的处理权限；爱尔兰疫情防控指南继续坚持数据最小化原则、透明性和机密性等数据应用要求；[1]英国健康与社会保障部通过英国国家医疗服务系统(NHS)在疫情期间建立了专门的数据平台以响应行动需求，并简化信息的使用方式，数据在英格兰国家医疗服务系统和医疗服务提升和发展中心的控制下被整合、清洗、调整以为决策提供可靠信息。访问数据的请求均将通过一个单独的流程进行审核，在疫情结束后，政府将关闭数据库，并采取一定的步骤停止处理与销毁数据，或者将数据返还给相关控制系统。[2]

欧洲数据保护委员会(European Data Protection Board，EDPB)发布声明，[3]提出在疫情防控中使用个人数据应坚持合法处理原则。数据保护的规则并不会妨碍疫情防控措施的开展。防控疫情是所有国家的共同目标，因此其应在最大限度内得到支持。防止疾病的蔓延并以科技抗衡对世界大部分地区造成影响的灾祸是符合人类利益的。即使如此，EDPB仍然想要强调，即使值此特殊时期，数据控制者与处理者也必须保护数据主体的个人数据。因此，应考虑多种因素以确保合法处理个人数据，并且在任何情况下均应铭记在此期间采取的任何措施都必须尊重法律的一般原则，此要求是必须遵守的。紧急状态是对自由的限制合法化的一种法律条件，但前提是这些限制措施必须是相称的，并且仅限于紧急时期方可采取。如果数据处理行为具有特定且明确的目的，则数据处理应限于处理实现其所追求的目标所需的个人数据。GDPR是一项广泛适用的立法，其制定的规则也适用于新冠疫情这样的特殊时期的个人数据处理活动。GDPR允许公共健康主管机关以及雇主在疫情期间根据成员国本国法及其规定的条件处理个人数据。例如，若因公共健康领域的重大公共利益而需要进行的数据处理，此时，数据处理无须征求个人的同意。

---

① Ireland Data Protection Commissioner. Data Protection and COVID-19，March 06 2020，available at https://dataprotection.ie/en/news-media/blogs/data-protection-and-covid-19，last accessed on Aug.20，2020.

② Matthew Gould, Dr Indra Joshi & Ming Tang. The Power of Data in a Pandemic，available at https://healthtech.blog.gov.uk/2020/03/28/the-power-of-data-in-a-pandemic. last accessed on Aug.20，2020.

③ The European Data Protection Board, Statement on the Processing of Personal Data in the Context of the COVID-19 Outbreak， available at：https://edpb.europa.eu/our-work-tools/our-documents/outros/statement-processing-personal-data-context-covid-19-outbreak_en. last accessed on Aug.20，2020.

EDPB 指出,数据处理行为的核心原则是：数据主体应获得有关正在进行的数据处理活动及其主要特征的透明信息,包括收集数据的保留期限和处理目的。数据控制者或处理者提供的信息应便于访问,并应以清晰平实的语言提供给数据主体。关于政府是否可以使用与个人手机相关的个人数据以尽力去监控、防控、延缓新冠病毒的传播问题,EDPB 指出,此时对移动(出行轨迹)数据的处理也应当适用比例原则,在考虑达成特定目的所需范围内,应优先采取最小侵犯个人权利的措施。在特殊情况下并根据处理的具体方式,可以将某些侵犯权利的措施,例如将对个人的"追踪"(对历史的非匿名的位置数据的处理)视为符合比例原则的情形。然而,上述侵犯权利的措施应该受到严格的审查并采取保障措施,以确保采取措施的公共或私人机关遵守数据保护原则(保障措施在持续的时间和范围、有限的数据保留期间和目的限制方面是相称的)。

美国在疫情情况下排除部分隐私规则的适用,以推进数据共享,允许医疗服务提供者不经疫情传染者同意,与执法机构、护理人员、其他急救人员与公共卫生部门以公告列举的方式共享信息。同时政府大力鼓励远程医疗的发展,同意部分免除以上活动中违反《健康保险携带与责任法》等隐私规则的处罚。[①]

在数据企业层面,除政府机构外,许多企业也在数据分析与技术支持上发挥了巨大作用。欧洲多国电信公司通过向政府提供匿名用户位置数据以助力疫情抗击。疫情期间,欧洲多家科技公司主动参与疫情防控工作,例如美国谷歌公司 Alphabet 旗下的 Verily 推出测试网站,可以经过数据筛选确定最近的病毒试验地。同时该公司将收集、分析的数据与公共卫生机构共享,并保证数据的单独存储,不会用于广告目的、推销产品与服务。英国政府通过协议明确政府与企业间的关系,企业运用数据分析技术帮助政府提升公共服务水平。其中国家医疗服务体系改革小组(NHSX)、英格兰国家医疗服务系统和医疗服务提升与发展中心(NHS England and Improvement)在整个医疗服务系统运作中发挥着重要的领导作用。以微软企业为例,微软根据与政府间的协议,在微软云平台上建立了后端数据存储数据库,保证了数据源的安全,为数据安

[①] Department of Health and Human Services, Office for Civil Rights, Notification of Enforcement Discretion for Telehealth Remote Communications during the COVID - 19 Nationwide Public Health Emergency. available at：https://www. hhs. gov/hipaa/for-professionals/special-topics/emergency-preparedness/notification-enforcement-discretion-telehealth/index. html. last accessed on Aug.20，2020.

全提供了技术支撑。[1]

在全球新冠疫情防控的特殊场景中,主要发达国家、欧盟地区均积极采取措施,以推动健康数据共享与隐私保护,致力于实现公共健康危机治理目标。但是,它们的措施更偏向于隐私保护、个人自由,再加上其他方面复杂的社会背景,整体上看,疫情防控措施的执行效果并不如意。

虽然我国各地通过统一的数据处理平台,充分发挥了数据企业的基础性作用。但是,应注意落实数据利用最小化、必要性、合法性原则,在数据权益保护与风险控制、公共安全之间妥当协调,完善公共健康危机应对场景的隐私数据处理机制。

(三)公共健康危机场景的隐私数据处理机制的完善

在健康医疗大数据公共危机场景下,重点在于实现数据共享与隐私安全之间的平衡。我国可建立统一的数据处理平台以应对危机,充分发挥基础电信运营企业的作用,基于脱敏后的位置数据,开展对定点医院、发热门诊、人员聚集区等重点区域的人流变化分析。从生命周期角度看,可将大数据利用过程分为:数据的采集、利用、披露、后期处理四个阶段。

在数据的采集环节应首先确定采集信息的种类与范围,遵循最小范围采集原则。此时所采集的信息具备医疗大数据的多态性与不完整性特点,应及时进行数据整理工作。例如在采集过程中,以纸质填表方式收集的信息应经拍照转为数据格式后实行统一管理。对于与疫情治理相关性程度较低、无关的信息不宜纳入采集范围,否则,不仅会影响所收集数据的质量,而且更会影响社会正常生活,侵犯个人隐私。

在数据的利用环节,主要应用主体,即数据控制者、数据使用者应在该过程中,对数据敏感程度以及数据使用者进行分类,确定使用范围和权限。明确各部门与相关单位的共享范围与使用权限,采取匿名化、去标识化、访问控制等措施对数据共享行为进行约束,[2]特别是对于位置数据的适用应坚持数据使用透明度原则、正当程序原则等。[3] 在利用位置数据进行疫情预测与宏观把控

[1] 王融、闫锦麟:《"隐私"与"公共健康"的决策平衡——疫情下各国信息保护的 10 个共识、差异与挑战》,https://www.tisi.org/13613,2020 年 5 月 16 日访问。

[2] 中国信息通信研究院:《2020 数字医疗:疫情防控新技术安全应用分析报告》,http://www.caict.ac.cn/kxyj/qwfb/ztbg/202002/P020200214323373397880.pdf,2020 年 5 月 16 日访问。

[3] 朱开鑫、张誉馨:《抗疫与隐私,关于位置数据应用的五个原则》,https://www.tisi.org/13771,2020 年 5 月 16 日访问。

时,要及时向公众说明数据收集、处理的详细信息,以及相关的数据处理技术与决策过程。在做出限定个体权利的决定时,要严格遵循数据分析、检测等步骤,并提供个体权利的救济途径。

在数据的披露环节,一方面,要在一定范围内保证公众的知情权;另一方面,要维护民众的信息安全。在对社会发布疫情信息时,应以保护当事人个人信息为前提,适度公开相关脱敏信息。例如,仅公开疫情聚集地相关人员的流动统计数据以及确诊患者的性别、确诊日期、发病症状等低风险信息,而不公开姓名、年龄、电话号码、家庭住址等敏感程度较高的信息。对于确诊或疑似病例所在地区的公众,可公开相关人员大致居住区域和移动轨迹(这方面,我国很多地方政府的做法值得肯定),并且要对相关人员的信息进行特殊保护,避免其承受巨大的心理压力或人身安全受到威胁,以免影响疫情防控的后续工作。

在数据的后期处理环节,应及时采取措施,对涉及健康隐私的信息采取删除、断开链接或关闭因疫情而建立起的敏感信息数据库。依照法律程序决定是否停止有关数据的处理、销毁部分数据、返还给其他的数据平台。对于疫情期间的一些非常态化举措也应停止施行。同时,需及时总结公共健康危机事件的健康大数据应用与隐私保护的经验,完善国家公共健康危机治理体系,更好地应对下一次危机。

第六节　结　　语

健康医疗大数据的发展关系国民健康,其应用有利于节约医疗成本、提升医疗服务水平,对我国经济、社会、人民生活产生重大影响。在健康医疗大数据的实际应用中,处理隐私保护与数据共享的关系是一直存在争议的话题。但是,健康医疗大数据的价值在于发挥大数据技术的优势,促进社会发展,提升社会福利,平衡自由与安全。

健康医疗大数据隐私风险不同于传统的医疗数据隐私风险,基于健康医疗大数据的结构性特征,应该从个人隐私权和群体隐私利益两方面出发来进行合理的法律规制。以隐私保护与数据共享之间的利益协调与冲突为核心,结合"风险场景"理论,根据数据敏感度进行分类、分级管理。

　　健康医疗大数据技术、产业正在迅猛发展,但分散的数据规制已经无法满足现实的需要,应进行有针对性的大数据专门立法。在对健康医疗大数据的法律规制的完善过程中,可以借鉴国际经验,但也要避免机械移植,应具体结合我国国情和大数据发展趋势。

第七章
医疗人工智能侵权责任

第一节 问题的提出

目前，医疗人工智能正在快速发展之中，在通过技术创新以改善医疗服务能力、促进健康福祉提升的同时也产生了新型的侵权问题，给现行侵权责任法的适用带来了一定的困惑。一份随机挑选的 400 个美国医院网站的数据分析显示，有 41% 的医院描述了机器人手术。其中，37% 的医院在主页上展示了机器人手术，73% 的医院使用制造商提供的图片或文字介绍，33% 的医院链接到制造商的网站，86% 的医院发表了临床优势声明，32% 的医院描述了癌症控制的改进方法，2% 的医院则描述了一个参照组。没有一家医院提到风险。① 医疗人工智能真的没有风险吗？在马瑞科诉布林茅尔医院（Mracek v. Bryn Mawr Hospital）一案②中，唐纳德·C.马瑞科（Roland C. Mracek）患有前列腺癌，2005 年 6 月，他在布林茅尔医院（BrynMawr Hospital）接受前列腺切除手术。执行手术的机器人达·芬奇（Da·Vinci）产生了失误，并对患者造成了损害。所以，医疗人工智能的风险是真实存在的，甚至是不可避免的。现有法律是否可以应对医疗人工智能发展的负面风险？如何形成致力于风险控制的侵权责任解决方案？

目前，医疗人工智能仍是一种"产品"，同时具有"医疗服务"的属性。虽然

---

① Jin Linda X., et al. Robotic surgery claims on United States hospital websites. *Journal for healthcare quality: official publication of the National Association for Healthcare Quality*, Vol.33, No.6, 2011, pp.48 - 52.

② Mracek v. Bryn Mawr Hospital, 363 F.app'x. 925, 926(3d cir. 2010).

产品责任、医疗损害责任、高度危险责任都可能是医疗人工智能侵权责任的法律基础，但是如何确定上述侵权责任的适用在解释上还存在一定的障碍，不能完全反映这一新型侵权行为及侵权责任的特殊性。

产品责任的适用条件之一是产品存在缺陷，医疗人工智能产品的缺陷可分为：设计缺陷、生产缺陷以及由于测试不足的信息缺陷等。虽然明确了缺陷的种类，但是如何认定医疗人工智能的缺陷仍存在困难。我国《产品责任法》第 46 条确定了产品缺陷的两大标准：一是不合理风险；二是不符合相关标准。随着医疗人工智能的"智能"越来越精密和复杂，医疗人工智能与其他产品的差异性也日益显著，导致现行法中的"不合理危险"的判断标准无法完全适用于医疗人工智能，并且医疗人工智能自身也缺乏统一的标准，对缺陷的判断也无法统一。从侵权责任主体的角度考虑，生产者、销售者被认为是最佳的责任承担主体，虽然这种简单的归责方式可以在损害发生后弥补受害人的损失，但是生产者、销售者却要面临不确定的法律责任负担。当生产者、销售者为无法预计的算法风险（或许这正是人工智能的本性）承担无过错责任时，将可能对医疗人工智能领域的技术进步和产业发展带来不利影响。

在适用医疗损害责任的情形下，以适法为前提将医疗人工智能应用于临床并不意味着过错。人的过错来源于作为法律主体的自由与理性的"行为"，具有强烈的主观性。而医疗人工智能在诊疗活动中所体现的"理性"，只能是人通过算法编程所赋予的，因此只能是客体或工具意义上的客观性的"计算"。当其在进行医疗活动时出现算法偏差或错误，这是超出预先程序设计的独立行为，难以将此种情形归于医疗机构或医务人员的过错。一般来说，医疗人工智能的算法是透明的，对于科研人员和该领域的专家而言，医疗人工智能的算法规则是"公开"的。同时，医疗人工智能的算法又是不透明的，这主要是因为医疗人工智能在脱离起初的人工输入指令后又增加了一种自学系统，以人类不可预见或期望的方式解决问题和执行任务，并不断改变着内在运算规则，这种"黑箱"算法程序是研发人员无法掌控的，具有不可预测和难以解释性。

在当前法律秩序下中寻求侵权损害救济路径是一个现实的选择。不过，以现行产品责任和医疗损害责任机制对医疗人工智能侵权问题进行处理也会给生产者、销售者、医疗机构或医务人员等主体带来不确定、不公平的法律风险。因此，应针对医疗人工智能在"智能"发展上的不同阶段和类型，在不同的适用情境中,通过对现有侵权责任规范的解释,展现医疗人工智能的事物本质,最终实现侵权责任的现实化和前瞻性。

第二节　医疗人工智能应用中的侵权问题

一、医疗人工智能应用中的算法歧视

(一)算法歧视的表现

算法是数字符号的客观表达,其自身无法受到情绪或情感的干扰,但科技的背后总有人为控制,只要有人的因素介入,便存在价值观嵌入的可能。例如,一位哈佛大学的博士生发现,在她使用谷歌搜索时,浏览器会出现"你是否有被捕记录"的问题,而白人同学进行同样的搜索时却并不显示。[①] 原来,在谷歌算法设计中,"你是否有被捕记录"是与黑人常用名联系在一起的。这种算法歧视并非来源于人工智能本身,而是来源于编程者的价值观偏向。人工智能的突出特点是不受情感影响,不会存在情绪性的主观倾向。但溯其根源,目前所有的人工智能均由人类制造,其运行方式主要通过人为的算法输入,再通过一种"反馈学习"机制,利用数据和在实践环境中"亲身经历",形成一种无意识的、客观的"自动化歧视"。

医疗人工智能同样存在此种情形。由于精准化医疗背景下的医疗数据更具有针对性和指向性,它会使人在生物特征上的区别更加明显,且包含的范围更广,例如性别、年龄、宗教信仰等。而不当输入数据的行为就会使医疗人工智能产生"自动化歧视"表现。这主要包括以下两种形式。

第一,算法研发者使用了合作医疗机构的数据。这些数据具有局限性且带有合作医疗机构特有的诊断方案和特色,并且每一位医师的临床经验不同,诊疗方案存在差异,在整合的医疗数据中就必然存在个人偏向。所以医疗人工智能在对数据进行挖掘与归纳时可能导致其出现和人类决策者相似的问题,包括将它们的决策建立在歧视性概括的基础上,固化和形塑了其中的个人

---

① 周程:《人工智能带来的伦理与社会挑战》,《人民论坛》2008 年第 1 期,第 26—28 页。

偏好。在投入使用后,这种"带病进,带病出"的模式可能造成按年龄、性别、种族、地区或其他受保护特征划分的医疗保健人群的不公平现象。[①]

第二,算法研发者的刻意行为。当其给医疗人工智能输入了某些违背医学伦理的数据时,医疗人工智能无法甄别,只能在多种数据中寻找背后的模式,并以此形成自己结论的依据,这种深度学习模式不仅会将已有的偏见固化,而且还会有进一步的扩大趋势。毕竟个人的偏见是单一的,而人工智能将多个这样的单一情感进行整合,就会加剧对特定群体的诊疗歧视。除此之外,在医保费用的计算上,对于有着特殊疾病或是在某些疾病上发病率更高的群体,医疗人工智能计算出的保费也更加高昂。

(二)算法歧视背后的不透明性

算法歧视是在人们无法察觉的状态下自动生成的。算法歧视的生成具有复杂的原因,人们通常无法通过拆解找到原因,根源在于算法的不透明性或不可解释性,这也是算法决策的"黑箱效应"。对于这种不透明性,国外有多个文件[②]发布,呼吁应当对算法的决策过程提供解释。不透明的算法在滋生歧视的同时,也影响了人们的知情权与主体性。这种负面风险的起因可能是粗心的编程操作代码、不合理的假设或有偏见的数据,也可能是不合理地使用算法、数据源等,这些都与数据输入者有关。[③] 由于在进行数据输入时,部分研究者缺少解释义务,在对数据的选择上更容易随心所欲,他们对不同人群的态度导致数据选择出现双重后果——虽然在表面上使人工智能具备了包容性,然而保留了隐秘状态下的排斥性。当损害发生后,这些数据的输入者便能以算法不可解释为由来逃避自己的责任,不仅使受害者无法确定致害原因,而且阻碍了算法责任的分配,增加了算法治理的困难。当人工智能适用的领域越来越多时,由人工智能作出决策的情形就会越来越多。医学领域的人工智能做出的诊疗建议已经直接关系患者的生命健康,因此应该更加关注算法的正当性。

---

① 李明、李昱熙、戴廉、李小虎:《医疗人工智能伦理若干问题探讨》,《医学与哲学》2019 年第 21 期,第 1—4 页。

② 例如,电气和电子工程师协会(IEEE)在 2016 年后连续推出《人工智能设计的伦理准则》;美国计算机协会美国公共政策委员会在 2017 年发布了《算法透明性和可问责性声明》;美国加州大学伯克利分校 2017 年发布了《对人工智能系统挑战的伯克利观点》。

③ Jack M. Balkin. 2016 Sidley Austin Distinguished Lecture on Big Data Law and Policy: The Three Laws of Robotics in the Age of Big Data. *Journal of Ohio State Law*, Vol. 78. No. 592, 2017, pp.1217 - 1241.

当然，要实现算法的绝对透明是不可能的。这不仅在技术上难以实现，而且也缺乏实际意义，毕竟算法对多数群体而言过于复杂与高深。然而多数算法决策仍具有可解释的部分，可以实现一种相对的公开。需要明确的是，解释的内容不是复杂的算法代码，而是要求算法研究者应具备基本说明的义务，算法研发者应告知算法决策所实施的行为，并说明决策的正当性，以实现算法决策的可责性。[①]　只有与受害人相关的算法得到公开，患者的知情权才能得到保障，算法设计、执行、使用过程中可能存在的偏见以及对个人和社会造成的潜在风险也将被公开，算法行为主体的责任也将更为明确。[②]　因此，在医疗人工智能的情形下，需要赋予算法相对人获得解释的权利，以保障患者知情同意权的有效实现。

二、医疗人工智能应用中的信息隐私侵权

医疗信息数据在各种服务器之间的流通速度越来越快。在这种趋势下，个人医疗信息的控制、利用和传输产生分离，个人对信息的自决权受到严重影响，并面临着一些侵权风险。

（一）侵犯患者隐私

隐私是一种人格利益，是自然人的"私人生活安宁和不愿为他人知晓的私密空间、私密活动、私密信息"，"任何组织或者个人不得以刺探、侵扰、泄露、公开等方式侵害他人的隐私权"。[③]　目前，人工智能正在不断侵入这种私人空间，使个人隐私存在泄露风险。2014年，英国提出建立全国统一的医疗数据库的建议，却最终因民众压力而被迫取消。[④]　担忧个人医疗信息泄露是建议被抵制的主要原因，因为数据总数与隐私数据呈正比关系，所收集的数据规模越大，其中含有的敏感性信息就越多，影响就医人群的不安定因素也就时刻存在。

在医疗活动中，患者通常是以自愿或不知情的方式丧失了个人医疗信息的最初掌控权。为了保证就医环节的顺利，患者在就医时往往填写准确且详细的数据，在后续就诊过程中，各项医疗检测项目也会储存患者信息，而多数

---

① 张恩典：《大数据时代的算法解释权：背景、逻辑与构造》，《法学论坛》2019年第4期，第152—160页。
② 徐凤：《人工智能算法黑箱的法律规制——以智能投顾为例展开》，《东方法学》2019年第6期，第78—86页。
③ 《民法典》第1032条。
④ 任江北：《从AlphaGo的胜利看人工智能的发展与智慧医疗应用前景》，《中国战略新兴产业》2016年第28期，第80—83页。

患者并没有意识到自己的信息已经被采集,可能有泄露的危险,对于医疗机构是否会对信息进行二次利用也未留意,因为此时个人对信息的保护意愿与其希望成功就诊的目的相比已显得无足轻重。大数据时代的到来加快了医疗机构对患者生物特征信息的留存及分析过程,与此同时,在人工智能技术下,原本仅是"零星"的数据已形成可识别或指向个人身份的数据人格,而庞大的医疗数据又恰恰为需要深度学习和自我优化的医疗人工智能提供了基础支撑。由此看来,根本无须担忧以数据为"食"的医疗人工智能的发展会停滞不前,但隐私泄露的概率会相应地提升。

1. 护理机器人侵犯隐私的表现

对自我照料能力有一定缺陷的人而言,护理机器人的服务是一个较好的选择。护理机器人可以对被护理者提供贴身、实时的照料,监测并记录身体健康数据,提供必需服务。与人类护理人员相比,护理机器人更易实现精准护理,提供因人而异的个性化护理方案,但在照料过程中也存在隐私泄露的风险。护理机器人的服务特性决定了它可以全天候守护在被护理者身边,在不能明确划分隐私和公共空间的情形下直接接触被护理者的生理数据,被护理者甚至更愿意与机器人(而非真实的自然人)"分享"私人生活和敏感信息。[①]护理机器人的传感器与可编程设置,可以增加关于敏感特征和行为信息的收集,并将这些数据输送到云端与其他设备共享,这一过程加大了信息的收集量和信息交换的速度与变异性,创造了新的隐私信息损害的潜力。[②]

护理机器人的存在让全方位、无时段的获取信息变得毫无难度,被护理者的隐私信息也被迫透明,至少对于护理机器人的"幕后操控者"来说是这样。"幕后操控者"将因此获得额外的经济利益,即利用算法"杀熟",这都是被护理者所不期望的。从设计目的上看,对被护理者进行信息记录是为了提供量身定制的服务,但是否需要被护理者明确同意此种收集行为? 即使被护理者的直系亲属默许了这种行为,此种"擅自做主"的行为能否视为被服务对象的意

---

① Kaori Ishii. Comparative Legal Study on Privacy and Personal Data Protection for Robots Equipped with Artificial Intelligence: Looking at Functional and Technological Aspects. *AI & Soc.*, Vol.34, No.3, 2017, pp.509 – 533.

② Elaine Sedenberg, John Chuang and Deirdre Mulligan. Designing Commercial Therapeutic Robots for Privacy Preserving Systems and Ethical Research Practices within the Home. *International Journal of Social Robotics*, Vol.8, No.4, 2016, pp.575 – 587.

愿? 不可否认的是,在被护理者中,多数人拥有自己决定的能力,对于涉及个人信息隐私的问题可以独立作出决定,因此在未完全履行充分告知义务的情形下,采集数据的行为已构成对被护理者的信息或隐私侵害。

2. 隐私保护的困境

在上述情形中,医疗人工智能表现出一种矛盾:医疗技术、医疗服务正在呼唤它的加入,而作为个人尊严的隐私又在极力躲避着它。如何处理二者之间的关系? 显然,完全放弃隐私保护而全力投入医疗人工智能的发展或禁止医疗人工智能对数据的利用,这两种方式都太极端。

医疗人工智能与人类发展之间并不是此消彼长的关系。医疗人工智能对数据的使用是必然的,但可供医疗人工智能训练及测试的公共数据库又极为缺乏,同时数据能否进入该数据库中又应以保护患者隐私为前提,如何实现利益共享的关键在于寻找到上述矛盾的平衡点。此处仍需重视的是,医疗人工智能信息共享机制使隐私数据的掌握与泄露仅是刹那之间,信息的传输是大规模且迅速的,这给被收集人员所带来的伤害难以估量。传统的数据库通过基于数据粒度的安全性控制来实现安全隐私保护,[①]而医疗人工智能的加入对此种隐私保护方式发起了"破窗性"挑战,传统的"一门一户"已无法阻挡他人对隐私的窥探。仅医疗人工智能对医学数据的自觉储存活动,已使隐私保护处于岌岌可危之中。

(二) 基因信息歧视

基因信息是患者隐私在更深层次的体现,当具有个体特征的遗传数据被动脱离控制时,具有敏感性的基因信息可能被泄露,这就可能导致基因歧视[②]的出现。基因歧视是指单纯基于基因的不合理的差别对待。[③] 基因歧视的负面后果或许比算法歧视更为严重。

在精准医疗背景下,人工智能已经成为基因测序的主力军。2016 年,国务院将精准医疗纳入"十三五"科技计划。2020 年,浙江省疾控中心上线自动化的全基因组检测分析平台,利用阿里达摩院研发的 AI 算法,将原来数小时的

① 许培海、黄匡时:《我国健康医疗大数据的现状、问题及对策》,《中国数字医学》2017 年第 5 期,第 24—26 页。
② 基因歧视的英文表达为 genetic discrimination,而 discrimination 既包括中文里具有否定意义的"歧视",也包括"差别对待"的中性含义。
③ 王康:《基因平等权:应对基因歧视的私法政策》,《东方法学》2013 年第 6 期,第 51—61 页。

疑似病例基因分析缩短至半小时。[①] 医疗人工智能可以从事基因数据的收集、录入、管理、到基因测序和位点的分析,以强大的数据分析能力加速对有用数据的筛选,以节省人力物力,从而快速标记致病基因。[②] 不过,医疗人工智能在促进基因测序发展的同时也使基因歧视问题复杂化。

其实,基因歧视由来已久,2002 年美国公平就业机会委员会诉美国北圣菲铁路案、[③]2009 年马里兰州案、[④]2010 年"中国基因歧视第一案"[⑤]等,都与基因歧视有关。与传统隐私权相比,基因信息泄露的危害更大,因为它的本质更为特殊。基因信息与疾病风险预测的不确定性、家族共享性和代际传承性、群体利益和公共利益密切相关。[⑥] 这主要体现在:一是基因信息具有波及性,即通过被获取者的基因信息可推知其后代的基因隐私,因此在获取基因信息后即可推测得知整个家族的基因信息,这让不正当使用基因信息的危害程度不可估量。二是基因信息不再局限于个体本身,它和多个公共机构有所联系,例如医疗机构,这是最易获取基因信息的场所,多环节的使用扩大了基因信息公开的渠道。

现在的基因测序等工作主要由医疗人工智能完成,这将使自然人对于个体基因信息的掌控力愈发微弱。从研究阶段上看,基因信息研究必然是经过以人为主——人机结合——机器为主的转变,一般的人工智能都具备处理信息的功能,而医疗领域的人工智能接触基因信息是其职能行为,相比来说更为专业,研究深度和强度都更接近成熟的程度,其在采集、分析及得出结论等步骤的完成度均高于普通人类研究者,并可将这些缺陷信息储存在云端。一方

① 《浙江火速上线达摩院 AI 算法:疑似病例基因分析缩至半小时》,https://tech.sina.cn/2020 - 02 - 01/detail-iimxxste8112635.d.html,2020 年 5 月 20 日访问。
② 宋凌巧、Yann Joly:《重新审视"基因歧视"——关于伦理、法律、社会问题的思考》,《科技与法律》2018 年第 4 期,第 54、87—94 页。
③ 2002 年美国北圣菲铁路公司从雇员身上采集血样,然后进行基因缺陷检测,将这种基因检测结果作为雇人的基础。
④ 2009 年一位名叫阿佐隆金的人因涉嫌攻击罪被马里兰州警方逮捕,提取嫌疑人的信息后发现其与一起强奸案嫌犯的数据比对一致。这一关键性的证据将会使阿佐隆金面临终身监禁。而阿佐隆金的上诉律师表示,以攻击罪为名提取的证据不能作为指控强奸罪的证据。2012 年,马里兰州上诉法院判决马里兰州允许采样的法律违宪。
⑤ 2009 年参加广东省佛山市公务员考试的三名考生周某、谢某和唐某将佛山市人保局告上法庭,要求佛山市人保局对基因检测以及拒录的原因予以说明,理由是佛山市人保局以该三名考生携带地中海贫血基因为由拒绝录用属于基因歧视行为。
⑥ 王康:《基因正义论——以民法典编纂与基因歧视司法个案为背景》,《法学评论》2019 年第 6 期,第 147—159 页。

面,"信息共享"更为便捷,获取基因信息的主体将更多,这使基因信息泄露的风险大大增加。另一方面,一旦黑客成功破译数据权限,基因信息将成为部分群体金钱交易的对象,暴露在公共环境中。而被检测出致病基因的个体,就可能因为疾病的倾向性与潜在性而受到不公平的差别对待,这在保险、就业等领域的体现更为明显。

保险基因歧视是指保险人仅仅基于所谓"缺陷基因"而对投保人(或被保险人,以下统称投保人)作出的不合理的差别对待。此处的"缺陷基因"之所以打上引号,是在表明它并非含有贬义。保险基因歧视的对象是一个到目前为止在能力和行为上均表现正常的人,而之所以保险人对投保人进行不合理的差别对待,仅仅是因为其体内潜伏着的能够暗示其未来可能罹患某种疾病的基因信息。保险领域的基因歧视通常源于"保险+基因检测"业务。当保险公司获得投保人的基因信息后,将可能利用自己的优势对带有缺陷基因的投保人实行差别待遇,例如,拒绝承保、提高保费、针对性地将某种保险项目排除在外或是以此作为除外责任,以实现最大利益,而处于劣势地位的投保人只能被迫承受。更严重的是,由于基因信息涉及整个家族,以至于家族中的几代人都将缴纳更高的保费或者无法投保。

就业领域的基因歧视也具有相当的危害性。就业基因歧视是指雇主"单纯"基于求职者或雇员的"缺陷基因"而对其进行的"不合理的差别对待"。在用人单位(雇主)获得求职者或雇员的基因数据后,求职者或雇员的"缺陷基因"可能就成为做出雇用决定的依据了。"缺陷基因"的存在可能被视为目前或未来劳动能力低、竞争能力弱的表现,即使没有任何证据验证这种想法,然而为了规避风险,雇主通常也不会优先接受此类求职申请。同样,当员工被发现有上述情形时,雇主也可能会采取降低待遇甚至解雇的措施。当然,雇主需要有竞争能力的雇员以适应市场生存规则,这是正常合理的行为,但是如果该项准则是以求职者或雇员不存在"缺陷基因"为前提,还是应当禁止。

基因歧视应受法律的否定性评价。因为这一特别的社会歧视不仅涉及个人自主选择生活或创造社会形象的权利,有关人的尊严,而且还有关社会利益。[①] 在医疗人工智能应用场景,基因歧视风险将大大突出,因此,必须及早形

---

① 本部分有关分析,参见王康:《基因平等权:应对基因歧视的私法政策》,《东方法学》2013 年第 6 期,第 51—61 页。

成应对的法律机制，以有效控制隐私风险并提供具体的损害救济途径。

第三节　医疗人工智能侵权的归责路径

由于人工智能的发展在技术上呈现出阶段性，在功能上也呈现出多样性，因此，可以在不同阶段赋予不同类型的机器人以不同的法律地位，实行差别化法律责任规则。[①] 强医疗人工智能与弱医疗人工智能的智能程度是不同的，在责任承担方面也应存在一定差异。

一、弱医疗人工智能侵权责任的承担

（一）产品责任

在马瑞科诉布林茅尔医院（Mracek v. BrynMawr Hospital）案中，虽然法院认为原告并不能证明损害和机器人故障之间存在因果关系，也没有证据能够证明机器人故障属于造成他损害的"缺陷"或机器人在离开生产者（Intuitive Surgical 公司）控制时就存在这一"缺陷"，但是法院的裁判立场是明确的，即医疗人工智能存在缺陷时将适用生产者、销售者的严格责任规则。该判决为医疗人工智能侵权责任承担提供了一种解决思路，即由生产者、销售者承担产品责任。

医疗人工智能产品责任的适用，需明确以下几点。

第一，在适用范围上，产品责任应限制在能证明医疗人工智能有生产、销售的缺陷，受害者因此致害的情形，否则无须将生产者、销售者纳入责任主体中。如果产品从生产者到消费者环节中并未发生物理或化学的变化，后续使用过程中发生损害的，若能排除产品缺陷，则不应要求生产者、销售者承担严格责任。

第二，在责任主体范围的明确上，与普通商品不同，除了生产者、销售者之外，医疗人工智能的设计研发者、数据输入者等将直接影响医疗人工智能的行为。虽然某些生产者同时承担设计研发和数据输入等工作，但是当生产者、设

---

① 李郑权：《人工智能时代的法律责任理论审思——以智能机器人为切入点》，《大连理工大学学报》2019 年第 5 期，第 78—87 页。

计研发者与数据输入者并不相同时,则需将设计研发者和数据输入者等主体纳入产品责任的责任主体范围内,按照损害原因承担责任。此外,当医疗机构兼具生产者身份时,需承担生产者责任。

第三,在缺陷的认定上,医疗人工智能对于多数群体而言是未知的,不论其物理组装还是运行所需的代码,普通人均无法了解,受害者仅能就自身受到损害以及在诊疗过程中使用过医疗人工智能提供证明。至于缺陷与损害之间的因果关系,作为弱势群体的受害者并不能提供足够的证明,因此有必要引入"消费者合理期待"作为认定产品缺陷的标准之一,依据整个目标诊疗群体对该医疗人工智能产品的特性所具有的一般性常识,构建理性合理消费者模型,并加以判断。[①] 对缺陷及因果关系的判断可能需要引入专家证人。

（二）医疗损害责任

鉴于医疗人工智能适用领域的特殊性,虽然医疗损害责任有前述适用困难的问题,受害人还是可以寻求医疗损害责任的救济路径。医疗机构是实施医疗人工智能技术的场所,医生是运用医疗人工智能提供辅助诊疗的主体,二者属于医疗人工智能的保管者与使用者,与医疗人工智能的联系更为紧密,而这两类主体正是医疗损害责任需规范的对象。

在医疗人工智能应用场景下,诊疗模式正发生着变化。例如,外科医师只要将手术刀交给机器人,然后坐在电脑屏幕前发出指令即可;内科医师甚至可能只需要成为一个接待人,患者只需要在机器人面前接受"望闻问切",然后从医师手中拿到诊断报告。医师在医疗诊断或手术过程中更多扮演的是监督者、辅助者的角色。

在 2015 年开展的英国首例达·芬奇机器人心瓣修复手术中,机器手臂打到医师的手,且将病人心脏放错位置,还损害了患者的大动脉。[②] 这种人机结合的模式,使过错的认定变得模糊。以手术活动而言,当医师按照既定治疗方案并在术前按照规范做好人工智能检查后,若医疗人工智能在术中仍出现了一些无法预计的行为,则不应认定医师存在过错。当就诊人与医疗机构确定

<hr>

① 王轶含、王竹:《医疗人工智能侵权责任法律问题研究》,《云南师范大学学报(哲学社会科学版)》2020 年第 3 期,第 102—110 页。

② 《英国首例机器人心瓣手术:机器暴走　病人不治身亡》,http://news.sina.com.cn/o/2018 - 11 - 08/doc-ihnprhzw5508598.shtml, 2020 年 5 月 20 日访问。

医疗关系时,就表明他必将承担一部分医疗风险,在同意使用医疗人工智能技术后,非基于医师过错的损害风险应由患者自担。考虑医疗机构与患者之间在信息、技术、风险防范能力、利益等方面的不对等性,有关医疗人工智能风险范围的界定以及风险防范、损害救济机制应在法律上进行合理规划。

除此之外,仍需明确医疗人工智能、医师(医疗机构)的责任和损害的分担机制。首先,弱医疗人工智能只是一种医疗器械,并不具有独立的法律主体地位,不能成为责任承担的主体。其次,应由医师承担责任的情形主要包括:如果医师在利用医疗人工智能进行诊疗时对损害的发生有故意或过失,应承担侵权责任;如果医疗人工智能给出的诊疗建议是完善的且有良好的效果,而医师拒绝采纳并使患者承受了错误诊断和治疗,由此带来的损害应由医师承担责任。[①] 最后,对于其他基于正常的算法决策而客观发生的风险,不可归责于某个主体,宜通过保险机制对风险成本或损害进行分担。

(三)高度危险责任

2017 年,俄罗斯曾出台一份具有专家建议稿性质的法律草案——《在完善机器人领域关系法律调整部分修改俄罗斯联邦民法典的联邦法律》("格里申法案"),其中规定机器人在致人损害的情况下应被视为高度危险来源,应当适用高度危险来源占有人责任的规范。[②] 在现行法没有对人工智能侵权责任进行具体规定的情况下,医疗人工智能侵权责任可以被界定为高度危险责任。

虽然我国《民法典》第 1236 条规定的高度危险责任由于高度抽象性、概括性和开放性而增加了准确适用的难度,[③]但同时也意味着它可能通过解释而作为医疗人工智能侵权责任的法律基础。

首先,高度危险责任存在的基础就是物品或活动本身的固有高危险性,而国家允许这一具有"不可控性"的危险存在。即使行为人已经采取了安全措施和履行了必要的注意义务也可能无法避免损害的发生。从某种程度上说,医

---

① 刘建利:《医疗人工智能临床应用的法律挑战及应对》,《东方法学》2019 年第 5 期,第 133—139 页。
② 在这个机器人法律草案中,机器人可以被视作与动物具有特定相似性的财产,但是根据机器人的发展很显然有望将机器人作为人类的自主代理人。因此,在对机器人的法律调整上提出了对动物和法人的调整规则的理念。人工智能由于缺乏情感,故不能作为权利主体,但机器人像动物一样可以完成自主行为,能做"人类需要运用智能才能去做的事情"。机器人作为特殊的法律构造,允许类推适用统一国家法人登记簿而创设机器人登记簿。参见张建文:《格里申法案的贡献与局限——俄罗斯首部机器人法草案述评》,《华东政法大学学报》2018 年第 2 期,第 32—41 页。
③ 王利明:《论高度危险责任一般条款的适用》,《中国法学》2010 年第 6 期,第 152—164 页。

疗人工智能就是一种具有不可避免的风险产品，它在提供便利的同时也存在着潜在风险，这是无法预料的。适用高度危险责任就是将风险成本内部化，以此引导医疗人工智能的生产者、控制者采取最优的风险控制措施。

其次，适用高度危险责任便于受害人举证。受害人只需证明存在诊疗行为、医师在诊疗过程中使用了医疗人工智能并未尽合理的注意义务、受害人因接受医疗人工智能的诊疗而产生了损害，并不需要对医疗人工智能的设计或制造缺陷加以证明。

最后，依据报偿理论，从事高度危险活动者从这一活动中获得了利益，而享受利益者应承担风险。与其他相关主体相比，医疗机构应是最大的利益享受者，医疗人工智能为其节省了物力、人力且集中了医疗资源。对于多数被疾病缠身的患者而言，更倾向在有人工智能的医院就诊，因为它意味着先进技术，也可能代表着高治愈率。个人的数据集中形成大数据，大数据推动人工智能的发展，实际上，这是个人权利向中心节点的集中让渡，而这个节点就包含医疗机构。① 医疗机构作为利益获取者，应承担高度危险活动引发的相应责任。

当然，对于医疗人工智能是否必然被界定为高度危险的事物、机器人进行诊疗是否必然属于高度危险行为等问题还是有争议的。

二、强医疗人工智能侵权责任的承担

（一）以自己担责为原则

毋庸置疑，医疗人工智能正处于更新换代中，强医疗人工智能的责任承担问题也成为一个顾虑。强医疗人工智能是否能够成为责任承担的主体？这是争议的焦点。

主流意见认为，强医疗人工智能不可能成为法律上的主体，自然无法独立承担责任。从法律主体制度的发展过程来看，已出现从"人可非人"到"非人可人"②的趋势，法律主体范围不断在扩大，这就给医疗人工智能成为法律上的"人"带来了预期。可以预想，在未来的几十年甚至上百年后，具备法律主体资

① 郭旭芳、刘辉：《生物医学领域人工智能应用的伦理问题》，《基础医学与临床》2020 年第 2 期，第 285—288 页。
② 彭诚信：《论民事主体》，《法制与社会发展》1997 年第 3 期，第 14—23、42 页。

格的医疗人工智能就如同自然人一般常见。这一畅想在当今可能会让人诧异,就像在古罗马时代畅想奴隶具有主体资格的情形相似。与已具有法律主体资格的法人相比,强医疗人工智能的"自主意识"更强,将法律责任主体概念进行扩展,进而包含强医疗人工智能似乎也不是那么不可理解。

另外,日常话语所谓的"人"与法律中的"人"在概念内涵上并不相同。法律中的人(主体)是基于理性人的一种假设,这一理性人是经过法律形式化处理的,去除了个性、偏好、情感等非理性因素。[①] 对"法律中的人"要求具备理性,这种理性通常可以外化为提供最优解决方案的意思能力和决策能力。从这一角度出发,强医疗人工智能受外界的妨碍较小,可以自主学习和决策,可能比法人更符合"法律主体"的构建标准。

此外,还有一个重要问题是强医疗人工智能是否可以拥有财产并具备责任能力。《格里申法案》规定机器人可以拥有自己的财产,并以其财产承担责任。[②] 虽然该法案中的机器人为代理人身份,但并不影响医疗人工智能获取财产及责任能力的可能性。有两种模式可以借鉴:第一种是"特有产"担保制度。《谁为机器人的行为负责?》[③]一书曾提及古罗马的"特有产"制度,即由家主授予奴隶一部分财产或金钱,并且指出对"特有产"制度进行变革后可应用于人工智能。该书作者建议赋予人工智能以法律责任来进一步发展罗马法框架,并认为这种法律体系可能会割裂与第三人交易的人工智能设计者、生产者、操作者的责任,从而在以它们自己的"特有产"为担保的基础上,仅由人工智能为自己造成的损害负责。第二种是类似公司法人的投资制度,即把医疗人工智能界定为"准法人"。只要对医疗人工智能的优势及发展前景宣传得当,并确定完善的投资分红制,必将吸引投资者前来投资。同时,根据公司的责任承担原则,投资者也不必担心为所投资的医疗人工智能承担超出预期的责任风险,以此来营造稳定的投资环境,让医疗人工智能与投资者达到双赢的目的。

现阶段的弱医疗人工智能在法律上无须自己担责,是因为即使损害是由

---

① 李永军:《民法上的人及其理性基础》,《法学研究》2005 年第 5 期,第 15—26 页。
② 张建文:《格里申法案的贡献与局限——俄罗斯首部机器人法草案述评》,《华东政法大学学报》2018 年第 2 期,第 32—41 页。
③ [意]乌戈·帕加罗:《谁为机器人的行为负责?》,张卉林、王黎黎译,上海人民出版社 2018 年版,第 111 页。

于其过错所造成,也会找到第三方主体来承担,但强医疗人工智能可以独立于人类而自行做出决定,故在具体的医疗损害情形下会存在医疗人工智能做出了正确的医疗决定,或者人类医生同意医疗人工智能的决定且在监测上不存在过失的情形,这将中断医疗机构与患者损害之间的因果关系。因此,在医疗人工智能的设计、制造完全符合规范的前提下,医疗行为带来的损害无法归因于其他主体,原则上由医疗人工智能自行承担责任更为合适。

（二）特殊情形下其他主体的责任

1. 作为"职员"的医疗人工智能

《机器人是人吗?》[①]一书举了一个例子:假设在日本福冈的一家购物中心的永旺保姆机器人正在负责任地照看一个孩子,但是孩子设法跑出育婴区并绊倒一位老年妇女。该书作者认为此种情形下,人工智能是商店的代理人,因为其是一名机器人员工,法律应该把机器人看作是一名人类雇员,所以这家店应当承担责任。此时的人工智能与人类之间可能属于雇员与雇主的关系。而医院的医疗人工智能与传统的医疗器械不同,它的各项行为均能达到或者高于普通人类医师的水平,它能独立进行医疗诊疗行为,给出诊疗建议。为医疗人工智能确定责任应更加关注其"职业性",它就如同人类医师一般受雇于医院,有着专属于自己的职业行为,因此可将其与医院的关系界定为雇员与雇主。

按照我国《民法典》第 1218 条的规定,当医疗人工智能在医院的角色等同于人类医师时,医疗人工智能引发的医疗事故将发生责任的转承,由医疗机构承担过错责任。这种雇主的转承责任是以医师的行为具有可预期性为前提的,而医疗人工智能的算法所带来的行为后果可能无法预料,这既是其优点也是缺点,使人工智能医师在诊疗活动中不确定的风险因素增多。因此,可在现有规定下新增医师负责制,即通过对医师进行相关知识的专门培训,分派一个或两个医疗人工智能由这些医师专门负责,包括诊断结果的审核以及监督医疗人工智能独立实施手术等,此时的医师是一个监督者,但也会随着医疗人工智能从事工作的复杂程度而有所改变。在具体的手术过程中,由于医疗人工智能独自操刀的"危险性"更大,此时或许可以采取执照许可制度,即取得许可

---

① ［美］约翰·弗兰克·韦弗:《机器人是人吗?》,刘海安等译,上海人民出版社 2018 年版,第 106—107 页。

证是使用人工智能进行手术的前提条件。[①]

医疗人工智能领域的医师负责制与自动驾驶汽车的规制措施类似,但又存在差异。目前为将自动驾驶汽车的危险性降至最低,自动驾驶汽车上路需配置一名驾驶员,该驾驶员并不能无所事事地欣赏道路两边的风景,而是要保持高度的专注力,必须"瞬间介入"以对应紧急情况,但这样过高的注意义务与人们最初的设计预想截然不同,因此饱受争议。在辅助医疗人工智能的医师负责制中,医师的主要作用仍是监督,这并不是以增加医师的工作任务为代价来换取应用医疗人工智能的机会,而是医师负责制与自动驾驶汽车必须配备一名驾驶员的规定在本质上有所不同,自然不会出现医师工作压力增大的情况。

从人工智能的不同设计目的来分析,人工智能可分为两类:一是为了完全替代人类活动,设计目的就是为了将人类从繁重的工作中解放出来;二是优化人类工作,工作的主体仍是人类。自动驾驶汽车与医疗人工智能就分别对应这两种形式,相比于自动驾驶汽车,医疗人工智能优化人类工作的设置更需要与医师进行沟通,若医师已经无误地履行了自己对医疗人工智能的职能,在侵权事件发生后,医师可免责于事后的损害赔偿程序。在医师负责制中,医师除了负有必要的检查义务,还需要在关键时刻操作紧急关闭系统。虽然医疗人工智能的失误概率相对较低,却不能不建立预防自动化技术失败的系统。从其属性上而言,它是一个机器,人是善于制造和使用机器的,但会在机器中设置各种保护装置,而医疗人工智能的紧急关闭按钮可以保证它在不安全时能够及时回到医师的控制之下,因此确定医师负责制并不是增加医师的负担,相反,医疗人工智能的工作效率和准确率都要远远高于医师,这不仅可以提高工作效率,而且还可以有效地防控医疗人工智能所带来的"危险"。

2. 作为家庭医生的人工智能

作为家庭医生的人工智能其实已经开始出现了。智能可穿戴医疗设备就是人工智能家庭医生的初始形态。例如,智能手环就是通过对人一天生活信息的记录(包括睡眠、运动、工作以及饮食等),综合整理这些信息后给出个性化的建议,以便于人们及时调整作息,这些智能健康设备显示了人们对便捷且

———————————

[①] [美]约翰·弗兰克·韦弗:《机器人是人吗?》,刘海安、徐铁英译,上海人民出版社 2018 年版,第 77 页。

具有随时性的家庭医疗人工智能的期待,也预示着具备自主化特性的医疗人工智能家庭医生将成为未来趋势。

《民法典·侵权责任编》第 1191 条是关于用人单位、劳务派遣单位和用工单位的责任;第 1192 条是关于个人劳务关系中的责任。两者最大的区别在于几方主体关系的不同。第 1192 条的主体关系比较简单,雇主与雇员之间是单纯的个人雇用合同关系,不存在第三方。在这种情形下,医疗人工智能家庭医生只需与接受劳务的一方签订劳务合同,当其在提供劳务的过程中造成他人受损的,应由接受劳务的一方承担侵权责任。而第 1191 条涉及用人单位、劳务派遣单位和用工单位,此时的医疗人工智能角色变得多样。如果医疗人工智能家庭医生是用人单位的工作人员,并造成他人损害的,适用雇主责任即可,但医疗人工智能家庭医生可能处于劳务派遣关系,需要先与劳务派遣单位签订合同,由该单位为其寻找合适的用工单位,那么在派遣期间,被派遣的医疗人工智能家庭医生因执行工作任务造成他人损害的,应由接受派遣的用工单位承担侵权责任。劳务派遣单位有过错的,按照第 1191 条的规定承担相应的责任。这样看来,对医疗人工智能家庭医生侵权责任似乎都可以适用《民法典》第 1191 条、1192 条。相比之下,若此处仅讨论的是家庭环境下的医疗人工智能,而由于劳务派遣行为更多的存在于银行、公司等场所,因此,为家庭服务的医疗人工智能更适合《民法典》第 1192 条的责任形式,医疗人工智能在劳务过程中致人损害的,由接受劳务的一方承担无过错责任,但此处需要排除医疗人工智能家庭医生故意的情形,对故意的认定也可参照雇主责任中受雇人的故意情形来判断。如果医疗人工智能家庭医生导致家庭成员健康损害,则也可能发生前述产品责任、医疗损害责任。

三、小结

弱医疗人工智能只是辅助医务人员的设备和软件,其本质仍是"物"(产品),属于民事法律关系的客体,自然无须独立承担侵权责任。对于弱医疗人工智能所造成的侵权损害,可通过产品责任、医疗损害责任和高度危险责任将责任归属于医疗人工智能背后的主体,即适用"刺破人工智能面纱"[①]的归责机

---

① 袁曾:《基于功能性视角的人工智能法律人格再审视》,《上海大学学报(社会科学版)》2020 年第 1 期,第 16—26 页。

制,以使人工智能的诊疗活动最终由链条终端的人类主体承担。只是与法人"刺破公司面纱"的归责方式不同,弱医疗人工智能的相关主体较多,且可能不会产生交叉,因此需要明确从设计到最终使用的不同阶段相关主体的责任,并对现行的责任规定予以解释,使其能有效应对弱医疗人工智能带来的侵权问题。

强医疗人工智能的强智能化水平让医疗人工智能更像一位人类医师,通过无监督的学习方式拥有自主决策能力和独立行为能力,由此主张强医疗人工智能为独立的法律实体,并自行承担侵权责任也并无不妥。人工智能的智能程度不同正说明了对于不同阶段的人工智能需要采取不同法律规定,不论是弱医疗人工智能还是强医疗人工智能,一概认为其无法律主体资格或可成为独立的法律主体均是片面的。当然,在区分医疗人工智能程度的前提条件下,应根据差异化原则来解决不同智能程度的医疗人工智能产生的侵权责任问题。

第四节 医疗人工智能侵权责任 风险的合理分配

在算法歧视、信息泄露等侵权行为中,因受害人范围的不确定与算法的不透明性使得侵权主体的确定较为困难,可能涉及侵权责任归责的一般条款的适用。无论何种情形,鉴于医疗人工智能的特殊性和对社会发展的重要性,在侵权责任的分配中必须合理,不能一味强调权益保障、损害救济而对技术进步、产业发展有所阻碍。所以,为避免单一主体承担过多的责任,未来应将这种侵权责任风险进行社会化分配。

一、风险预防原则

当一种新技术对社会的影响在科学上尚无定论的时候,如果这种影响是负面的、巨大的和不可逆转的,决策者就应该假定它会造成这种影响,并据此来制定相关政策和法律,这就是风险预防原则。[1] 一方面,人们无法以医疗人

---

[1] 郑戈:《算法的法律与法律的算法》,《中国法律评论》2018 年第 2 期,第 66—85 页。

工智能存在风险为由阻止其使用;另一方面,医疗人工智能融入的趋势不可阻挡。因此,风险预防原则的适用是必须的,而有关医疗数据安全的法律规范也成为风险预防的切入点。

（一）医疗数据的规范使用

在 2016 年发布的《国务院办公厅关于促进和规范健康医疗大数据应用发展的指导意见》[①]中,已经明确将健康医疗大数据列为国家的基础战略资源,未来,对健康医疗大数据的应用也只会呈现直线增长趋势。在医疗人工智能领域,数据只会越多越好,但在健康医疗大数据广泛应用的共识中,并未提供可以对这些数据进行保护的清晰、合理的法律规则。

我国《民法典》《网络安全法》以及《人口健康信息管理办法(试行)》[②]等都提及了对个人信息的保护,但保护范围的限定及力度远达不到现在科技发展的速度。目前来看,上述法律规范尚不能与医疗人工智能所涉及的医疗数据保护要求相匹配。从国外隐私保护的情况来看,其对医疗信息化领域隐私权的保护已有很大进展。例如加拿大的《隐私法》(*Privacy Act*)和《个人信息保护与电子资料法》(PIPEDA)、日本的《个人信息保护法》、欧盟的《通用数据保护条例》(GDPR)和美国的《健康保险可携带性与责任法案》(HIPAA)等法律,英国纳菲尔德生物伦理学委员会还发布了《生物医学研究与医疗卫生领域中数据的收集、连接和使用报告》,这些法律或报告都明确了个人信息受保护的范围,贯彻知情同意、风险预防等原则。

通常人们倾向相信技术创新能够应对大多数风险挑战,贯彻风险预防政策的国家可能在获取潜在利益方面处于竞争劣势,而更宽松、开放的人工智能政策可能有助于技术进步和产业发展。[③] 因此,在实行风险预防原则的同时也必须找到医疗人工智能对信息数据的利用与个人信息保护、数据安全之间的平衡点。除了对医疗信息进行全面的法律规范外,风险预防机制的着力点应关注对医疗数据中敏感信息的处理。目前有以下两种处理敏感信息的措施:一是在系统之间进行数据交互时需要进行授权认证,对敏感数据进行标记,与

---

① 国办发〔2016〕47 号。
② 国卫规划发〔2014〕24 号。
③ Wendell Wallach. From Robots to Techno Sapiens: Ethics, Law and Public Policy in the Development of Robotics and Neurotechnologies. *Law*, *Innovation and Technology*, Vol.3, No.2, 2011, pp.185 – 207.

其他系统进行数据交互时,可根据敏感标记进行有效控制。二是落实文档加密、文档安全策略(权限控制、使用次数、文档生命周期、自定义水印),支持对文档细粒度权限控制(只读、打印、修改、复制)的功能。[①] 在医疗数据应用阶段时,应将个人数据匿名化视为优先事项,在设计阶段要通过信息系统将患者姓名与医疗或保健状况的数据分开。[②] 应切断数据主体与各项数据之间以及数据与数据之间的联结性,并保证在一定周期后重新评估匿名化数据。只有数据达到完全的去背景化,方可在医疗人工智能的云端中进行共享与利用。

(二)明确数据编辑者的义务

在新时代,数据资源成了新的"石油",可以说,对数据的掌握程度决定了"算法即权力"的格局,而最早的数据掌控者就拥有了"赢家通吃"的垄断性优势。[③] 同时数据侵害行为不仅会损害个体权益,而且会危及整个社会的公共利益。数据甚至已经成为国家间竞争的工具和资本。现阶段的弱医疗人工智能仍主要依赖人为的数据采集和输入,即使是可以独立决策的强医疗人工智能也无法完全不需要任何外力。因此,除了增强数据本身的技术安全外,还需要明确数据控制者在医疗人工智能整个学习过程中的义务,以减少初始的风险。

数据控制者通常指对信息收集、流转以及处理的企业或个人,他们是医疗人工智能主要的数据提供者。当医疗人工智能接受了缺陷数据而作出侵权行为,则上述数据控制者理应承担责任,这属于事后救济的范围。而风险预防原则要求这类主体必须在提供数据的过程中履行严格的谨慎义务。确定谨慎义务的前提是明确数据控制者的范围。在整个数据获取过程中不仅需要数据控制者对信息的采集和提供,而且更需要数据输入者对数据的选取和输入,而二者行为的结合影响了医疗人工智能的后续使用,因此,需要分析是否能将数据输入者归于数据控制者范围。实际的数据输入者可能是研发者或是制造者,一般来说,数据输入的过程不是数据控制者的工作内容,但研发者和制造者在进行数据输入时具有一定的自主权和控制权,属于广泛的数据控制者范围。

从医疗人工智能对数据的使用需求上看,数据可看作是一种产品,而医疗

---

① 王天屹、刘爱萍:《大数据环境下医疗数据隐私保护对策研究》,《网络与信息安全》2019 年第 8 期,第 28—32 页。
② Ugo Pagallo. Designing Data Protection Safeguards Ethically. *Information*, Vol.2, No.2, 2011, pp.247 - 265.
③ 郑戈:《国际竞争语境下智能化平台的治理结构》,《治理研究》2020 年第 1 期,第 121—128 页。

人工智能正是该种产品的实际"使用者",此时的数据控制者将不仅仅是单纯的数据提供者,而是转变为生产者、制造者,需要保证数据产品在生产、制造过程中的质量,同时承担无过错责任。

为了规范数据控制者的行为,需要为其设置严格的行为规范。虽然现在每一个数据控制者在进行数据处理时都遵循着一定的行业规范,且数据输入者也适用研发或制造环节中的规定,但这样一般的行业规范在内容设置上并未考虑医疗人工智能对数据的特殊要求。因此,需要在原有规范的基础上要求数据控制者履行严格的注意义务。

（三）小结

由于数据是医疗人工智能应用的基础,采取风险预防原则规范初始数据的处理行为可以有效减少医疗人工智能算法歧视、信息侵权等问题,也可降低个人、社会利益遭受损害的概率。除了肯定风险预防原则对医疗人工智能的预防效果,在实际操作中还需要选择一项合适的风险预防措施,除了预防的效果,还要注重成本—收益。虽然人们对医疗人工智能的风险尚不能把握,但总体而言,其带来的利益远高于风险。在具体风险预防措施的选取上,可能需要利用成本—收益分析方法,如果某项预防措施的成本远高于损害的结果,就会造成社会资源的浪费和成本的增加,也就表明这项预防措施是不恰当的。当然,对损害的判断也应从社会整体层面来考虑,不能只关注特定个体的具体损害的大小,此时损害的概率应得到合理的精算评估。

二、风险成本分配

医疗人工智能发展过程中产生的负面后果通常由患者、研发者、生产者、销售者以及医疗机构承担,而医疗人工智能与整个社会进步是联系在一起的,科技带来的风险应由享受了科技成果的整个社会承担。因此,需要将医疗人工智能的全部利益相关者纳入风险成本的分担机制中,共同承担医疗人工智能的发展风险。

（一）形成风险控制体系

1. 明确风险控制主体

首先,应授予医疗人工智能"身份编号",使外观和内部构造完全一样的医疗人工智能因"身份编号"的不同而具有可识别性。可以在特定位置附上二维码,将研发者的个人简介以及医疗人工智能的功能、所输入的数据类型等信息纳入,保证归责主体的明确性。对于具体编号的设置,则需要建立医疗人工智能的体系化管理,在源头上减少侵害事件发生概率。其次,应强制规定医疗人工智能投入商用前进行登记注册。最后,对于编号的设置应具有一定的规律性,以与医疗人工智能最为密切的数据为设置基础,将编号的排列与数据相结合,使研究内部数据成为区分医疗人工智能差异性的有效手段,实现在保留医疗人工智能特色的同时,体现管理的优越性。

2. 制定医疗人工智能研发人员的职业伦理规范

未来应制定医疗人工智能研发人员的职业伦理规范。在对监管人员的资格准入上,为了避免源头性算法歧视,应制定医疗人工智能研发人员的职业伦理规范,除规定相关人员的行为义务外,还需明确违规后果。同时,民法、刑法、行政法等实体法应提供研发人员的注意义务及其法律责任,规范自我行为,审慎行使对医疗人工智能的初始决定权。

(二)监管与准入制度

对医疗人工智能损害的填补属于事后救济的范围,虽然通过赔偿机制受害者的权益可以恢复应有状态,但这种"应有状态"与"原有状态"并不完全一致。如何最大限度地保护普遍群体的利益,关键在于从源头上降低损害发生的可能性,即强化监管机构的职责,明确准入机构的法律义务,在审批过程中严格适用医疗人工智能相关的准入标准,淘汰存在产品缺陷以及算法缺陷的医疗人工智能。

1. 设立专门监管机构

保证医疗人工智能监管机构的专业性。医疗人工智能领域的特殊性决定了需择优选择具备医疗和人工智能知识的人才,应规定监管机构需要完整"见证"医疗人工智能的"出生"至"死亡"的全阶段,并设定违反监管职责的法律责任。

2. 形成弱医疗人工智能临床应用技术标准

医疗器械的使用须符合我国关于医疗器械准入标准的规定,《医疗器械注册管理条例》第2条规定了医疗器械需进行注册或备案。登记备案的程序除了对外观及其他方面的初始检验外,更重要的是对研发人员所提交数据的审核,其中包括审查临床试验的次数和结果,以及研发人员的实验报告。同时,将符合条件的医疗人工智能记录在册,并将相关信息共享于监管机构、保险公司等与医疗人工智能相关的机构或组织,再对具备流通资格的医疗人工智能发放上市许可证,使其拥有具有说服力的"通行证"。除了上述第 2 条规定外,为了保障医疗行业器械和产品应用标准,还存在其他一系列指导文件。①

3. 形成强医疗人工智能临床应用技术标准

对于强医疗人工智能而言,临床应用技术审查的重点是看其能否满足类似人类医师的临床准入标准。从智能程度上说,强医疗人工智能可看作是一名人工智能医师,作为一名医生,自然在医术上需要达到一定的标准。对于人类医师来说,考取医师执业资格证是进入医疗机构执业的前提,医疗人工智能也需拥有此种资格证书才能像人类医师那样执业,但鉴于医疗人工智能的智能化,应采取与医疗人工智能特征相关的特殊考核形式。同时,为了确定医疗人工智能的医疗水平,应以现阶段最高医疗水平作为医疗人工智能进行医疗活动的最低标准,再根据智能程度、应用场景等因素差异化分级、分类。在满足一般准入资格后,对于特殊的治疗活动仍需设置特别的考核程序,当医疗人工智能通过了这些考核后,才能进行神经外科、心脏、器官等高危险、高复杂的外科手术。

4. 确定统一的临床术语标准

医疗人工智能在满足质量以及医疗水平的要求后,要实现真正的持证上岗还需要确定统一的临床术语标准。目前,在医疗活动中汇集着大量数据,但许多数据在关键方面仍然不完整或不准确,同时由于缺乏普遍接受的术语,即使记录良好的信息也很难进行交流或相互操作。虽然现在已经超越了通过实验室仪器将测量数据结果打印在纸上的时代,但目前仍无法完全实现数据间的无缝交换。② 这种数据间的异构性问题同样严重阻碍了医疗人工智能医学知识的学习进程,若广泛通用的术语标准未被采用,人工智能就无法与医疗深入融合。为了使医疗人工智能对数据的使用达到最佳效果,需要规范在医疗活动中的医疗用语,优先选择互联网进行准确的记录与分析。除此之外,各医疗机构应实施医疗数据互通机制,保证医疗数据可以在不同系统中的分享与

---

① 例如,《白蛋白测定试剂(盒)注册技术审查指导》《医用内窥镜冷光源注册技术审查指导原则》《碱性磷酸酶测定试剂盒注册技术审查指导原则》《医学图像存储传输软件(PACS)注册技术审查指导原则》《C 反应蛋白测定试剂盒注册技术审查指导原则》等。

② Vimla L. Patel, et al.. The coming of age of artificial intelligence in medicine. *Artificial Intelligence in Medicine*, Vol.46, No.1, 2008, pp.5‐17.

利用,以此确定统一规范的临床医学术语标准,以供医疗人工智能深度学习。

（三）贯彻告知后同意原则

1. 对使用医疗人工智能的同意

在医疗人工智能临床应用过程中,告知后同意原则对于患者至关重要。多数公众对医疗人工智能可能并不了解,多数民众对其存有疑虑。因此,在患者与医疗机构签订医疗合同时,医疗机构有必要对是否采用医疗人工智能技术进行告知,并由患者自行选择。需要通过"告知后同意"程序来确保患者的权利,增加对医疗人工智能临床应用的社会信任。

例如,患者有权选择是否接受医疗人工智能诊断方案,也有权选择是否接受植入医疗人工智能（纳米机器人）。[①] 纳米机器人在某个患者的身体内不停地辛勤工作,患者享受着病痛消逝的舒适感,但并不是每一位患者均可接受如此其乐融融的场景,看不见、摸不着却实实在在地存在于身体之中的纳米机器人,可能会让人基于恐惧而拒绝。纳米机器人等植入患者身体,属于《民法典》第 1219 条所列的医疗措施、特殊治疗等,需要医生履行说明告知义务。

2. 医疗人工智能对患者信息利用的同意

不论是现阶段的弱医疗人工智能还是强医疗人工智能,均需要具备可供运行的巨量"训练数据"。针对强医疗人工智能对共享公共数据集和环境的特殊要求,甚至需要为其设置必要的"获取数据权"。数据是医疗人工智能的基础,而信息是自然人的人格利益,两者的冲突需由立法者做出利益权衡,由此便产生了"告知后同意"原则。该原则是知情权与自主意愿相结合的表现,从知情权方面来说,患者所填写的数据以及医疗人工智能在诊疗过程中获取的数据均应告知患者,若后续利用,则需另行告知患者。从自主意愿方面来说,患者在选择医疗人工智能进行部分或全部的治疗行为时,患者有权决定同意或不同意收集信息的行为。例如,在护理机器人贴身照料下,应由本人或其代理人对被护理者的隐私数据的利用作出同意表示。

3. 基因信息隐私的告知问题

当医疗人工智能在进行基因测序工作时,需要对获取和使用被检测者的

---

① 张银龙等:《用于肿瘤血管栓塞治疗的智能型 DNA 纳米机器人》,《科学通报》2019 年第 6 期,第 2625—2632 页;李锐:《居住在人体内的机器人》,《中国妇女报》2019 年 11 月 12 日,第 7 版;本刊讯:《纳米机器人给药装置》,《生物医学工程学进展》2016 年第 4 期,第 244 页。

基因信息的情况予以告知，并获取同意。同时由于基因信息涉及被检测者未来在某种疾病上的高发性，被检测者有权拒绝知道基因检测结果，医疗人工智能需要尊重被检测者的不知情权。

从表面上看，不知情权是对知情权的一种否定，但事实上被检测者不知情的决定就是在知情权的基础上作出的，这里的不知情并不是完全的无知状态，而是被检测者基于利益、风险和恐惧等因素来决定对检测结果不知情。在这一过程中并没有免去医师的告知义务，反而对医师既需要保护被检测者不知情权，又需要履行相关风险的告知义务提出了更高的挑战。医疗人工智能需要了解被检测者是否存在此项诉求，同时由于医疗人工智能并不能与被检测者实现情感共鸣，无法了解对方内心对检测结果的矛盾心理，因此，在具体的询问过程中可引入人类医师的辅助，保证被检测者的自主权不受侵犯。此外，由于基因信息存在遗传性与家族性，个人的基因检测结果还关系家族中的第三人利益，当检测结果中的疾病威胁血亲的生命健康且上述主体未行使第三人的不知情权时，医疗人工智能应当进行有限的告知。如果不存在此种风险，应尽可能地保障被检测者的隐私空间，拒绝他人对基因信息的获取请求，这也在一定程度上降低了基因信息泄露的可能。

医疗人工智能"告知后同意"原则不仅需要在临床应用过程中予以遵守，而且更要以各方主体完成交付手续时履行隐私权保障义务为前提，将隐私权保障作为销售、供应、出口等环节的必要条款。各方主体在事前必须对医疗人工智能所采集和学习的信息完全掌握，同意并签署相关协议后才可进行下一步骤。

第五节　医疗人工智能侵权损害的社会化救济体系

在侵权法上存在损害分散理论，主张对于因危险责任而生的损害赔偿，由商品服务的价格机能及保险予以分散。[①] 医疗人工智能属于高新科技产品，其

---

① 张新宝、解娜娜：《"机动车一方"：道路交通事故赔偿义务人解析》，《法学家》2008 年第 6 期，第 46—52 页。

所含的人力、物力均比普通产品要高，价格方面也处于较高层次，若以分担损害赔偿为由再次提高价格则是将成本分担至每一位普通消费者身上，这不利于医疗人工智能的普及。在医疗领域，除去医疗人工智能自身属性所带来的产品保险，与其工作内容相关的主体就是医生和医疗机构，因此，保险的适用重点应以这二者为主体，并通过解释将医疗人工智能包含其中。本节主要论述强制医师执业责任保险、医疗责任保险与医疗人工智能的关系。

一、医疗责任保险与强制医生执业责任险相结合

虽然医疗责任险存在已久，但购买情况却出现分化，小医院、诊所与大医院对于医疗责任险的购买态度并不一致。规模小的医院营利少，从自身利益考虑自然不愿主动购买；大医院虽有足够的经济实力，但获得赔偿的数额与所缴纳的保费不成正比，故对医疗责任险也采取消极态度。医疗人工智能的引进或将打破这种尴尬境况。对于大医院来说，引进医疗人工智能的概率在未来会越来越大，而医疗责任险保证了医院的赔付能力，即使因为医疗人工智能而发生损害行为，医患关系也不至于因为赔偿数额的问题进一步恶化。强制医师执业责任险是在医疗责任险之外的一种专家责任险，医师在诊疗过程中因过失情形而造成的医疗损害可由保险公司进行赔付。这种具备针对性的保险措施似乎更适合强医疗人工智能，从理论上说，它的医疗行为完全可与一名人类"名医"相媲美，其作为一名人工智能"医师"与保险公司签署保险合同，在签订主体上似乎也并无不妥。

为保障医疗人工智能应用中的损害得到及时填补，可以考虑两种方案：一是适用强制医师执业责任险。在保险公司赔付的项目中包含医疗人工智能致人损害的情形，在医疗人工智能因自身原因发生损害的情形下，医生只需为自己的过失行为负责，这有助于实现对强医疗人工智能的特殊保障。二是适用医疗责任险。医疗责任保险以医疗机构为合同主体，使医疗人工智能避开无法律主体资格的争论。在适用这两类保险时，对所保金额也需要划分一定等级，这种等级的标准可以医疗人工智能的智能程度为参考。

保险作为事前解决方案可以降低当事人的赔付风险。在下列情形中，保险公司可以排除或减免赔付责任：一是医疗机构或医师未能按照约定妥善使用及维护工作时，由此产生损害的；二是医师个人的故意行为，例如，擅自更改

程序致使医疗工智能作出错误行为的;三是受害方存在过错的,可以相应减轻保险公司的赔付责任。

二、医疗人工智能储备基金

不论是正常的民事活动或是发生侵权行为时的责任承担,金钱赔偿是最普遍的。在医疗人工智能应用过程中,需要面对如何解决财产保障、提高医疗人工智能责任承担能力的问题。可以在法律上为其设立专属的资金池——医疗人工智能储备基金。医疗行业的特殊性使医疗人工智能在保险方式上更趋向于行业责任险,在不涉及医疗人工智能其他相关主体的过错时,虽然行业责任险可以对受害人给予一定的赔偿,但无法完全覆盖。不具备完全赔付能力的医疗人工智能是无法得到人们发自内心的接纳,因此基于风险最小化处理原则,对于在上述赔偿方式尚未涉及的领域,可考虑设立储备基金。

医疗人工智能储备基金的来源主要包括以下几个方面:一是责任附加费。由医疗人工智能相关主体在每一环节进行缴纳,例如制造商在制造完成交付时应缴纳该环节的基金费。二是类似于公司股东的投资形式。除去制造商、销售商等主体的共同出资,医疗人工智能潜在的发展前景也将吸引社会机构或个人的青睐和投资。三是医疗人工智能因受损害所获得的赔偿金。除了医疗人工智能致人损害的情形,医疗人工智能本身也会受到人为破坏,例如受恶性篡改程序的攻击,人为的加害行为也会产生破坏机体的情形。第三方软件的"加害"也可成为医疗人工智能受害的来源之一,因为计算机程序本就属于人工智能的一种,医疗人工智能在投入使用时,可能需要安装第三方软件,若第三方软件的缺陷致使医疗人工智能无法正常运转,则第三方软件的负责主体应当对医疗人工智能进行赔偿。除了上述方式,储备基金还可以接受捐赠以及强医疗人工智能因劳务或其他方式获取的财产等。

医疗人工储备基金的设立既明确了其他参与主体责任风险的限度,使研发者、制造商等在从事医疗人工智能初步形成工作中无须考虑责任风险成本,又可保证在具体损害发生时受害者的损失能够及时得到弥补。在这种情形下,受害人只要证明有损害存在和损害确由医疗人工智能所造成,即可依据低证明标准,很容易在医疗人工智能纠纷中胜诉,及时获得赔偿,而相应的低证明标准决定了受害者无法获得完全的损害赔偿金,因为医疗行业的公益性、专业性与医疗技术应用的风险性决定了医疗过失损害与一般的民事损害赔偿必须有所区别。基于医疗行业与医疗技术应用的内在特征,应对医疗损害赔偿责任进行适当限制。[①] 综合多方主体的利益,低赔偿金既可保证受害者无惧于与医疗人工智能接触,又可以减轻制造商、研发者等相关主体的压力,让储备基金保持长期的偿付能力以惠及更多的潜在受害者。

三、医疗人工智能互助保险

在医疗人工智能应用的受益人共担风险的机制中,可以借鉴船东互保协会[②]的成功运转经验,组建医疗人工智能保赔协会。医疗领域的人工智能保赔协会的成员包括研发者、生产者、销售者、医疗机构等主体,在协会内部应设有管理机构。对于保费的收取可以采用赋课式保费,即采取事后分摊的方式收取保费(会费)。收取的会费主要分为:预付会费、追加会费、巨灾会费和免责会费等四种。[③] 按照这四种会费形式,医疗人工智能保赔协会也可进行类似设计。

与船东互保协会不同在于,医疗人工智能保赔协会的每个主体所负责的阶段各有不同,预付保费的标准也就有所差异。除了预付会费,其余三种会费均是在保险赔款超出一定数额时,为确保协会的赔付能力,需要会员再次缴纳保费。在保赔协会中,每一位会员既是投保人又是保险人,投保人是为自己在医疗人工智能整个生产至使用的环节中所可能出现的错误投保,保险人是承担医疗人工智能责任的主体。例如,作为使用者的医疗机构或医生在未能按照规范操作,致使医疗人工智能出现损害事件的情形下,一方面,作为投保人需提前缴纳保费;另一方面,作为保险人中的成员之一将按照在保赔协会所出资金的比例承担保险赔付义务。

在多种措施确保医疗人工智能责任承担的前提下,该赔保协会并不会承担某一具体损害事件的全部赔偿金,也不会给相关主体增加更多的负担。医疗人工智能保赔协会虽是为分担风险而设,但主要目的是让熟悉医疗人工智

---

① 何炼红、王志雄:《人工智能医疗影像诊断侵权损害赔偿法律问题》,《政治与法律》2020 年第 3 期,第 27—37 页。
② 船东互保协会,亦称船东保赔协会(Protection and Indemnity Association Club,P&I Club),是船舶所有人或承租人等在自愿基础上组合而成的相互保险机构。
③ 《中国船东互保协会保险条款》第 19 条。

能研发和使用环节的相关主体投入医疗人工智能的管理中，以量身定制的"行为规范"推动医疗人工智能的健康发展。

第六节　结　　语

毋庸置疑，社会需要规避医疗人工智能的风险，但还远未达到因噎废食的程度。科恩(Cohen)曾言，科学革命会对科学中现行的知识结构或状态构成直接威胁，并对人们的生活产生影响，但这种影响往往只限于一定的程度。[①] 医疗人工智能对社会的影响必然存在，但这是我们为了享受科技红利所必须接受的结果。达·芬奇、Watson等医疗人工智能的设计初衷可能就是带给人惊喜，不可预料性不是它的缺陷而是其典型特征，正是不可预料性使得更大的技术突破成为可能。

对于医疗人工智能所产生的侵权问题目前无须专门立法，可以通过对产品责任、医疗损害责任和高度危险责任的解释来解决（尤其是针对弱医疗人工智能侵权责任）。对于即将登上舞台的强医疗人工智能，可结合其自身的智能性特征，在一定程度上赋予其主体资格并由其自己承担责任，并结合不同的"工作环境"及其与其他主体的关系，确定其他主体可能承担的责任。

当然，本书只是根据现有医疗人工智能的发展趋势合理展望并设计了部分适宜强医疗人工智能发展的责任形式。随着人工智能算法的演进，未来医疗人工智能的发展我们可能无法预计，而相应的法律规定也将随之调整以适应医疗人工智能的发展。只有将医疗人工智能置于法律规范的范围内，才能增加人们对医疗人工智能的信任。

未来人机界限将愈加模糊，人机共存状态将成为新趋势，但不论是机器的"类人化"还是人类的"机器化"，人类与人工智能之间不应是对立的关系。一方面，我们要求人工智能做到符合以人类利益为中心的"机器人三原则"。另一方面，对于越来越智能的人工智能，人类必须为"它"或"它们"做些什么，这对于医疗人工智能同样重要。

---

① ［美］I.伯纳德·科恩：《科学中的革命》，鲁旭东、赵培杰译，商务印书馆2017年版，第37页。

第八章

智能网联汽车事故受害人的
损害赔偿请求权

第一节　问题的提出

随着人工智能技术的飞速发展,以人工智能为依托的自动驾驶技术逐渐成为汽车领域研发创新的主要驱动力,已有国家允许智能网联汽车上路行驶。[①] 我国部分企业已拿到自动驾驶商用牌照,这意味着智能网联汽车的正式商业化运营时代即将到来。国内外在汽车领域的各项举措都表明自动驾驶技术已成为未来汽车发展的方向。虽然搭载自动驾驶系统的智能网联汽车可降低交通事故的发生率,但却无法完全避免交通事故。早在 2016 年就已经发生了全球第一起智能网联汽车致死的交通事故,引起了人们的广泛关注。2020 年,国外又发生了智能网联汽车交通事故,但事故责任仍不明晰。[②] 智能网联汽车交通事故引发了人们对其应用前景的担忧。

随着自动驾驶技术的日渐成熟,在高速行驶的汽车上只有乘客而没有驾驶人的生活离我们越来越近。智能网联汽车的特殊性给交通事故受害人损害赔偿请求权的实现带来了阻碍。由于智能网联汽车不同于传统汽车,其智能程度的不同使汽车交通事故原因变得更为复杂多样,多因一果的侵权行为时有发生,证明自动驾驶系统与交通事故之间的因果关系存在技术上的困难。

---

① 2015 年通过的《德国道路交通法》规定自动驾驶技术汽车在 2017 年 6 月 21 起可以合法上路。
② 2020 年 2 月,在美国亚利桑那州坦佩市发生一起无人驾驶货车交通事故,但无人驾驶公司官方声称事故发生在自动驾驶接管模式下。

此外,弱智能阶段与强智能阶段的智能网联汽车的法律地位是否相同? 拥有强自主学习能力的智能网联汽车能否被赋予法律主体资格而成为受害人损害赔偿请求权的相对方? 当人类驾驶人对交通事故的发生没有过错,机动车所有者和驾驶人是否仍应承担责任,承担的是何种责任? 当强智能阶段的智能网联汽车交通事故是自动驾驶系统的缺陷造成的,汽车生产者能否依据现有的发展风险等免责条款进行抗辩? 随着智能网联汽车行车自主性的提高,需要解决的问题还有很多。

我国尚未对人工智能技术带来的新问题进行细化的法律规定。在智能网联汽车方面仅有路测阶段的规范,对于智能网联汽车投产使用后导致的道路交通事故如何处理,仍未给出更加明确和具体的法律依据。智能网联汽车交通事故受害人仍需按照现行法提起损害赔偿请求,《道路交通安全法》第 76 条是主要的请求权基础,但该条是基于驾驶人的过错确立的,当自动驾驶系统代替驾驶人承担驾驶任务时,本条就丧失了适用的可能性。《侵权责任法》第 41—47 条(《民法典》第 1203—1207 条)规定了产品责任,但是自动驾驶系统的复杂性使产品缺陷很难认定。在认定缺陷后,还涉及《产品质量法》第 41 条规定的生产者免责条款能否适用的问题。自动驾驶系统的运行主要基于人工智能技术,人工智能技术在现阶段处于飞速发展的状态,生产者如果依据发展风险抗辩主张免责,受害人的损害赔偿请求权很可能无法实现。以上问题,都需要在对具体的请求权基础分析中得到答案。

智能网联汽车交通事故的特殊性在于搭载的自动驾驶系统引发了归责的困境,因此本章仅对搭载自动驾驶系统的智能网联汽车道路交通事故侵权责任进行分析,为交通事故受害人寻求切实维护自身合法权益的请求权基础。现有法律不能为智能网联汽车交通事故的受害人提供有效的救济,或许可以对相关的请求权基础予以新的语境的解释来实现受害人的损害赔偿请求权,但是存在一些困难。最为妥当的路径还是通过未来的立法行动来弥补法律规制领域的空白。

本章尝试从受害人损害赔偿请求权的角度进行解释学分析,探寻适合不同智能阶段的智能网联汽车事故受害人的请求权基础,并提出相应的立法建议。

第二节　智能网联汽车交通事故受害人请求权的事实基础

一、智能网联汽车的概念与特征

（一）智能网联汽车的概念

智能网联汽车通常也被称为智能汽车、自动驾驶汽车等。所谓智能网联汽车，根据 2018 年工业和信息化部、公安部、交通运输部共同发布的《智能网联汽车道路测试管理规范（试行）》①第 28 条规定，是指"搭载先进的车载传感器、控制器、执行器等装置，并融合现代通信与网络技术，实现车与 X（人、车、路、云端等）智能信息交换、共享，具备复杂环境感知、智能决策、协同控制等功能，可实现安全、高效、舒适、节能行驶，并最终可实现替代人来操作的新一代汽车"。信息互联速度的飞速提高为自动驾驶系统的运行提供了保障，驾驶人可以快捷地获得车辆系统的各种信息，使车辆达到理想的运行状态。

智能网联汽车（智能汽车）、自动驾驶汽车和无人驾驶汽车等不同称谓经常见诸报端，但事实上它们并不相同。智能网联汽车是集成自动驾驶、功能设定、车载娱乐等多项功能的智能化汽车。自动驾驶汽车是指由自动驾驶系统根据使用人的指令自动控制行驶，完成运送目的的智能机动车。② 因此，智能网联汽车的概念在指涉范围上大于自动驾驶汽车的概念。无人驾驶汽车是依靠车载传感系统对周围环境条件的感知和理解，自主地实现运动控制，并能达到人类驾驶人的驾驶水平。③ 因此，自动驾驶的概念在范围上大于无人驾驶的概念范围。由此可以清楚地得到三者之间的关系：智能网联汽车包含自动驾驶汽车，自动驾驶汽车包含无人驾驶汽车，三者是包含与被包含的关系。在搭载自动驾驶系统的智能网联汽车中，无人驾驶汽车属于最高阶段。

---

① 工信部联装〔2018〕66 号。
② 杨立新：《用现行民法规则解决人工智能法律调整问题的尝试》，《中州学刊》2018 年第 7 期，第 40—49 页。
③ 申泽邦等：《无人驾驶原理与实践》，机械工业出版社 2019 年版，第 1 页。

（二）智能网联汽车的特征

1. 自主性

智能网联汽车的自主性是指它可以在没有驾驶干预和控制的情况下，独立自主地完成在道路上的行驶任务。智能网联汽车搭载的自动驾驶系统能够通过人工智能、传感器、小型雷达、视觉计算等功能的协同合作，自主分析行车的速度和方向，实现自动驾驶。自动驾驶系统对行车路线的判断和各种行车任务的操作都不需要驾驶人的确认，它对现实的车况有着自己的认知，能够通过传感器识别路况，从而通过算法的分析作出行车指令。自动驾驶系统可以通过分析从多种行车方案中挑选出最优的方案。

智能网联汽车的自主性使其与传统民法上的物相区别。民法上的物是客观的实体，能够作为财产交换或工具使用，为人类社会生活带来便利，但是其并没有自主性。智能网联汽车虽然与传统机器一样可以移动，但是其与传统机器有着本质上的区别，例如工业生产上被普遍应用的传送带，它的移动并不是自主的，不能脱离产业工人的指令而运行，在运行过程中也不能自主改变。而智能网联汽车在驾驶人作出驾驶指令后，却可以根据实际情况改变行车过程中的驾驶决策。智能网联汽车在形式上可以被视为"动"物。它与"动物"的不同之处在于智能网联汽车的"动"是基于程序中的神经网络，而动物的活动是基于生物脑部的神经网络。人类作为一种高级动物，当然自主性程度更高。在自主性层面，虽然智能网联汽车与人类产生"动"的原因不同，但是都可以产生一定的效果。只不过智能网联汽车在某些行车环境下可能还不如人类聪明，例如会误将白色货车当成了天空，但在大多数情况下又超越了人类，例如能够比人类更快地作出刹车等操作。

2. 不可预测性

智能网联汽车拥有不可预测性，在上路行驶的过程中可以根据不断收集的实时数据而变更驾驶决策，不需人的控制。也就是说，在发出目的地指令后，人类也不能预测智能网联汽车在整个行车过程中将通过何种具体的操作方式完成驾驶任务。

智能网联汽车的不可预测性来自人工智能技术的创新性。人工智能技术发展迅速，它独特的创新性与以往的科学技术形成了鲜明对比，使人类开始考虑是否应当将人工智能实体视为法律主体。目前，人工智能已经表现出超高的"智商",甚至在某些领域已经完全超越人类。未来,随着人工智能研发和实践的进一步推进,人工智能有望自行从事创新活动,从而扭转人与机器之间的劳动关系。[①] 人工智能系统可以通过收集驾驶人以往的操作数据来分析驾驶人的驾驶习惯,在驾驶习惯的基础上完成行车任务。除了对驾驶人驾驶习惯的收集,还可以在大数据更新的基础上结合实时的动态数据生成新的驾驶决策,这就造成了智能网联汽车行车的不确定性。由于我们不能预测汽车的"行为",故不能在发生危机情况时有所准备,这也使驾驶人及车上的乘客对汽车的安全性有所顾虑。当自动驾驶系统为智能网联汽车创造新的行车指令集时,可能会超出驾驶人或程序员的预测。

这种不可预测性为智能网联汽车交通事故的法律责任认定造成了阻碍。从直接因果关系层面上来看,驾驶人对自动驾驶模式下智能网联汽车造成的交通事故没有直接责任,因为实际控制驾驶系统的并不是驾驶人。而自动驾驶系统的"过错"导致的交通事故该归责于何种主体则需要进一步探究。

二、智能网联汽车的层级分类

智能网联汽车交通事故的发生与自动驾驶系统以外的智能互联技术关联性极小,例如车载信息娱乐技术对车辆驾驶并不产生影响,其仅用于满足车内人员的信息娱乐需求,因此需对涉及自动驾驶技术的智能网联汽车的层级分类进行明确。

(一)自动驾驶系统的技术层级

准确划分自动驾驶技术的等级对智能网联汽车交通事故侵权责任的研究十分重要,因为智能网联汽车的智能化程度极大影响着对驾驶人过错程度和交通事故发生的因果关系等构成要件的认定。目前,并未形成关于自动驾驶技术的官方层级标准。美国汽车工程师协会(SAE)将自动驾驶系统分为L0—L5六个等级。[②] 美国国家公路交通安全管理局也采纳了SAE的评判标

[①] 王阳、李爽、张本波等:《第四次工业革命对就业的挑战与建议》,《经济纵横》2017年第11期,第64—71页。

[②] 根据SAE标准,自动驾驶技术的6个等级分别为:L0无自动化、L1驾驶支援、L2部分自动化、L3有条件自动化、L4高度自动化、L5完全自动化。

准,该标准成为当前通用的自动驾驶等级标准。在 L0 无自动化阶段下,驾驶人掌控车辆的一切运行,驾驶任务由驾驶人独立完成;在 L1 驾驶支援阶段下,自动驾驶系统在特定的驾驶环境中起基础性的辅助作用,例如完成车道保持和自动制动,此时驾驶人处于驾驶活动中的主要地位;在 L2 部分自动化阶段下,自动驾驶系统只能单独从事类似自动巡航、自主变道等部分驾驶行为,驾驶人与自动驾驶系统分享车辆部分控制权,但驾驶人仍处于主要驾驶地位,有高度的注意义务;在 L3 有条件自动化阶段下,自动驾驶系统可以完成大部分驾驶任务,驾驶人处于辅助驾驶地位,注意义务减小;在 L4 高度自动化阶段下,自动驾驶系统能够完成全部驾驶任务,驾驶人的地位转变为乘客,仅在极少数情况下需其接管;在 L5 完全自动化阶段下,驾驶人不再承担驾驶任务,全程由自动驾驶系统完成驾驶任务。

（二）智能网联汽车层级分类

自动驾驶系统的六个等级是 SAE 按照自动化程度进行划分的,是一种技术判断。在法律上,应当依据技术标准的基础,充分考量过错和责任承担等要素,充分理解智能网联汽车层级的意义。

在交通事故侵权领域,结合自动驾驶技术的差异,智能网联汽车大致可以分为三类:搭载 L1—L2 自动驾驶系统的是辅助驾驶阶段的智能网联汽车,其显著特征为驾驶人主导驾驶活动,可以被称为初级智能网联汽车;搭载 L3 自动驾驶系统才是有条件自动驾驶阶段的智能网联汽车,其显著特征为驾驶人与自动驾驶系统共同分享汽车控制权,可以被称为中级智能网联汽车;搭载 L4—L5 自动驾驶系统的是高度及完全自动驾驶系统阶段的智能网联汽车,其显著特征为自动驾驶系统完全掌控驾驶活动,可以被称为高级智能网联汽车。从初级逐渐过渡到高级,智能网联汽车实现了智能驾驶到无人驾驶的飞跃。中级以下的智能网联汽车大多是弱智能阶段的智能网联汽车,而中级以上的智能网联汽车大多是强智能阶段的智能网联汽车。

在法律上,对智能网联汽车的阶段划分不必拘泥于自动驾驶系统的技术层级,因为只要区分智能网联汽车能否受到赔偿主体的控制,就存在归责的基础。所以,本书下文在交通事故受害人损害赔偿请求权的具体分析过程中,主要将智能网联汽车分为弱智能阶段和强智能阶段。

三、智能网联汽车交通事故侵权责任的特殊性

（一）智能网联汽车法律地位之争

虽然传统汽车属于物,但强智能阶段和弱智能阶段的智能网联汽车拥有不同程度的自主性,这引起了智能网联汽车是否为人工智能载体法律地位的争论。如果智能网联汽车拥有法律主体资格,发生道路交通事故时理应由智能网联汽车作为责任主体承担侵权责任。如果智能网联汽车仍作为法律客体,在其发生道路交通事故时则应当由其所有人、使用人或其他对事故发生产生影响的主体承担。因此,智能网联汽车的法律地位影响着交通事故受害人损害赔偿请求权的指向对象。智能网联汽车在本质上属于人工智能机器人,随着智能机器人深入学习和交互能力的显著提升,学界对是否赋予智能机器人法律人格产生了广泛争论。智能机器人与当前的法律主体和法律客体在某些方面都存在一定差异,所以,不能简单地将其归为其中一类,而应客观地进行评价。

1. 智能网联汽车法律地位的判断基础

智能网联汽车的法律地位与其外观形态并无关联,仅与其智能化程度相关。智能网联汽车虽然没有"类人"的外观物质形态,但是其本质为人工智能机器人。如同世界上各种族的人有不同颜色的皮肤,不同类别的智能机器人也会有不同的外观形状。因此,是否具有"类人"的外观形态不能成为认定智能网联汽车等智能机器人是否拥有法律主体地位的影响因素。也许人们倾向赋予人形机器人法律主体的地位,而面对扫地机器人等非人形机器人却很难产生此类想法,这种心理上的情感误判提醒我们不能因表面的因素而影响对事物本质的判断。人们很容易对人形机器人进行道德谴责,但很少有人对自动售货机的故障进行道德谴责。① 当强智能阶段的人形智能机器人出现在人们身边,人们更容易地认为智能机器人与人的相似性会威胁人类自身,产生"恐怖谷效应"。② 此时,人类已经将智能机器人与人类的界限淡化,更易产生

---

① ［美］瑞恩·卡洛、迈克尔·弗鲁姆金、［加］伊恩·克尔:《人工智能与法律的对话》,陈吉栋等译,上海人民出版社 2018 年版,第 19 页。
② "恐怖谷效应"是指当人们看到的智能机器人与自身相似度高达 90% 以上,甚至临近 100% 时,人们会越来越反感和恐惧它,对它的好感度会降至谷底。

对智能机器人法律地位的思考,因此,智能网联汽车的智能化程度才是认定其法律地位的重要依据。

自动驾驶技术以人工智能技术为依托,是智能网联汽车的"大脑",智能网联汽车的法律地位与自动驾驶技术的开发程度密切相关。人工智能的发展阶段分为弱人工智能、强人工智能和超人工智能。弱人工智能只能在某一个领域发挥基础性的作用。例如,谷歌的阿尔法狗(Alpha Go)仅限于围棋领域的智能。强人工智能拥有相当于人类的智慧,可以理解复杂概念并快速学习。超人工智能几乎可以在所有领域超过人类的智慧。超人工智能能够独立进行编程、自我进化升级,一旦制造出便不需要人类干预,在各方面的能力都远远胜过人类。超人工智能一般仅存在于科幻小说或哲学概念中,其是否存在还是一个未知数。所以,目前对超人工智能的法律地位的讨论并不急迫,分析弱智能阶段与强智能阶段的网联汽车的法律地位更具有现实意义。

2. 弱智能阶段智能网联汽车的法律地位

弱智能阶段的网联汽车没有与人类相当的"自我意识"。自然人因具有尊严和价值而成为权利主体,体现的是以人为本位的私法理念。[①] 法人和非法人组织虽然是法律创设的主体,但其背后仍然体现自然人的意志,即理性能力,这说明自然人的意志是成为法律主体不可或缺的因素。从一定程度上来说,人工智能也呈现出相似的"自我意识",只是智能机器人的意识来源于程序算法。当人工智能机器人在以线性叙述总结行动上有意识时,可以认为机器人具有自我意识。[②] 虽然人工智能载体与人类自我意识的来源不同,但是当人工智能载体产生与人类智慧水平相当的"自我意识"时,赋予智能网联汽车法律主体地位也许存在一定的合理性。然而,与人类智慧水平相当的"自我意识"存在于强智能阶段的人工智能载体中,弱智能阶段的智能网联汽车还未达到相当的水平。所以,赋予弱智能阶段的智能网联汽车以法律主体地位并不恰当。

弱智能阶段的智能网联汽车没有"行为能力"。法律设定法律主体的目的之一是通过明确法律主体的范围来规范其行为,发挥法律的规范作用。人工

---

① 王泽鉴:《民法概要》,北京大学出版社 2011 年版,第 37 页。
② [意] 乌戈·帕加罗:《谁为机器人的行为负责?》,张卉林、王黎黎译,上海人民出版社 2018 年版,第 51—52 页。

智能载体能否通过"自我意识"理解法律的具体内容,并与自然人一样有能力遵守法律、承担法律义务,这是未知的。当前人工智能发展水平整体上仍处于弱智能阶段,要使人工智能理解社会活动中的各种现象并根据其理解做出具体的行动,在可预计的时间内还不能实现。自然人作为法律主体拥有自我意识和行为能力,两者不可或缺。人工智能载体若被视为法律主体则应当具有行为能力。也许会有观点反驳说,未达到法定年龄的无行为能力人或者完全不能辨认自己行为的精神病人仅有权利能力而没有行为能力,但是他们也可以作为法律主体,因此不必强求人工智能载体也具有行为能力。但是,无行为能力人成为法律主体的原因是"出生",生来就具有人的权利能力。人工智能的"行为能力"应当是建立在理解人类社会的基础上,并且能够将其"自我意识"通过"行为"准确地表达出来。弱智能阶段的智能网联汽车还无法基于"自我意识"作出行为,仍应当被视为法律客体中的物。

3. 强智能阶段智能网联汽车的法律地位

根据科学家的设想,强人工智能将拥有"类人"特征,拥有自我意识和行动能力。但赋予其法律主体资格是否确有必要?客观地说,应当将人工智能是否独立于人作为赋予其法律主体地位的一项标准。强人工智能有自我意识和行动能力,可以作出独立决策并执行相应的行为,但即使人类设置了人工智能的资金账户,也不能完全做到人工智能的责任独立。法律创设法人制度是因为其意志在本质上是自然人意志的体现,法人的独立责任也是自然人有限责任的体现。如果让人工智能载体独立承担责任,即使救济功能可以从人工智能的资金账户中得到实现,除非自然人或法人应对其负责,否则,预防和惩罚违法行为的法律功能很难实现。人们能够以何种方式预防并惩罚人工智能的违法行为需全面考虑。

目前,世界上已经有人工智能获得"驾驶人""公民"等特殊法律地位的先例。[①] 一些企业利用人工智能提高效率、降低成本,甚至让人工智能机器人担任新闻主播和酒店经理等。虽然确定机器人法律地位非常重要,但并不意味着一定要赋予其法律主体地位。人工智能承担的主要是不必由人类亲自完成的工作任务,人工智能可能也不需要言论自由、政治权利、荣誉权、隐私权等与

---

① 2016 年,美国国家公路交通安全管理局公布的给谷歌公司的回函中指出,自动驾驶系统可以独立拥有驾驶人的身份;2017 年,沙特阿拉伯政府赋予人工智能机器人索菲亚公民身份。

工作内容无关的权利。如果仅仅是为了方便人工智能作为人类的"代理人"而从事各项工作,那么,为其创设法律主体地位并无必要。归根结底,人工智能在工作中的侵权行为、违约行为无法由其独立解决,不论是取得的收益还是负担的债务都归于其所有人或使用人。

任何法律制度都需要具备一定的稳定性。人类创造人工智能载体的目的是促进人类自身社会的发展,不追求人工智能载体与人类的平等地位。为人工智能载体创设法律主体地位需要创设一套与自然人权利义务体系完全不同的法律体系,而重构法律体系将使人本位的立法思想完全颠覆,打破延续至今的法律根基。著名的"奥卡姆剃刀"原理适用于法律领域,表现为制定法律制度应当选择最简单、易实施的方式,不应轻易变动现有的法律基础来增加法律制度的复杂性。① 在智能网联汽车交通事故侵权责任的承担上,虽然现有的法律条文产生了适用困难的问题,但并没有达到需颠覆法律根基的程度,应先基于现行法律秩序进行解释学分析。

在这个极速发展变化的时代,强人工智能时代的社会将引领我们进入什么样的生活,法律就将服务于什么样的社会。也许在未来,强人工智能成为法律主体将更便于发挥法律的规范作用,我们可以从社会实践的角度出发对法律进行相应的调整,甚至重塑法律的基本框架,但目前没有承认强人工智能法律主体地位的必要性,因为赋予强人工智能主体地位不仅与我们以往的社会经验大相径庭,而且还会对现行法律的正常实施产生阻碍。

总之,在现阶段,强人工智能时代何时真正到来还未可知,在没有强有力理由的支撑下,强人工智能不应被赋予法律主体地位,但可以给未来留下承认其法律主体地位的立法空间。在现行法律框架下,强智能阶段的智能网联汽车应被视为法律客体。

（二）智能网联汽车交通事故侵权责任的特殊性

按照现行法的规定,弱智能阶段和强智能阶段的智能网联汽车都属于法律客体,但是因为两种阶段的智能网联汽车有其各自的特殊性,故在发生交通事故时请求权基础的适用也存在差异。

---

① "奥卡姆剃刀"原理是中世纪英格兰逻辑学家奥卡姆(Ockham)提出的著名原理,该原理指出"切勿浪费较多东西去做用较少的东西同样可以做好的事情",这也被后世概括为"如无必要,勿增实体"。

本章主要研究智能网联汽车一方侵权时行人和非机动车驾驶人的损害赔偿请求权。首先,要明确智能网联汽车交通事故受害人损害赔偿请求权的请求权人,即赔偿权利人。在智能网联汽车交通事故中,受害人可能是智能网联汽车驾驶人、行人、非机动车驾驶人,还可能是智能网联汽车上的乘客。赔偿权利人一般为直接受害人,享有损害赔偿请求权。因智能网联汽车交通事故遭受财产损害、人身损害的受害人为直接受害人,但若受害人因交通事故死亡,赔偿权利人为非直接受害人,受害人的近亲属和支付被侵权人合理费用的人(例如,遗赠抚养协议中的抚养人)有权行使损害赔偿请求权。[①]

其次,要确定智能网联汽车交通事故受害人损害赔偿请求权的被请求权人,即赔偿义务人。此处要区分事故责任主体和损害赔偿主体,智能网联汽车交通事故的损害赔偿主体不一定是事故责任主体。虽然侵权责任法以"自己责任"为原则,但在特定情况下要求与加害人存在特定关系的他人承担连带赔偿责任。[②] 有学者主张因自动驾驶系统的缺陷造成交通事故的,由生产者、设计者、销售者承担连带责任;因第三人过错造成交通事故的,由生产者、销售者承担先履行责任;[③]因使用人过错造成交通事故的,由使用人自己承担,或由所有人承担替代责任。[④] 因此,赔偿义务人可以包括事故责任主体之外的一些主体。总体来看,智能网联汽车交通事故的损害赔偿主体要根据具体的事故情况判断。

弱智能阶段的智能网联汽车自主学习能力弱,在大多数情境下需要依靠驾驶人的指令才能完成驾驶活动,只能实现有限自动驾驶,例如对紧急的路况进行监测并发出预警。在整个行驶过程中,更多的时候是由驾驶人操作汽车,自动驾驶系统仅起了一定的辅助作用。在发生机动车交通事故时,事故受害人或可依据《道路交通安全法》第76条请求机动车所有人或者使用人赔偿损害。但弱智能阶段的智能网联汽车交通事故原因多样,例如驾驶人过错、自动

[①] 《侵权责任法》第18条规定:"被侵权人死亡的,其近亲属有权请求侵权人承担侵权责任。……被侵权人死亡的,支付被侵权人医疗费、丧葬费等合理费用的人有权请求侵权人赔偿费用,但侵权人已支付该费用的除外。"《最高人民法院关于审理人身损害赔偿案件适用法律若干问题的解释》第1条第2款规定:"本条所称'赔偿权利人',是指因侵权行为或者其他致害原因直接遭受人身损害的受害人、依法由受害人承担扶养义务的被扶养人以及死亡受害人的近亲属。"

[②] 程啸:《侵权行为法总论》,中国人民大学出版社2008年版,第423页。

[③] 杨立新:《多数人侵权行为及责任理论的新发展》,《法学》2012年第7期,第48页。

[④] 杨立新:《自动驾驶机动车交通事故责任的规则设计》,《福建师范大学学报》2019年第3期,第75—88、169页。

驾驶系统故障,或二者皆有,这里就产生了自动驾驶系统故障时交通事故责任由谁承担的问题。如果由所有人承担自动驾驶系统的"过错",则依据原有的请求权基础追责即可,但如果由生产者承担自动驾驶系统的"过错",那么《道路交通安全法》第76条能否继续得到适用? 这里首先要解决的是生产者是否能被纳入"机动车一方",成为道路交通事故责任主体。其次,要解决自动驾驶系统的"过错"范围的认定问题,即接管状态下责任承担的问题。最后,如果生产者为自动驾驶系统的"过错"承担道路交通事故损害赔偿责任,受害人享有的对生产者的交通事故侵权责任请求权和产品侵权责任请求权是否都能实现,这都需要进一步探讨。

第三节　道路交通事故侵权责任请求权

一、请求权基础的初步分析

智能网联汽车交通事故受害人或可依据《道路交通安全法》第76条提出损害赔偿的请求。该条规定了两种情况下的交通事故赔偿原则:第一款第一项规定了双方为机动车情形的赔偿原则;第一款第二项规定了机动车与非机动车驾驶人、行人之间的赔偿原则,它是一个交通过错事故的归责与赔偿体系,并不适用于各方均无过错的意外事故。① 该条只能适用于一方过错或双方过错的情形,即只能适用于弱智能阶段的智能网联汽车交通事故,因为强智能阶段的智能网联汽车侵权导致的交通事故属于意外事故,人类驾驶人和生产者均不能控制机动车。在该条请求权基础的构成要件中,机动车一方的认定和主观过错的判断存在模糊地带。在传统机动车道路交通事故中,损害赔偿主体一般为机动车所有人或使用人,事故责任主体的过错也容易判断,但在智能网联汽车交通事故中,大多由驾驶人和自动驾驶系统共同完成驾驶任务。自动驾驶系统的加入使侵权事故的原因复杂化,生产者是否应该对自动驾驶系统的"过错"承担道路交通事故侵权责任需要讨论。如果受害人要实现基于

---

① 王康:《交通无过错事故的损害救济问题研究——兼及修订后的〈道路交通安全法〉第76条的立法疏漏及其弥补》,《行政与法》2010年第4期,第114—118页。

《道路交通安全法》第 76 条的请求权,则需对该条请求权基础的相关构成要件重新解释。

二、自动驾驶系统"过错"的认定

根据《道路交通安全法》第 76 条的规定,道路交通事故损害赔偿主体为"机动车一方",而"机动车一方"在法律上没有明确的界定。通过对《侵权责任法》第 49 条(被《民法典》第 1209 条更新)的分析可知,原则上机动车交通事故的损害赔偿主体是机动车所有人,当所有人和使用人不同时,使用人是损害赔偿主体。① 因此,"机动车一方"一般是指机动车所有人,在特殊情况下为机动车使用人。在弱智能阶段到强智能阶段的过程当中,智能网联汽车的驾驶人已经逐渐转变为乘客,驾驶人与自动驾驶系统共同分享驾驶权,直至丧失驾驶人的地位。驾驶人很可能对交通事故没有过错或过错较小,此时让智能网联汽车的所有人或使用人承担全部的损害赔偿责任似乎不当。

在道路交通事故侵权责任的承担上,欧洲普遍适用保有人责任。保有人是指以自担风险的方式享受收益并且对收益的前提拥有支配力的人,但是我国法律并没有明确保有人责任。在传统机动车道路交通事故情况下,保有人责任并不被学界看好,因为保有人理论是西方一些国家在其独有的机动车交通事故责任体系下基于危险责任理论而设立的,我国《道路交通安全法》是基于过错责任理论确立的。判断机动车保有人的标准为"实际支配力+运行收益",即运行支配与运行利益二元标准。② 我国学说采纳了该标准,并认为在适用时以运行支配为基础,以运行利益为补充。考虑到智能网联汽车的特殊性,智能化的自动驾驶系统的应用使得过错责任适用受阻,以驾驶人过错为基础的传统归责理论受到挑战,危险责任理论日益受到学者的肯定,保有人责任也将更加符合法律的现实需求。首先,基于运行支配理论广义说,虽然自动驾驶

---

① 《侵权责任法》第 49 条规定:"因租赁、借用等情形机动车所有人与使用人不是同一人时,发生交通事故后属于该机动车一方责任的,由保险公司在机动车强制保险责任限额范围内予以赔偿。不足部分,由机动车使用人承担赔偿责任;机动车所有人对损害的发生有过错的,承担相应的赔偿责任。"本条被《民法典》第 1209 条进行了更新:"因租赁、借用等情形机动车所有人与使用人不是同一人时,发生交通事故后属于该机动车一方责任的,由保险公司在机动车强制保险责任限额范围内予以赔偿。不足部分,由机动车使用人承担赔偿责任;机动车所有人对损害的发生有过错的,承担相应的赔偿责任。"
② 张新宝、解娜娜:《"机动车一方":道路交通事故赔偿义务人解析》,《法学家》2008 年第 6 期,第 46—52 页。

系统有自主性,但是驾驶人仍处于驾驶地位,在驾驶地位逐渐丧失的过程中,驾驶人对机动车仍具有直接支配或间接支配的可能,驾驶人仍为智能网联汽车的保有人。其次,根据运行利益理论,自动驾驶系统处于生产者的控制下,生产者对汽车运行中智能系统收集到的行车数据有潜在的利用便利,生产者也可被视为智能网联汽车的保有人。早在 2017 年日本警察厅发布的《自动驾驶汽车道路测试指南》中,就将生产者和远程控制方纳入了责任主体的范畴。[①]考虑到生产者在智能网联汽车系统的支配和获益,将智能网联汽车生产者纳入责任主体范畴并非不可行。

保有人责任理论更加适合用于智能网联汽车交通事故的处理。我国立法并未区分保有人和驾驶人责任,认为仅在驾驶人与所有人相分离的情况下才有必要考虑相关问题。[②] 在智能网联汽车交通事故中,自动驾驶系统经常充当驾驶人助手的角色,驾驶人与所有人相分离已经成为常态,即使《侵权责任法》第 51(《民法典》第 1214 条)、52 条(被《民法典》第 1215 条更新)存在损害赔偿责任主体的特殊规定,驾驶人责任也不能将智能网联汽车交通事故的潜在损害赔偿主体完全涵盖。在智能网联汽车交通事故中,应将"机动车一方"解释为包括智能网联汽车生产者、所有人、使用人等保有人,将生产者纳入现有的损害赔偿主体范围内。

自动驾驶系统与其他的软件系统、硬件系统共同构成了智能网联汽车,作为法律客体的智能网联汽车引起的道路交通事故需要由相关的法律主体承担赔偿责任。那么,自动驾驶系统的"过错"可以归属于智能网联汽车的所有人或使用人吗?在英美法上,对于合法使用财产而产生的伤害,行为人对自己的行为一般不承担侵权责任。[③] 驾驶智能网联汽车属于合法使用财产的行为,如果所有人或使用人在合法使用时对事故的发生没有过错,则不应承担赔偿责任。所有人或使用人承担道路交通侵权责任的理论基础是他们享有机动车的运行支配与运行利益,但是自动驾驶系统模式下部分运行利益与运行支配由

---

① Michael Cheng. Japan's Police Agency to Allow Testing of Self-driving Cars on Public Roadways, Future Car. http://www. future car. com/871/Japans-Police-Agency-to-Allow-Testing-of-Self-driving-Cars-on-Public-Roadways/2017 - 04 - 17. last accessed on Oct. 25, 2018.

② 于敏:《机动车损害赔偿责任与过失相抵——法律公平的本质及其实现过程》,法律出版社 2006 年版,第 129 页。

③ 徐爱国:《英美侵权行为法》,法律出版社 1999 年版,第 4 页。

生产者享有。因此,由自动驾驶系统的"过错"产生的交通事故应当由作为保有人的生产者承担。

三、接管状态下的责任承担

自动驾驶系统能够帮助驾驶人分担驾驶任务,而在人工驾驶与自动驾驶相互切换的过程中会存在一定的时间差,驾驶人接管自动驾驶系统时则会存在接管不及时的问题。此时,道路交通事故的发生应归咎于哪个主体? 这一问题直接影响受害人损害赔偿请求权的指向对象。因此,需要判断驾驶人承担接管义务的界限。

对过错的法律认定要么考察主观状态上当事人是否有故意或过失,要么考察客观上是否违反了相应的注意义务。[①] 驾驶人在人工驾驶模式下的故意或过失按照现行法律规定判断即可。在智能网联汽车的技术水平达到强智能阶段之前,大多数情况下都存在人工驾驶和自动驾驶的衔接问题,因此在现有过错内容之外还存在驾驶人的接管过错。驾驶人的接管义务的程度随着自动驾驶系统智能性的升高而降低。德国在《道路交通法》第八修正案中明确了驾驶人的警惕义务和接管义务,但未进行详细说明。[②] 驾驶人在汽车运行时应时刻保持注意力集中,履行警惕义务,驾驶人在机动车运行时应当及时接管,接管不及时或怠于接管将为其过错承担责任。但自动驾驶系统作出的行车指令是根据实时行车数据生成的,其内在逻辑和外在指令对于驾驶人来说具有不可预见性,驾驶人无法事先预测自动驾驶系统能否正常运行,因此,难以判断接管的具体时间。由于接管义务没有明确的判断标准,驾驶人是否存在违反相应义务的过错也难以判定。

强求驾驶人预先推断自动驾驶系统何时故障、何时发出接管指令是不合理的,在轻微程度的过错时便要驾驶人对未能及时接管机动车承担责任未免强人所难。自动驾驶系统在道路交通领域应用的最终目的是解放驾驶人的双手,在车内进行休息或娱乐,并且使驾驶人在自动驾驶状态下可摆脱因驾驶产生的疲劳,增加行车的舒适感。如果要求驾驶人时刻承担警惕和接管义务,将

---

① 殷秋实:《智能汽车的侵权法问题与应对》,《法律科学》2018 年第 5 期,第 42—51 页。
② 2017 年 6 月德国通过《道路交通法》第八修正案,规定在驾驶人意识到或自动驾驶系统要求时,驾驶人有义务立即接管。

违背自动驾驶系统的设计初衷,但这并不意味着没有确立警惕和接管义务的必要。在判断人工驾驶和自动驾驶这两种驾驶模式衔接过程中驾驶人的过错时,不当行为是否达到重大且明显程度应作为考量因素。如果自动驾驶系统已经发出接管指令而驾驶人明显怠于接管,或驾驶人在能够作出接管行为的时间内仍未接管,则应认定其存在过错。如果驾驶人明知自动驾驶系统模式下存在一定的事故风险,却存在醉酒等严重影响驾驶人履行接管义务的行为,应认定其存在过错。因此,驾驶人违反接管义务是否属于驾驶人过错需要结合违反义务的程度来判断。发生驾驶人接管义务范围之外的交通事故时,受害人可以根据《道路交通安全法》第 76 条向生产者请求赔偿损害,若驾驶人违反接管义务,则受害人可以向所有人或使用人请求损害赔偿。

在事故原因不明的情况下,可以认为生产者和使用人实施了共同危险行为。共同危险行为是指数人共同侵害他人,但不能确定加害人,由数人承担连带赔偿责任。[①] 我国现行法仅规定了加害人侵权责任的共同危险行为,德国法还规定了加害人侵权责任不明的共同危险行为,即无法分清各侵权人给受害人造成损害的份额。[②] 笔者认为,在智能网联汽车交通事故中宜采用德国法的规定,在无法判断弱智能阶段智能网联汽车在接管情形下的事故原因时,可以推定系生产者与使用人共同造成交通事故这一危险行为,应由作为保有人的生产者和使用人共同承担赔偿责任。

四、可能存在的抗辩

在自动驾驶系统"过错"引起的交通事故的情况下,当生产者被纳入道路交通事故损害赔偿主体范围,受害人或可依据《道路交通安全法》第 76 条请求生产者赔偿损害。此时,生产者可能以自己与道路交通事故不存在因果关系和过错为由进行抗辩。在过错的判断上,生产者对处于自己控制下的自动驾驶系统有义务定期更新并保证其正常运行,如果在自动驾驶模式下发生交通事故,生产者至少存在一定的过失。因此,自动驾驶系统的故障可以推定为生产者过错。在不存在第三人恶意入侵自动驾驶系统或者是因为相关人员的不当使用造成系统损坏的情况下,生产者应当对自动驾驶系统的"过错"引发的

---

① 王利明:《侵权行为法归责原则研究》,中国政法大学出版社 2004 年版,第 310 页。
② 程啸:《侵权行为法总论》,中国人民大学出版社 2008 年版,第 395—396 页。

道路交通事故损害承担责任。

五、小结

在自动驾驶模式下的智能网联汽车交通事故中,当受害人依据《道路交通安全法》第 76 条向智能网联汽车的所有人或使用人请求赔偿损害,若损害是由于自动驾驶系统故障所致,所有人或使用人可以自己无过错为由进行抗辩。此时,自动驾驶系统的"过错"所导致的损害责任应由生产者承担。在"机动车一方"无过错发生的交通事故中,对弱智能网联汽车所致损害,受害人可以依据《侵权责任法》第 24 条①请求相关主体予以分担;在强智能阶段,智能网联汽车不受驾驶人和生产者的控制,可以高度危险责任来归责。

第四节 产品侵权责任请求权

一、请求权基础的初步分析

虽然智能网联汽车有智能属性,但其仍然属于产品。因智能网联汽车产品缺陷造成道路交通事故的,受害人可依据《侵权责任法》第 41(被《民法典》第 1202 条取代)、42 条(被《民法典》第 1203 条取代)规定,请求智能网联汽车生产者和销售者承担产品责任。

在构成要件上,前述第 41 条包括"产品存在缺陷",第 42 条包括"销售者具有过错"。对"产品存在缺陷"的问题需要重点关注。弱智能阶段与强智能阶段的智能网联汽车自动驾驶系统的不可控性存在显著不同。弱智能阶段的自动驾驶系统的缺陷更易被认定,而强智能阶段的自动驾驶系统可以达到人类智慧水平,若将此时发生的交通事故认定为自动驾驶系统的产品缺陷而追究生产者的产品责任,则存在解释上的困难。所以,自动驾驶系统的缺陷如何判断、自动驾驶系统的缺陷与交通事故的发生是否存在因果关系是受害人基

---

① 本条被《民法典》进行了更新,在适用范围上加以限制。《民法典》第 1186 条规定:"受害人和行为人对损害的发生都没有过错的,依照法律的规定由双方分担损失。"如果没有法律的具体规定,在"机动车一方"无过错时发生的意外交通事故,就难以适用本条所指的"分担损失"规则。

于《侵权责任法》第 41 条的请求权能否顺利实现的关键。

二、对自动驾驶系统缺陷的判断

智能网联汽车是传统汽车和自动驾驶系统的结合体,传统汽车缺陷,例如刹车系统故障等硬件缺陷依据原有标准即可判断,但对自动驾驶系统软件的缺陷判断则更为复杂。一般来说,产品缺陷包括:设计缺陷、制造缺陷、警示缺陷等。自动驾驶系统缺陷的判断主要在于设计缺陷的判断,其他方面与自动驾驶技术的特殊性关联不大。

根据《产品质量法》第 46 条的规定,判断产品缺陷有两个标准:一是不合理危险标准;二是国家标准或行业标准。目前人工智能处于发展阶段,智能网联汽车搭载的自动驾驶系统没有统一的产品标准,在认定设计缺陷时没有明确的依据。能够依法上路行驶的智能网联汽车必须履行各项审批手续,并通过相关部门的质量检验,但即使规定了相关标准,也无法覆盖所有可能的道路交通环境下的安全性能指标。制定自动驾驶系统的缺陷标准并不容易,相关部门很难用具体的语言规范来描述高新技术应达到何种具体标准。在人工智能飞速发展的时代,技术更新速度极快,但标准要具备一定的稳定性,制定相应标准似乎难以实现。所以,大部分学者对于国家或行业标准说都持保守态度,转而倾向于"不合理危险"标准。我国通说认为"不合理危险"标准指消费者期待标准,即在正常情况下,一个善良人对产品的安全性期望,[1]但"不合理危险"标准不适用于单独作为认定自动驾驶系统缺陷的标准。自动驾驶系统是非常复杂的,受害人即使聘请专业机构也很难提出证据证明其符合安全性期待的自动驾驶系统标准。在智能网联汽车出售时,生产者会提示自动驾驶汽车的风险,并明确提醒驾驶人负有警示和接管的义务。即使交通事故受害者以设计缺陷请求生产者损害赔偿,生产者也会以售前已提示自动驾驶系统的风险进行抗辩。同时,何种情况属于设计不合理也规定的较为模糊,法官具有较大的自由裁量权,难以与消费者期待的安全性标准有效衔接。

设计缺陷是指产品设计可以通过替代性设计消除或减少的不安全因素。在现阶段,不能确定自动驾驶系统应具备何种技术水平才能达到应有的安全

---

① 　王泽鉴:《民法概要》,北京大学出版社 2011 年版,第 301 页。

性标准。在弱智能阶段,生产者在自动驾驶系统的设计上的缺陷比较容易得到证明,但在强智能阶段,甚至连生产者也无法控制自动驾驶系统,故对缺陷或安全性的判断就非常困难。

在对自动驾驶系统设计缺陷的判断上,可以参照"人类驾驶员标准"。"人类驾驶员标准"是"不合理危险"的客观具体化,是指正常、成熟和守法的人类驾驶员面对不同道路交通情况作出的安全驾驶行为和由其产生的最小损害后果。可以通过提炼普通标准和补充个案经验,将驾驶行为要件分为基础部分与补充部分。基础部分要求满足驾驶人普遍应当遵守的原则、技术经验、价值观等基本标准,补充部分要求满足特殊情况下一般人类驾驶员将会做出的反应。[1] 根据"人类驾驶员标准"对自动驾驶系统设计缺陷的认定,不必陷入探究复杂的编程算法是否存在缺陷的困境里,只要不符合同等条件下一般人类驾驶员将做出的普遍行为,即可认定自动驾驶系统存在设计缺陷。从产品缺陷的证明责任来看,因产品责任属于无过错责任,受害者除了无须证明侵权人的过错,对产品缺陷等其他构成要件都需要进行举证。以"人类驾驶员标准"判断自动驾驶系统的缺陷能够降低受害人的举证难度,体现对相对弱势的受害人的保护。

除了参照"人类驾驶员标准"之外,还应当参考事故发生时自动驾驶系统研发行业的整体水平。在汽车上安装自动驾驶系统的目的是使人工智能可以更好地辅助甚至代替人类驾驶,降低因醉酒、疲劳驾驶、注意力不集中等自然人生理上的弊端引起的交通事故发生率。自动驾驶系统理应能够达到人类驾驶员的驾驶水平,甚至应当比人类驾驶员更好地完成安全驾驶的任务。从这一层面来讲,"人类驾驶员标准"有可能比自动驾驶系统应当达到的安全性标准更为宽松,要求自动驾驶系统达到交通事故发生时行业整体的技术水平,避免了对缺陷程序算法进行认定的困难,只要事故发生时行业整体的技术水平可以避免此类情况下发生交通事故,就应当认定该自动驾驶系统存在缺陷。

三、对因果关系的判断

在传统汽车交通事故中,产品缺陷与事故之间的因果关系可以依据案件

---

[1] 任家仪:《自主驾驶系统的"人类驾驶人标准"——产品责任的解释论研究》,《东北农业大学学报(社会科学版)》2019 年第 5 期,第 60—66 页。

事实和一般社会经验加以证实。鉴于智能网联汽车具有人工驾驶和自动驾驶两种模式,故对因果关系的判断就相对复杂。

在我国司法实践中主要采纳相当因果关系说。受害人只需证明产品存在缺陷给其造成损害即完成证明责任。[①] 在相当因果关系的判断上主要有删除法和替代法,主要是将侵权行为删除或替换为合法行为后损害结果是否仍会发生,以此判断因果关系存在与否。[②] 在自动驾驶模式下的智能网联汽车交通事故中,因与果之间是否具有联系,不能简单地通过删除或替代侵权行为得出。因为在大多数情形下,甚至生产者也无法控制自动驾驶系统自主决策的算法逻辑,无法判断决策行为本身是否具有危害性,删除法和替代法也无法运用。而且,智能网联汽车交通事故涉及驾驶人和自动驾驶系统的协作,事故原因可能多种多样,例如驾驶人的过错行为、自动驾驶系统故障、受害者的过错行为、黑客攻击自动驾驶系统的行为等,多因一果和一因多果现象普遍存在。其中,判断因果关系的主要难点在于涉及自动驾驶系统的部分。在智能网联汽车交通事故中应对驾驶人、网络入侵者、受害人等主体是否具有侵权行为进行认定,如果能够排除这些因素,则仅剩自动驾驶系统的操作行为,此时可以依据相当性规则认定自动驾驶系统存在操作不当,并与损害结果之间构成因果关系。

智能网联汽车交通事故涉及对自动驾驶系统缺陷的举证,受害人往往没有能力加以证明。考虑到智能网联汽车(尤其是强智能网联汽车)的危险性,举证责任倒置可能是较妥当的选择,也有必要引入专家进行司法鉴定。

四、生产者的抗辩

《产品质量法》第 41 条规定了生产者对产品缺陷的免责条款,生产者可以根据相应的免责情形提出抗辩。[③] 在智能网联汽车交通事故中,生产者抗辩权的行使影响着受害人的产品侵权责任请求权的实现。智能网联汽车的自主性使我们不能预测它是否会完全按照驾驶人所希望的正常驾驶操作来完成驾驶

---

① 王利明:《侵权责任法研究》,中国人民大学出版社 2011 年版,第 258 页。

② 冉克平:《产品责任理论与判例研究》,北京大学出版社 2014 年版,第 229 页。

③ 《产品质量法》第 41 条第 2 款规定:"生产者能够证明有下列情形之一的,不承担赔偿责任:(一)未将产品投入流通的;(二)产品投入流通时,引起损害的缺陷尚不存在的;(三)将产品投入流通时的科学技术水平尚不能发现缺陷的存在的。"

任务,是否会超出自动驾驶系统的程序设定而衍生出程序员也不可预知的驾驶决策。弱智能阶段的智能网联汽车自主性低,自动驾驶系统的操作不易超出生产者的控制范围,在侵权事实清楚、证据确实充分的情况下,对受害人的产品侵权责任请求权的实现不会产生较大困难。而强智能阶段的智能网联汽车自主性高,自动驾驶系统的驾驶指令大多超出基础算法的控制范围,如果具备产品缺陷的免责事由,生产者可以依据《产品质量法》第 41 条第 2 款进行抗辩。在强智能阶段的智能网联汽车道路交通事故中,生产者的抗辩权极易行使,只有对产品缺陷的免责条款做出限制性的严格解释才能保障公平,维护受害者的合法权益。

(一)道路测试阶段是否属于"未将产品投入流通"

《产品质量法》第 41 条第 2 款第 1 项将"未将产品投入流通"作为生产者的产品缺陷免责事由。"未将产品投入流通"是指生产者未将产品投放市场进行出售,道路测试阶段的产品不能被认定为已经投入流通。截至目前,有条件自动驾驶阶段的中级智能网联汽车还未正式大面积投入市场,国内外影响较大的智能网联汽车交通事故大部分都发生在道路测试阶段。若在道路测试阶段发生智能网联汽车道路交通事故,生产者可以产品未投入流通而主张免责,这将对事故受害人造成不公。我国相关法律规定,测试主体必须交纳最低限额以上的交通事故责任强制保险,在测试期间发生交通事故按照道路交通安全法律法规认定当事人的责任。虽然有强制保险作为救济,但是如果在道路测试阶段的事故损害超过了保险赔付限额,并且事故完全是自动驾驶系统决策失误造成的,生产者又以未将产品投入流通进行抗辩,则受害人将不能获得充分救济。

一般认为,生产者完成产品交付即为已投入流通。[①] 未将产品交付意味着产品尚未脱离生产者的控制,脱离生产者控制意味着生产者不能保证产品是否会产生危害结果。智能网联汽车与普通机动车不同,在智能网联汽车进行道路测试时,需要在公共道路上对现实路况下自动驾驶系统的安全性能进行全方位测试,自动驾驶系统的决策失误或行为失控将危害公共安全。本质上,智能网联汽车投入市场后的状态和在公共道路上的测试阶段状态相同,且在

————————————————————————————

① 王翔:《关于产品责任抗辩事由的比较研究》,《政治与法律》2002 年第 4 期,第 24—27 页。

公共道路上产生的危险性程度是相同的。李彦宏(百度总裁)在北京乘坐自动驾驶汽车进行测试时,这辆测试车与已经投入市场的机动车在交通事故侵权的情况下并无本质上的区别。如果生产者以智能网联汽车未投入市场而免责,受害者将得不到合理的赔付,则无疑违反损害与救济相适应的立法原则,同时也会产生不利的社会影响。因此,在道路测试阶段发生智能网联汽车交通事故时,"未将产品投入流通"应做扩大解释,将道路测试阶段扩大认定为与投入市场阶段具备相同的性质。

(二)产品投入流通时缺陷是否存在

自动驾驶系统的缺陷是在投入流通时已经存在的,还是在测试阶段或售出之后经过人工智能的自主学习而产生的,这一事实认定对免责事由的适用至关重要。美国《统一产品责任示范法》第104条指出,生产者对产品设计上不合理的安全性承担缺陷责任,[①]但这种产品设计应当是能够由生产者控制的设计,对于产品交付之后因其他原因而改变的设计,生产者不承担责任。自动驾驶系统在不同驾驶环境下形成的驾驶指令是不断变化的,不会完全依照原始程序设计运行,生产者很难证明自动驾驶系统的设计在投入流通时是否存在缺陷,除非导致交通事故的缺陷是使用者明显的使用不当造成的,例如,擅自更改自动驾驶系统、在系统提示下未及时进行系统升级等。或者缺陷是第三人侵权导致的,例如,黑客攻击、第三人恶意对自动驾驶硬件进行物理破坏等违法行为。由此看来,在不存在明显外界的不当或违法行为时,智能网联汽车生产者很难主张免责事由。

(三)对"科学技术水平尚不能发现缺陷的存在"的理解

我国《产品质量法》第41条第3项免责条款在理论上也被称为"发展风险抗辩"。发展风险抗辩有其存在的必要性,生产者对无法控制的产品缺陷免责的规则能够促进新技术、新产品的研发。发展风险抗辩经历了一个被拒绝适用到有限适用,再到被接受和扩大适用的过程。在美国,判例和成文立法中显示出的共同思想是不要求产品生产者承担产品投入市场时不可预见、不能控

---

① 美国《统一产品责任示范法》第104条规定:如果并且只有在下列情形下,可以证明产品存在缺陷:① 产品制造上存在不合理的不安全性;② 产品设计上存在不合理的不安全性;③ 未给予适当警告或指示,致使产品存在不合理的不安全性;④ 不符合产品销售者的明示担保,致使产品存在不合理的不安全性。

制的风险引起的责任。① 一般认为,对发展风险抗辩中的"科学技术水平"应以社会整体具有的科学水平为判断标准,②但在自动驾驶系统产品缺陷的判断上,似乎难以把握这个标准。欧盟《产品责任指令》第 7 条(e)款中"产品投入流通时的科学技术知识"是指缺陷产品投入流通时的最先进的科学和技术知识,其在空间范围上是全世界。自动驾驶技术往往掌握在少数巨头企业的手中,某一家生产者的技术就可以代表社会整体的科学技术水平。作为高新技术的自动驾驶系统,对其缺陷的判断应当以世界范围内最先进的科学技术水平为标准。

最高技术水平标准的适用需要有合理的时间标准,例如产品投入流通时、产品为生产者控制时、产品设计或制造时。我国《产品责任法》规定的时间标准是"产品投入流通时",但此标准只能适用于那些在生产者售出后就失去控制的产品。对于智能网联汽车来说,该标准不能更好地保障受害人的权益。自动驾驶系统与普通产品的不同之处在于其在售后可以通过网络随时进行更新,本质上,生产者仍然可以控制自动驾驶系统,普通的产品一经售出,生产者就丧失了对产品的控制,只有使用者可以对其施加影响。在智能网联汽车交通事故中,生产者不能因智能网联汽车已经出售而拒绝承担仍处于自己控制之下的自动驾驶系统的产品缺陷责任。普通产品能够以产品投入流通时的科学技术水平尚不能发现缺陷抗辩,这是因为出售行为切断了生产者与产品之间的后续联系,普通产品在售出后产生的缺陷与生产者无关。而自动驾驶系统属于人工智能层面的科学技术,网络技术是无形的,生产者通过原始端即可控制客户端的系统算法。出售智能网联汽车不能阻断生产者与自动驾驶系统的后续联系甚至是实时联系。如果以过去售出智能网联汽车时的科技水平来判断自动驾驶系统的缺陷,生产者对事故发生时智能网联汽车的产品缺陷责任将有理由被免除。因为自动驾驶系统脱离生产者控制时晚于产品设计时,产品设计之后生产者仍有时间对产品质量进行优化,在此期间生产者还有机会研发出更好的替代性设计。所以,最高科技水平的判断应以产品脱离生产者控制时为标准。

---

① 李俊、马春才:《欧美发展风险抗辩制度及其启示》,《河南社会科学》2018 年第 12 期,第 22—27 页。
② 卞耀武:《中华人民共和国产品质量法释义》,法律出版社 2000 年版,第 93 页。

五、小结

在自动驾驶缺陷引发的智能网联汽车交通事故中,受害人可以请求生产者承担产品责任。虽然自动驾驶系统的智能性给产品缺陷的认定带来困难,但是通过法解释能够暂时使问题得到解决。弱智能阶段的智能网联汽车自主学习能力较弱,在产品缺陷的判断和生产者抗辩权的判断上较为简单。强智能阶段的自动驾驶系统的智能性更强,如果在自动驾驶系统脱离生产者控制时最高科学技术水平尚不能发现缺陷的存在,那么,生产者可主张发展风险抗辩,这将使受害人的产品责任请求权得不到实现。此时,可以考虑高度危险侵权责任请求权。

第五节　高度危险侵权责任请求权

一、请求权基础的初步分析

我国智能网联汽车道路交通事故受害人可依据《侵权责任法》第 69 条(《民法典》第 1236 条)请求赔偿损害。本条规定了高度危险作业损害责任。高度危险责任属于严格责任,所以在一般情况下不需要考虑行为人的过错。[①]就智能网联汽车交通事故而言,上路行驶是否属于高度危险作业、责任主体如何认定是需要着重探讨的问题。

二、智能网联汽车的高度危险

"危险责任"概念来源于德国,大陆法系国家(地区)大多称为"无过错责任",英美法系国家则称之为"严格责任"。[②] 危险责任、无过错责任和严格责任,这三个概念在我国侵权责任立法、司法和理论中常常无法得到清晰的区

---

① 当然,在法律规定赔偿限额的情形下,过错的存在具有突破法定限额的意义。《民法典》第 1244 条规定:"承担高度危险责任,法律规定赔偿限额的,依照其规定,但是行为人有故意或者重大过失的除外。"

② 王泽鉴:《民法学说与判例研究》(第一册),中国政法大学出版社 1998 年版,第 8 页。

分,似乎都表示相似的内涵。① 危险责任是指在危险源引起的意外事件造成损害时,不以故意或过失为要件,对法律规定的受害人所负之损害赔偿责任。② 危险责任从字面意思上更能清晰地表示责任设定的基础。与无过错责任和严格责任相比,危险责任的概念更具有司法实践中的优势,便于理解危险责任的设定是基于特定的危险。在传统侵权法理论中无过错责任概念已经占据了极其重要的地位,危险责任概念自然无法代替,但其可以在更加需要突出危险性的情形中被设定。

危险分为一般危险和高度危险。在高度危险的情形下,行为人即使尽到高度注意义务也可能难以避免损害的发生。一个高度危险的例子就是坐飞机。③ 在现行法律规定中,普通机动车并未被列为高度危险物,一般的交通工具虽然也有一定的危险性但是较为轻微,其上路行驶属于法律允许的风险。而自动驾驶汽车则应属于高度危险行为。④ 高度危险责任的根本理念在于对不幸损害的合理分配。⑤ 不幸,代表着即使任何人都不存在过错,危害结果也有可能发生。

高度危险责任应仅适用于强智能阶段的智能网联汽车交通事故。当风险不具有相互性时,支持严格责任具有正当性。⑥ 在强智能阶段的智能网联汽车交通事故中,风险明显不具有相互性。在强智能阶段,智能网联汽车完全有可能跳出人类预设的规则,作出难以预料的行为。⑦ 在弱智能阶段,智能网联汽车未能独立决策,驾驶人并未完全失去控制,仍有接管义务和风险交互的空间。在强智能阶段的智能网联汽车交通事故中,即使驾驶人、生产者、受害人都没有过错,智能网联汽车的失控对道路交通安全也极具危险性。所以,将高度危险责任仅适用于强智能阶段的智能网联汽车交通事故具有妥当性。

---

① 岳洪强:《我国民法典中危险责任制度的建构》,《法商研究》2019年第6期,第39—51页。
② 黄茂荣:《论危险责任及其立法》,《北方法学》2019年第3期,第5—16页。
③ [美]威廉·M.兰德斯、理查德·A.波斯纳:《侵权法的经济结构》,王强、杨媛译,北京大学出版社2005年版,第122—125页。
④ Kyle Colonna. Autonomous Cars and Tort Liability. *Journal of Law, Technology and the Internet*, 2012, Vol.4, No.1, pp.124-130.
⑤ 王泽鉴:《民法学说与判例研究》(第五册),中国政法大学出版社2005年版,第226页。
⑥ [美]格瑞尔德·J.波斯特马:《哲学与侵权行为法》,陈敏、云建芳译,北京大学出版社2005年版,第39页。
⑦ Ian Y. Noy, David Shinar, William J. Horrey. Automated Driving: Safety Blind Spots. *Safety Science*, Vol.102, 2018, pp.68-78.

　　根据智能网联汽车本身的性质,不宜认定智能网联汽车侵权为高度危险物侵权,而应视为高度危险作业侵权。随着社会的发展,一些新事物应当被纳入高度危险作业的范畴。高度危险作业的本身需要有合法性,这是基于生产生活的需要。智能网联汽车的上路行驶在相关政策出台后是符合法律规定的,并且是一种可能引起高度危险的生活行为。《侵权责任法》和《民法典》对高度危险作业和高度危险物侵权都作出了规定,区别在于高度危险作业的危险是基于作业产生的,而高度危险物的危险是基于危险物本身产生的。智能网联汽车在没有被开启的时候仍然是普通的汽车,不会移动,也不像易燃易爆物质那样危险,其产生的危险是基于驾驶行为。智能网联汽车的道路交通环境复杂多变,自动驾驶系统需要处理的驾驶操作更为复杂,危险性更高。同时,强智能阶段的智能网联汽车的不可预测性和事故原因的不可解释性决定了其易失去控制,一旦发生与智能网联汽车相关的交通事故,后果将更为严重。因此,强智能阶段的智能网联汽车应当被解释为高度危险作业。

三、智能网联汽车高度危险责任的责任主体

　　高度危险作业物在使用过程中因产生缺陷而致害,作业人当属责任主体。[①] 其中,作业人应当是指作出危险活动的主体。作出危险活动的主体通常占有危险物,智能网联汽车的使用人或所有人理应是危险责任的承担者。但是,自动驾驶系统的自主性使所有人或使用人不能掌控系统的具体驾驶操作,其表面上对智能网联汽车的行驶有管控力,对行车的目的地产生影响,却不能在实质上影响驾驶行为。在具体的行车环境中,自动驾驶系统独立作出决策并下达行车指令,生产者是对自动驾驶系统客户端有控制能力的主体。因此,生产者和所有人在引起和管理智能网联汽车的危险上都有一定程度上的影响力。笔者认为,当强智能阶段的智能网联汽车作为危险源,引起或管理该危险源之人应当为保有人。在智能网联汽车的所有人与驾驶人同一时,典型的责任承担者为智能网联汽车的所有人和生产者。因为所有人购买智能网联汽车使其在公共道路上行驶,享受其带来的出行便利,享有车辆的运行利益,是危险源的引起者。而生产者有义务并有能力对自动驾驶系统的程序算法进行更

---

① 汪松明:《论高度危险作业致害的赔偿责任》,《西南民族学院学报(哲学社会科学版)》2001 年第 3 期,第 161—163 页。

新和维护,对自动驾驶系统享有持续控制力,生产者是危险源的管理者。智能网联汽车能够在公共道路上行驶,需要所有人和生产者共同对危险源负担起管理的责任。

当高度危险责任的责任主体是智能网联汽车的保有人时,各个保有人之间应当按比例承担责任。智能网联汽车上路行驶,驾驶人是自动驾驶系统的启动者,也是风险的开启者,不能仅仅为了便于分担损害就完全让生产者承担危险责任。而且让生产者独自背负沉重的责任也不利于提高自动驾驶系统新技术的研发积极性。自动驾驶系统需要与智能驾驶汽车连接成一个整体才能作为交通运输工具,自动驾驶系统的危险性与机动车的结合才能产生高度危险性。驾驶人负担机动车部分的危险责任,生产者负担自动驾驶系统部分的危险责任,两者相结合才能真正将智能网联汽车的危险责任全覆盖,切实保障事故受害人的合法权益。因此,作为保有人的生产者、所有人或使用人应当承担强智能阶段的智能网联汽车交通事故高度危险责任。具体承担责任的比例应当按照对危险和损害发生的原因力比例进行划分。

四、责任主体的抗辩

智能网联汽车交通事故的责任主体可主张受害人故意进行责任抗辩。与强智能阶段的智能网联汽车交通事故致害最相近的是民用航空器致害。强智能网联汽车的高度危险是因其行驶于公共道路,民用航空器的高度危险是因其应用于高空飞行,二者都只有在运行的时候才会产生高度危险,在停放的时候并不会产生高度危险。《侵权责任法》第71条(《民法典》第1238条)仅规定了受害人故意这一项免责条款,智能网联汽车交通事故责任主体也可以主张受害人故意的抗辩。

五、小结

强智能阶段的智能网联汽车有着超强的自主学习能力,智能水平与人类相当,其引发的交通事故危险性极强。强智能阶段的智能网联汽车上路行驶可以被解释为高度危险作业,受害人可以主张高度危险责任的请求权。但是现有《民法典》的规定只是一般条款,不能反映智能网联汽车高度危险责任特殊性,未来应通过特别立法来完善。

第六节　受害人损害赔偿请求权的
实现路径建议

一、受害人在现行法上的请求权实现路径

弱智能阶段的智能网联汽车事故受害人可以基于《道路交通安全法》第 76 条请求保险公司在第三者强制责任保险的限额内予以赔偿。对于超出责任保险限额的赔偿部分，如果交通事故是由自动驾驶系统的缺陷引发的，那么应由生产者负责，受害人可以请求生产者承担相应的责任。如果机动车一方无过错，受害人可以请求保有人承担不超过 10% 的赔偿责任。基于运行利益与运行支配理论，智能网联汽车的生产者可以被视为道路交通事故损害赔偿主体，应当承担损害赔偿责任。

传统机动车道路交通事故责任是解决人的责任，只有在出现因机动车的缺陷造成交通事故责任时，才适用产品责任规则。智能网联汽车发生交通事故却不是这样，主要不是基于人的行为的责任，而是基于车的系统缺陷的责任。[①] 因为自动驾驶系统的缺陷属于产品缺陷，此时还涉及智能网联汽车生产者的产品责任。一般情况下，弱智能阶段的智能网联汽车的缺陷都属于可以预见的，生产者应当承担产品责任。

强智能阶段的智能网联汽车交通事故同样受到《道路交通安全法》与《产品责任法》的规制。在机动车交通事故侵权责任请求权方面，与前述规则基本相同。在产品责任请求权方面，强智能阶段的自动驾驶系统脱离了生产者的控制，生产者或许可以主张发展风险抗辩（存在科技水平标准判断的困难），此时受害人的产品侵权责任请求权难以实现。强智能阶段的智能网联汽车行驶活动可以被解释为高度危险作业，受害人可请求生产者基于其对自动驾驶系统的控制力而承担高度危险责任。

智能网联汽车生产者基于运行支配和运行利益而承担道路交通事故侵权

---

① 杨立新：《自动驾驶机动车交通事故责任的规则设计》，《福建师范大学学报（哲学社会科学版）》2019 年第 3 期，第 75—88、169 页。

责任,或者基于产品缺陷而承担产品责任,但受害人不能同时基于两个请求权得到双倍的赔偿,只能择一行使。

二、制定智能网联汽车交通事故责任的特别规则

(一)新增智能网联汽车损害赔偿责任条款

智能网联汽车交通事故引起的责任在一般情况下具有双重属性,道路交通事故责任和产品责任这两种性质兼而有之。传统机动车交通事故主要是以驾驶人责任为基础,而智能网联汽车交通事故中驾驶人的作用降低,智能网联汽车作为产品为人类提供更加便利的行车体验。所以,对智能网联汽车交通事故损害的救济应当倾向产品责任规则,现行道路交通事故责任规则还有不能解决的问题,可以通过新增特别的条款进行解决。例如增加:"智能网联汽车因产品缺陷发生交通事故造成损害的,由生产者在该缺陷所造成的损害范围承担产品责任。"这是因为在自动驾驶模式下的智能网联汽车交通事故确与产品缺陷有着密不可分的关系,《产品责任法》对产品责任的规定更具直接性,在智能网联汽车运行过程中自动驾驶系统取代驾驶人发挥主要作用。① 虽然生产者作为机动车的保有人也应当承担道路交通侵权责任,但是在产品有缺陷的情况下,生产者的定义仍应当回归产品责任法的规制范畴。当然,在此情形下,生产者仍可以依据产品缺陷免责条款进行抗辩。

(二)制定专门的智能网联汽车安全法

从长远来看,毕竟智能网联汽车等人工智能与传统产品有着显著不同,其独特的自主学习能力使现行法无法得到有效适用。对此,我国可以借鉴其他国家的经验,制定专门的智能网联汽车安全法。2017 年 9 月,美国通过了《自动驾驶法案》,②该法案是美国第一部涉及自动驾驶汽车的发展、测试和部署的法案。2018 年 7 月,英国下议院通过了《自动驾驶和电动汽车法案》,③对自动

---

① 杨立新:《自动驾驶机动车交通事故责任的规则设计》,《福建师范大学学报(哲学社会科学版)》2019 年第 3 期,第 75—88、169 页。

② Rep. Latta, Robert E, H. R. 3388 - SELF DRIVE Act, 115th Congress (2017 - 2018) https://www.congress.gov/bill/115-congress/house-bill/3388/2017 - 09 - 06. last accessed on Oct. 23, 2018.

③ Chris Grayling, Baroness Sugg. Automated and Electric Vehicles Act, Government Bill. https://services. parliament. uk/bills/2017 - 19/automatedandelectricvehicles. html/2018 - 07 - 19. last accessed on Oct. 25, 2018.

驾驶汽车涉及的法律问题做了专门规定。

智能网联汽车安全法除了要对产品责任、交通事故侵权责任等做出明确规定外,还要规定智能网联汽车安全监管机制、道路测试阶段的责任主体、举证责任、网络黑客等第三人侵权下生产者的不真正连带责任、生产者和销售者的追偿权、保险等社会化损害救济机制等内容。

具体来说,在道路测试阶段责任承担方面应当规定:"道路测试阶段中的智能网联汽车交通事故造成损害,参照已投入市场的智能网联汽车交通事故责任的规定。"在智能网联汽车的安全标准方面应当规定:"智能网联汽车生产者或自动驾驶系统提供商应当定期提交自动驾驶系统安全评估证明。"在智能网联汽车驾驶人的资格方面可以参照《道路交通安全法》第 19 条—20 条规定,驾驶智能网联汽车应当依法取得智能网联汽车专用驾驶证。因为智能网联汽车有不同的智能等级,在弱智能阶段驾驶人仍有警惕和接管义务,需要有一定的驾驶技能。对于轻微饮酒、接打电话等行为,在驾驶智能网联汽车的情况下可以适当被允许,因为智能网联汽车应用的初衷就是解放驾驶人的双手。在交通事故举证责任方面可以规定:"因自动驾驶系统造成交通事故,由生产者对事故与损害之间的因果关系承担举证责任。"因为事故受害人不具备对自动驾驶系统缺陷的举证能力,不具有专业知识并且难以掌握关键数据信息。在保险方面可以规定:"智能网联汽车的生产者和所有者,应当为智能网联汽车投保。"在第三人侵权责任方面可以规定:"因自动驾驶系统设计者、网络入侵者等第三人的原因造成智能网联汽车交通事故,生产者、销售者赔偿后,有权向第三人追偿。"

三、完善智能网联汽车技术监管制度

（一）"黑匣子"技术监管制度

在智能网联汽车交通事故的责任认定中,判断因果关系的最大难题在于自动驾驶系统的自主性强、系统内部的算法规则精密,使得判断机动车交通事故的传统技术手段无法应用于智能网联汽车。因此,需要加强先进技术的研发,为认定智能网联汽车交通事故原因提供有效的技术支持,也为事故受害人获得合理的救济提供保障。

在搭载自动驾驶系统的智能网联汽车上安装"黑匣子"是大多数国家所推

崇的,"黑匣子"通常可以为查明事故原因提供重要的线索依据。修订后的德国《道路交通法》在第 63a 条规定了类似飞机"黑匣子"的数据记录与加工,记录的重点在于人机切换阶段的时间点与故障情况。在美国,安装在机动车上的数据记录仪用于记录事故发生前几秒内车辆和驾驶人的信息。"黑匣子"与现有的行车记录仪是有区别的。行车记录仪主要通过视频拍摄方式来记录汽车行驶过程中的外部情况,虽然能够对认定智能网联汽车交通事故的发生过程提供技术支持,但其无法对事故发生的具体原因提供技术帮助。"黑匣子"技术可以对驾驶人操作数据、驾驶系统制动和刹车等行车数据详细记录。因此,加快研发"黑匣子"技术,为分析自动驾驶汽车事故原因提供技术支持是十分必要的。在推进"黑匣子"技术应用到智能网联汽车以方便对事故原因进行调查的同时,也产生了个人信息保护的问题。"黑匣子"的应用难免会对个人信息的保护产生不利影响,车主的行车路线、在某地的停留时间、行车过程中的各种细节之处都会被"黑匣子"记录下来。所以,在运用"黑匣子"的同时应当注意加强对个人信息的保护。

(二)"区块链"技术监管制度

区块链技术也可以为智能网联汽车交通事故的责任认定提供有效的帮助。区块链技术被称为分布式账本技术,是一种互联网数据库技术,其特点是去中心化、公开透明。目前,区块链技术可以在信息共享、版权保护、物流链、跨境支付、资产数字化等场景中得到应用。未来可以考虑将区块链技术应用于自动驾驶系统的监测过程。因为区块链技术能够对数据加密处理,可使数据不易被篡改。在自动驾驶系统的监测过程中使用区块链技术能够最大限度地保证驾驶数据的原始性和安全性,有助于事故原因的认定。区块链技术能够防止不法行为人在智能网联汽车交通事故发生后篡改驾驶数据,为受害人提供有效的帮助。在具体应用方面,可以建立智能网联汽车自动驾驶系统中心数据库,将每辆自动驾驶系统的行车数据通过区块链技术上传到中心数据库,中心数据库内的数据会随着车辆的行驶而变换实时数据,这些实时数据以区块链的形式被保留下来,数据的透明性和不可更改性将为交通事故原因的后续调查提供有力的证明。

在运用"黑匣子"和"区块链"等技术保障措施的同时,也应当注重对个人信息的保护。2017 年 9 月 6 日通过的美国《自动驾驶法案》直接规范了用户隐私问题,要求生产者必须在销售时明确提示消费者,即生产者将对不涉及匿名或加密的用户信息进行收集和使用。我国也应当通过细化个人隐私保护方面的法律法规,并加强信息保护技术的研发,从技术和制度方面切实促进先进科学技术在有效保障个人隐私的同时发挥记录信息的作用。在智能网联汽车专项法律法规中应明确生产者有义务保障用户的个人隐私不被泄露,在提取个人信息前应当取得用户的明示许可,并严格限制对用户个人隐私信息的使用范围。人工智能已成为隐私信息的载体,技术保障措施在获取并存储个人隐私的同时也增强了隐私的获取性。虽然智能网联汽车在行驶过程中可以获取用户的声音、画面、行车轨迹等个人信息,但是如果不对这些个人信息进行保护,则不利于技术保障措施的顺利实施。所以,应当健全个人信息保护制度,赋予用户数据携带权和被遗忘权,探索个人信息有偿使用机制。[1] 在获取信息之前,必须征得用户的明示同意。在利用用户信息进行个性化的广告投放之前,应征得用户的授权。只有通过健全个人隐私保护制度,才能反向促进技术保障措施的施行。

（三）智能网联汽车伦理算法的监管制度

智能网联汽车伦理算法的设定影响着交通事故损害的大小,做好对伦理算法的规制能够在源头上减少事故受害人的损害。因此,在智能网联汽车伦理算法的设定上应当有明确的法律规定。智能网联汽车交通事故中也可能存在类似"电车难题"的决策困境:如果自动驾驶系统可以通过损伤更少的人去保障更多的人免受伤害,那么,它将如何决策。虽然自动驾驶系统如何决策将影响事故具体损害的大小,但是人的生命不能用数量来衡量,从本质上讲这涉及伦理和道德。自动驾驶系统在事故中的决策依赖于伦理算法的编写,因此,对伦理算法的监管十分必要。

首先,应当解决智能网联汽车伦理算法由谁决定的问题。符合全体社会成员最大利益的属于强制的伦理设定,符合个性化选择的属于个人的伦理设定。在具体情形下,虽然个人和集体可能存在利益上的冲突,但是将集体强制设定和个人设定进行比较可以得出,集体设定下事故受害人的死亡率更小。[2]

---

[1]　郑志峰:《人工智能时代的隐私保护》,《法律科学》2019 年第 2 期,第 51—60 页。
[2]　孙保学:《自动驾驶汽车事故的道德算法由谁来决定》,《伦理学研究》2018 年第 2 期,第 97—101 页。

强制的伦理设定更能符合最小总体损害的原则。如果法律并未对自动驾驶系统的伦理算法进行监管，根据法无禁止即可为的原则，生产者设定的自动驾驶系统伦理算法极有可能与我们的整个社会伦理道德相悖，产生不利的社会影响。强制的伦理设定是社会集体成员的共同决策，自动驾驶系统的生产者并不能擅自决定，所以应当依据强制的伦理设定对自动驾驶系统的伦理算法作出法律规定。

其次，应当考虑如何进行自动驾驶系统伦理算法的规制。既然智能网联汽车的伦理算法应当由集体设定，则应当通过立法的方式对伦理算法作出强制性的规定，定期对智能网联汽车的伦理算法进行动态评估，防止出现危害社会公共利益的事故。当生产者违背伦理道德设定自动驾驶系统的算法时，应当对其承担的法律责任作出具体规定。此外，在自动驾驶系统的伦理算法符合社会整体道德伦理的基础上，可以规定在特殊情形下允许使用者作出更加利他的选择。例如，自动驾驶系统的驾驶人希望在交通事故发生时通过牺牲自己而拯救他人，可以允许其事先进行设定，满足驾驶人更为无私的个性化设定，而不应当一味地禁止自动驾驶系统伦理道德算法的更改。

四、构建综合性损害救济机制

在智能网联汽车交通事故的损害赔偿救济方面，需要完善综合性的损害救济机制，以在保障社会安全、受害人权益的同时，不对技术进步、产业发展产生抑制效应。

（一）智能网联汽车交通事故保险制度

当强人工智能时代到来，严格责任在解决智能网联汽车交通事故赔偿问题的同时也出现了一个问题，即赔偿款额的增多会降低生产者的积极性，同时也会降低消费者的购买积极性，从而影响智能网联汽车产业的发展，此时保险制度则体现出了损害分担的优势。智能网联汽车交通事故保险若只由机动车所有人或管理人投保，则会使所有人承担过多的义务，毕竟智能网联汽车的运行在多数情况下是由自动驾驶系统操作，交通事故多由自动驾驶系统故障导致。原有的保险制度已经不能与智能网联汽车交通事故相互匹配，需要重新设计机动车保险制度。自动驾驶保险将体现为独特的三层结构，[①]在投保交强

---

① 韩旭至：《自动驾驶事故的侵权责任构造——兼论自动驾驶的三层保险结构》，《上海大学学报（社会科学版）》2019年第2期，第90—103页。

险的基础上,可以附以生产者产品责任险和其他商业险。

在智能网联汽车交通事故中,交强险仍然应由机动车所有人或管理人购买,智能网联汽车的所有人不能以无法掌控自动驾驶系统的驾驶行为而拒绝承担投保义务。在交强险的范围内,机动车的所有人或管理人按照现有法律规定为机动车投保即可,但是交强险制度的分项限额制无法有效应对智能网联汽车带来的挑战。该分项限额属于对事故的分项限额,是针对每一起事故设定的赔偿限额,虽然智能网联汽车交通事故发生率远远低于普通机动车,但是一旦发生交通事故,其破坏力将大于普通机动车,可能存在多个受害人。以事故数量作为赔偿限额标准仅仅保障了受害人整体能够得到保险赔付款的补偿,但是平均分到每一位事故受害人时,将不能完全填补其所受损害。所以,赔偿限额的标准应当变更为受害人分项限额,以便受害人能够得到充分的救济。在受害人分项限额下,每位受害人均可以得到与事故分项限额同等的赔偿款。由于智能网联汽车交通事故发生率低于普通机动车交通事故发生率,即使在受害人分项限额下,保险公司在每次事故中支付的赔偿金额可能会增多,但对智能网联汽车事故的保险赔偿总额会降低,因此保险公司不会受到损害。

自动驾驶系统作为智能网联汽车的组成部分,其造成的损害应由产品生产者,即智能网联汽车的生产者承担。自动驾驶技术虽然是为了方便人们的出行而应用到道路交通环境中,但是其危险性却易造成更大的伤害。因此,应当设立产品责任险,强制生产者对自动驾驶系统造成的交通事故进行投保。生产者应对自动驾驶系统造成的交通事故负有责任但其可以通过提高产品价格或保险机制转嫁损害,在损害分担的方面有着更加有利的条件。由生产者投保智能网联汽车的产品责任险,发生交通事故时,先由保险公司在交强险的限额内对受害人进行赔付,剩余部分则由产品责任险的金额进行赔付。产品责任险既可促进生产者对新技术的研发,不会因为背负巨额交通事故赔偿款而阻碍产品的创新,也有利于产业的发展。如果交通事故是驾驶人、网络入侵者或其他人的侵权行为造成的,与自动驾驶系统的智能性无关,则不应以生产者投保的产品责任险对受害者进行赔付。只要交通事故是在自动驾驶模式下发生的,在不存在第三人侵权的情况下,无论自动驾驶系统的缺陷是否可预见,超出交强险责任限额的部分可由产品责任险进行赔付。

智能网联汽车存在多种等级,等级越高,失去人类掌控的风险就越高,保险公司可以依据不同的风险级别设计相应的商业保险产品,例如,"自动驾驶系统安全险""车载信息安全险"等,以满足市场需求。商业险的最大优势就是可以根据具体用户的不同投保需求进行设计,既发挥了分散损害的作用,又能满足投保主体的个性化需求。商业险为投保人在强制责任保险之外增加了一层保护,起到了强制责任保险不能发挥的作用。

（二）智能网联汽车专项赔偿基金

由于保险制度无法完全涵盖所有可能出现的智能网联汽车交通事故情形,因此可以设立智能网联汽车专项赔偿基金,充分发挥救济受害人的社会保障功能。在智能网联汽车交通事故中,社会保障制度是必不可少的。智能网联汽车专项赔偿基金具有社会公益性,在基金的来源上可以包括：政府补贴、基金的孳息、智能网联汽车生产者的缴费和车主的缴费。专项赔偿基金与保险的设立初衷是不同的,基金的功能是发挥保障作用,而保险的功能是分担风险。专项赔偿基金不以保险合同的存在为前提,在尚未查明具体投保人的交通事故中,专项赔偿基金能够先行垫付,显示出在赔付速度上的优越性。在智能网联汽车交通事故中,事故的调查难度增强,往往不能快速确定交通事故责任人。在这种情况下,可以在查明责任主体前启用专项赔偿基金,迅速对受害人的医疗费等损害进行赔付。智能网联汽车专项赔偿基金还可以与无过错赔付机制一同构成救济受害人的基础性保障。[①] 总之,智能网联汽车专项赔偿基金具有兜底性,在其他救济方式都不能充分救济事故受害人时,专项赔偿基金具有损害赔偿和维护社会稳定的作用。

第七节　结　　语

目前,虽然智能网联汽车尚未普及,但是智能汽车产业蓬勃发展的趋势已经非常明显。本章从智能网联汽车事故受害人请求权的角度,基于现行法的规定,提出一些解释论和立法论层面的建议。

[①] 袁曾：《无人驾驶汽车侵权责任的链式分配机制——以算法应用为切入点》，《东方法学》2019 年第 5 期，第 28—39 页。

在弱智能阶段,在一般情形下,交通事故受害人可请求智能网联汽车保有人承担机动车道路交通事故侵权责任,在自动驾驶系统缺陷造成损害时,受害人可请求智能网联汽车生产者承担产品侵权责任,在发生意外交通事故时,智能网联汽车保有人应分担损失。在自动驾驶系统缺陷引起的智能网联汽车交通事故中,生产者的产品缺陷免责条款需要重新解读,应当将道路测试阶段视为智能网联汽车已经投入流通,将发展风险抗辩中的"科学技术水平"解释为脱离生产者控制时世界范围内的最高科学技术水平。

在强智能阶段,智能网联汽车生产者对产品缺陷享有的发展风险抗辩,可能会使受害人的产品侵权责任请求权不能实现。如果智能网联汽车发生意外交通事故,那么因其极具危险性,在符合现行法上的高度危险侵权责任构成要件时,受害人可请求智能网联汽车保有人承担高度危险责任。

未来应当制定专门的智能网联汽车安全法,完善责任保险、技术监管、伦理算法监管、基金等制度。法律应具有适度的前瞻性,在现行法律的框架内寻求解决方案遇到困境时,应及时顺应科技发展趋势,完善应对科技风险的法律机制,为社会安全、权益保护、技术进步、产业发展提供方向指引。

主要参考文献

一、著作

1. 奥特弗利德·赫费.作为现代化之代价的道德——应用伦理学前沿问题研究[M].邓安庆,朱更生,译.上海:上海译文出版社,2005.

2. 库尔特·拜尔茨.基因伦理学——人的繁殖技术化带来的问题[M].马怀琪,译.北京:华夏出版社,2000.

3. 罗纳德·德沃金.至上的美德——平等的理论与实践[M].冯克利,译.南京:江苏人民出版社,2003.

4. 美国国家科学院,美国国家医学院.人类基因组编辑——科学、伦理和监管[M].马慧,王海英,郝荣章,宋宏彬,译.北京:科学出版社,2019.

5. 罗伯特·艾丁格.永生的期盼——未来人体冷冻设想[M].美国留学与翻译公司,译.北京:北京科学技术出版社,2015.

6. 许志伟.生命伦理——对当代生命科技的道德评估[M].北京:中国社会科学出版社,2006.

7. 路德维希·冯·贝塔朗菲.生命问题——现代生物学思想评价[M].吴小江,译.北京:商务印书馆,1999.

8. 中山研一.器官移植与脑死亡——日本法的特色与背景[M].丁相顺,译.北京:中国方正出版社,2003.

9. 迈克尔·桑德尔.公正——该如何做是好[M].朱慧玲,译.北京:中信出版社,2012.

10. 劳伦斯·莱斯格.代码2.0:网络空间中的法律[M].李旭,沈伟伟,译.北京:清华大学出版社,2018.

11. 查理斯·莫里斯.指号、语言和行为[M].罗兰,周易,译.上海:上海人民出版社,1989.

12. 伯纳德·利奥托德,马克·哈蒙德.大数据与商业模式变革——从信息到知识,再到利润[M].郑晓舟,胡睿,胡云超,译.北京:电子工业出版社,2015.

13. E.博登海默.法理学:法律哲学与法律方法[M].邓正来,译.北京:中国政法大学出版社,1999.

14. 乌戈·帕加罗.谁为机器人的行为负责?[M].张卉林,王黎黎,译.上海:上海人民出版社,2018.

15. 约翰·弗兰克·韦弗.机器人是人吗?[M].刘海安,徐铁英,译.上海:上海人民出版社,2018.

16. 凯斯·R.孙斯坦.风险与理性——安全、法律及环境[M].师帅,译.北京:中国政法大学出版社,2005.

17. I.伯纳德·科恩.科学中的革命[M].鲁旭东,赵培杰,译.北京:商务印书馆,2017.

18. 迪特尔·梅迪库斯.德国民法总论[M].邵建东,译.北京:法律出版社,2013.

19. 爱伦·M.芭波里克.侵权法重述纲要[M].徐传玺,石宏,董春华等,译.北京:法律出版社,2016.

20. 瑞恩·卡洛,迈克尔·弗鲁姆金,伊恩·克尔.人工智能与法律的对话[M].陈吉栋等,译.上海:上海人民出版社,2018.

21. 格瑞尔德·J.波斯特马.哲学与侵权行为法[M].陈敏,云建芳,译.北京:北京大学出版社,2005.

22. 威廉·M.兰德斯,理查德·A.波斯纳.侵权法的经济结构[M].王强,杨媛,译.北京:北京大学出版社,2005.

23. 维克托·迈尔·舍恩伯格.大数据时代——生活、工作与思维的大变革[M].杭州:浙江人民出版社,2018.

24. 乌尔里希·贝克.风险社会[M].何博闻,译.南京:译林出版社,2004.

25. 王泽鉴.民法总则[M].北京:中国政法大学出版社,2001.

26. 王泽鉴.民法概要[M].北京:北京大学出版社,2011.

27. 王泽鉴.民法学说与判例研究(第一册)[M].北京:中国政法大学出版社,1998.

28. 王泽鉴.民法学说与判例研究(第五册)[M].北京：中国政法大学出版社,2005.

29. 王泽鉴.人格权法[M].北京：北京大学出版社,2013.

30. 张文显.法哲学范畴研究[M].北京：中国政法大学出版社,2001.

31. 梁慧星.民法总论[M].北京：法律出版社,2017.

32. 颜厥安.鼠肝与虫臂的管制：法理学与生命伦理论文集[M].台北：元照出版公司,2004.

33. 罗胜华.基因隐私权的法律保护[M].北京：科学出版社,2010.

34. 刘士国.中国民法典制定问题研究——兼及民法典的社会基础及实施保证[M].济南：山东人民出版社,2003.

35. 冉克平.产品责任理论与判例研究[M].北京：北京大学出版社,2014.

36. 王康.基因权的私法规范[M].北京：中国法制出版社,2014.

37. 满洪杰.人体试验法律问题研究[M].北京：中国法制出版社,2013.

38. 朱勇,崔玉明.新医疗处遇的法律问题与研究[M].北京：中国经济出版社,2005.

39. 徐宗良,刘学礼,瞿晓敏.生命伦理学[M].上海：上海人民出版社,2002.

40. 程新宇.生命伦理学前沿问题研究[M].武汉：华中科技大学出版社,2012.

41. 冷传莉.论民法中的人格物[M].北京：法律出版社,2011.

42. 邴立军.器官移植民法基本问题研究——以捐献者自己决定权为视角[M].北京：法律出版社,2012.

43. 徐宗良,刘学礼,翟晓敏.生命伦理学[M].上海：上海人民出版社,2002.

44. 孙也龙.医事法专题研究系列丛书——预先医疗指示法律问题研究[M].北京：中国法制出版社,2019.

45. 曾淑瑜.医疗·法律·伦理[M].台北：元照出版公司,2007.

46. 刘长秋.生命科技法比较研究——以器官移植与人工生殖法为视角[M].北京：法律出版社,2012.

47. 何悦,刘云龙,陈琳.人体器官移植法律问题研究[M].北京：法律出版社,2016.

48. 宋儒亮.脑死亡与器官移植：关联、争议与立法[M].北京：法律出版社,2008.

49. 刘长秋.器官移植法研究[M].北京：法律出版社,2005.

50. 王韶婧.医事法专题研究系列丛书——器官移植当事人相关权利保护研究[M].北京：中国法制出版社,2019.

51. 蔡昱.器官移植立法研究[M].北京：法律出版社,2013.

52. 刘士国.医事法前沿问题研究[M].北京：中国法制出版社,2011.

53. 韩跃红,等.护卫生命的尊严——现代生物技术中的伦理问题研究[M].北京：人民出版社,2005.

54. 邱仁宗,翟晓梅.生命伦理学概论[M].北京：中国协和医科大学出版社,2003.

55. 申泽邦等.无人驾驶原理与实践[M].北京：机械工业出版社,2019.

56. 于敏.机动车损害赔偿责任与过失相抵——法律公平的本质及其实现过程[M].北京：法律出版社,2006.

57. 杨立新.侵权损害赔偿[M].北京：法律出版社,2010.

58. 王利明.侵权责任法研究[M].北京：中国人民大学出版社,2011.

59. 杨立新.侵权责任法[M].北京：法律出版社,2018.

60. 张新宝.侵权责任法原理[M].北京：中国人民大学出版社,2005.

61. 王卫国.过错责任原则：第三次勃兴[M].北京：中国法制出版社,2000.

62. 柴占祥,聂天心,Jan Becke.自动驾驶改变未来[M].北京：机械工业出版社,2017.

63. 徐爱国.英美侵权行为法[M].北京：法律出版社,1999.

64. 程啸.侵权行为法总论[M].北京：中国人民大学出版社,2008.

65. 于广军,杨佳泓.医疗大数据[M].上海：上海科学技术出版社,2015.

66. 郭瑜.个人数据保护法研究[M].北京：北京大学出版社,2012.

67. 齐爱民.大数据时代个人信息保护法国际比较研究[M].北京：法律出版社,2015.

68. ARUN SUNDARARAJAN. The Sharing Economy：the End of Employment and the Rise of Crowd-based Capitalism［M］. Boston：MIT，2016.

69. FRANK J. OHLHORST. Big Data Analytics：Turning Big Data into Big Money[M]. New York：John Wiley&Sons Inc，2013.

70. ANDREW MURRARY. Information Technology Law：Law and Society [M]. Oxford：Oxford University，2016.

71. FRANCIS FUKUYAMA. Our Posthuman Future：Consequences of the Biotechnology Revolution[M]. New York：Farra，Straus and Giroux，2002.

72. RICHARD DAWKINS. The Selfish Gene [M]. Oxford：Oxford University Press，2006.

73. LUKE DORMEHL. The Formula：How Algorithms Solve all Our Problems and Create More[M]. New York：Tarcher Perigee，2014.

74. PEDRO DOMINGOS. The Master Algorithm：How the Quest for the Ultimate Learning Machine will Remake Our World[M]. New York：Basic Books，2018.

二、论文

1. 松井茂记.论自己决定权[J].莫纪宏,译.外国法译评,1996(3).

2. 霍斯特·艾丹米勒.机器人的崛起与人类的法律[J].李飞,敦小匣,译.法治现代化研究,2017(4).

3. 格哈特·瓦格纳.当代侵权法比较研究[J].高圣平,熊丙万,译.法学家,2010(2).

4. 王康.人类基因编辑多维风险的法律规制[J].求索,2017(11).

5. 杨怀中,温帅凯.基因编辑技术的伦理问题及其对策[J].武汉理工大学学报(社会科学版),2018(3).

6. 杨建军,李姝卉.CRISPR/Cas9 人体基因编辑技术运用的法律规制——以基因编辑婴儿事件为例[J].河北法学,2019(9).

7. 赵钦军,韩忠朝.基因编辑技术的发展前景及伦理与监管问题探讨[J].科学与社会,2016(3).

8. 王康."基因编辑婴儿"人体试验中的法律责任——基于中国现行法律框架的解释学分析[J].重庆大学学报(社会科学版),2019(5).

9. 宋晓晖.生殖系基因编辑技术干预的伦理与治理原则研究[J].中国政法大学学报,2019(4).

10. 杨春治.医学临床试验受试者权益保护的理论逻辑和现实路径[J].河北法

学,2015(3).

11. 刘召成.胎儿的准人格构成[J].法学家,2011(6).

12. 朱振.反对完美?——关于人类基因编辑的道德与法律哲学思考[J].华东政法大学学报,2018(1).

13. 王云岭."自然人"与"技术人":对基因编辑婴儿事件的伦理审视[J].昆明理工大学学报(社会科学版),2019(2).

14. 李明华.受试者及其权利辨析[J].医学与法学,2012(1).

15. 满洪杰.关于受试者知情同意权的立法建议[J].四川大学学报(哲学社会科学版),2018(3).

16. 刘仁忠,代薇.基因隐私的伦理和法律规范[J].自然辩证法研究,2004(9).

17. 吴高臣.我国人类基因编辑监管模式研究[J].山东科技大学学报(社会科学版),2019(3).

18. 杨杰.基因编辑的社会风险规制[J].科技与法律,2019(3).

19. 郑戈.迈向生命宪制——法律如何回应基因编辑技术应用中的风险[J].法商研究,2019(2).

20. 张力,刘小砚.论临床试验受试者权益保护——理论基础、现实困境与法律进路[J].重庆理工大学学报(社会科学),2015(12).

21. 张金钟.生物医药研究伦理审查的风险意识和风险管理[J].中国医学伦理学,2013(5).

22. 单巍,丛杭青.临床试验的受试者权益问题初探[J].医学与哲学(人文社会医学版),2011(1).

23. 王康.基因编辑婴儿事件受害人的请求权[J].法律科学,2020(3).

24. 王康.基因权的私法证成和价值分析[J].法律科学,2011(5).

25. 王康.基因权的私法规范:背景、原则与体系[J].法律科学,2013(6).

26. 杨雅婷,汪小莉.基因编辑临床研究风险责任之法律探析[J].科技管理研究,2018(20).

27. 姜柏生,郑逸飞.人体生物医学研究中受试者权益保护对策[J].医学与哲学,2014(2A).

28. 蔡文倩,胡晞江,熊乾,周斌.中国武汉地区新生儿α-地中海贫血基因型分析[J].中国实验血液学杂志,2018(1).

29. 璩良,李华善,姜运涵,董春升.CRISPR/Cas9 系统的分子机制及其在人类疾病基因治疗中的应用[J].遗传,2015(10).

30. 范月蕾,王慧媛,于建荣.基因编辑的伦理争议[J].科技中国,2018(6).

31. 陈轶翔.基因编辑技术何去何从[J].世界科学,2016(1).

32. 陶应时,罗成翼.人类胚胎基因编辑的伦理悖论及其化解之道[J].自然辩证法通讯,2018(2).

33. 吕耀怀,曹志.大数据时代的基因信息隐私问题及其伦理方面[J].伦理学研究,2018(2).

34. 顾加栋.医学研究受试者权利及其保护的基本问题[J].医学与哲学,2015(5A).

35. 王岳.基因科技的法律问题研究[J].法律与医学杂志,2002(2).

36. 曲彬,张映,周琪,李伟.人类胚胎基因编辑——科学与伦理[J].科学与社会,2016(3).

37. 田野,刘霞.基因编辑的良法善治:在谦抑与开放之间[J].深圳大学学报(人文社会科学版),2018(4).

38. 张业亮.美国围绕胚胎干细胞研究的道德和政治争议[J].美国研究,2013(3).

39. 曾予,赵敏.美国临床试验中受试者权利保护制度的借鉴意义[J].医学与法学,2018(2).

40. 杨立新.《民法总则》中部分民事权利能力的概念界定及理论基础[J].法学,2017(5).

41. 杨立新.医疗损害责任构成要件的具体判断[J].法学论坛,2012(4).

42. 张枫,徐晓媛.日本与我国台湾地区药品不良反应损害救济基金制度的比较及对我国的启示[J].中国药房,2017(22).

43. 刘士国.人工生殖与自然法则[J].人民司法,2014(13).

44. 刘士国.中国胚胎诉讼第一案评析及立法建议[J].当代法学,2016(2).

45. 徐国栋.体外受精胚胎的法律地位研究[J].法制与社会发展,2005(5).

46. 杨立新.论尸体的法律属性及其处置规则[J].法学家,2005(4).

47. 杨立新.人的冷冻胚胎的法律属性及其继承问题[J].人民司法,2014(13).

48. 申卫星.论遗体在民法教义学体系中的地位——兼谈民法总则相关条文的

立法建议[J].法学家,2016(6).

49. 肖亚玲,孙正怡.卵子的冷冻和复苏[J].实用妇产科杂志,2016(4).

50. 陈莉,李鸿儒,许娟娟,姚兵,孙琴.从医学伦理学角度看待非医学因素卵子冷冻[J].中国医学伦理学,2016(5).

51. 周丽颖,王树玉.胚胎冷冻技术进展[J].中国优生与遗传杂志,2009(5).

52. 杨立新,刘召成.论作为抽象人格权的自我决定权[J].学海,2010(5).

53. 刘长秋.冻卵:法律应采取怎样的立场与对策[J].探索与争鸣,2016(11).

54. 李燕,金根林.冷冻胚胎的权利归属及权利行使规则研究[J].人民司法,2014(13).

55. 王康.位格伦理视角下人类基因的法律地位——基于主体客体化的背景[J].北方论丛,2009(6).

56. 王林智,黄显官,刘祥宇.单身女性"冻卵"的伦理与法律问题分析[J].医学与法学,2015(6).

57. 杨怀中,付小雨.人体冷冻技术中的潜在风险及其伦理应对[J].南方论刊,2017(1).

58. 张宇清.单身女性冻卵的相关法律问题探析[J].医学与法学,2016(5).

59. 申卫星,王琦.论人体器官捐献与移植的立法原则[J].比较法研究,2005(4).

60. 韩大元,于文豪.论人体器官移植中的自我决定权与国家义务[J].法学评论,2011(3).

61. 霍原.器官捐献人自己决定权的多元基础[J].学术交流,2013(11).

62. 刘士国.新生人格权问题研究[J].法学论坛,2011(6).

63. 王利明.人格权法的发展与完善——以人格尊严的保护为视角[J].法律科学,2012(4).

64. 徐国栋.出生与权利——权力冲突[J].东方法学,2009(2).

65. 王康.论基因医疗信息对第三人的披露[J].法学论坛,2011(5).

66. 余能斌,涂文.论人体器官移植的现代民法理论基础[J].中国法学,2003(6).

67. 俞吾金.如何理解康德关于"人是目的"的观念?[J].哲学动态,2011(5).

68. 夏芸.患者自己决定权和医师裁量权的冲突——评"病人基于宗教信仰拒绝接受输血案"[J].南京大学法律评论,2003(1).

69. 李云波.人体器官移植的物权法解读[J].学术论坛,2008(8).

70. 俞洁.未成年人器官捐献知情同意权的法理基础与制度构建[J].沈阳工业大学学报(社会科学版),2015(1).

71. 邴立军.未成年人器官捐赠研究[J].青少年犯罪问题,2018(5).

72. 熊永明.论自己决定权在器官移植中的行使边界[J].法学杂志,2009(1).

73. 莫洪宪,李颖峰.韩国器官移植法对我国的启示[J].复旦学报(社会科学版),2010(6).

74. 杨颖,黄海,邱鸿钟.我国公民逝世后器官捐献意愿调查及影响因素研究[J].中国医院,2014(3).

75. 高向华.浅议器官移植中器官受赠人信赖利益的保护[J].中华医院管理杂志,2006(11).

76. 纪海龙.数据的私法定位与保护[J].法学研究,2018(6).

77. 刘金瑞.数据财产保护的权利进路初探[J].网络空间战略论坛,2017(12).

78. 程啸.论大数据时代的个人数据权利[J].中国社会科学,2018(3).

79. 杨翱宇.数据财产权益的私法规范路径[J].法律科学,2020(2).

80. 朱宝丽.数据产权界定:多维视角与体系构建[J].法学论坛,2019(5).

81. 王镭.电子数据财产利益的侵权法保护——以侵害数据完整性为视角[J].法律科学,2019(1).

82. 龙卫球.数据新型财产权构建及其体系研究[J].政法论丛,2017(4).

83. 郑佳宁.知情同意原则在信息采集中的适用与规则构建[J].东方法学,2020(2).

84. 韩旭至.数据确权的困境及破解之道[J].东方法学,2020(1).

85. 富平.个人信息保护:从个人控制到社会控制[J].法学研究,2018(3).

86. 丁晓东.论企业数据权益的法律保护——基于数据法律性质的分析[J].法律科学,2020(2).

87. 周程,和鸿鹏.人工智能带来的伦理与社会挑战[J].人民论坛,2018(2).

88. 张恩典.大数据时代的算法解释权:背景、逻辑与构造[J].法学论坛,2019(4).

89. 徐凤.人工智能算法黑箱的法律规制——以智能投顾为例展开[J].东方法学,2019(6).

90. 李明,李昱熙,戴廉,李小虎.医疗人工智能伦理若干问题探讨[J].医学与哲学,2019(21).

91. 任江北.从 AlphaGo 的胜利看人工智能的发展与智慧医疗应用前景[J].中国战略新兴产业,2016(28).

92. 许培海,黄匡时.我国健康医疗大数据的现状、问题及对策[J].中国数字医学,2017(5).

93. 宋凌巧,Yann Joly.重新审视"基因歧视":关于伦理、法律、社会问题的思考[J].科技与法律,2018(4).

94. 王康.基因正义论——以民法典编纂与基因歧视司法个案为背景[J].法学评论,2019(6).

95. 王康.基因平等权:应对基因歧视的私法政策[J].东方法学,2013(6).

96. 李政权.人工智能时代的法律责任理论审思——以智能机器人为切入点[J].大连理工大学学报(社会科学版),2019(5).

97. 贺栩溪.人工智能的法律主体资格研究[J].电子政务,2019(2).

98. 刘建利.医疗人工智能临床应用的法律挑战及应对[J].东方法学,2019(5).

99. 张建文.格里申法案的贡献与局限——俄罗斯首部机器人法草案述评[J].华东政法大学学报,2018(2).

100. 王利明.论高度危险责任一般条款的适用[J].中国检察官,2011(9).

101. 赵申豪.自动驾驶汽车侵权责任研究[J].江西社会科学,2018(7).

102. 郭旭芳,刘辉.生物医学领域人工智能应用的伦理问题[J].基础医学与临床,2020(2).

103. 袁曾.基于功能性视角的人工智能法律人格再审视[J].上海大学学报(社会科学版),2020(1).

104. 彭诚信.论民事主体[J].法制与社会发展,1997(3).

105. 李永军.民法上的人及其理性基础[J].法学研究,2005(5).

106. 郑戈.算法的法律与法律的算法[J].中国法律评论,2018(2).

107. 王乐子等.国外医疗信息化领域隐私数据保护现状及其启示[J].医学信息学杂志,2019(2).

108. 王天屹,刘爱萍.大数据环境下医疗数据隐私保护对策研究[J].信息技术与网络安全,2019(8).

109. 郑戈.国际竞争语境下智能化平台的治理结构[J].治理研究,2020(1).

110. 张银龙,等.用于肿瘤血管栓塞治疗的智能型 DNA 纳米机器人[J].科学通报,2019(25).

111. 袁治杰.基因技术发展背景下的不知情研究[J].政治与法律,2016(5).

112. 张新宝,解娜娜."机动车一方":道路交通事故赔偿义务人解析[J].法学家,2008(6).

113. 何炼红,王志雄.人工智能医疗影像诊断侵权损害赔偿法律问题[J].政治与法律,2020(3).

114. 黄茂荣.论危险责任及其立法[J].北方法学,2019(3).

115. 杨立新.自动驾驶机动车交通事故责任的规则设计[J].福建师范大学学报(哲学社会科学版),2019(3).

116. 张力,李倩.高度自动驾驶汽车交通侵权责任构造分析[J].浙江社会科学,2018(8).

117. 郑志峰.人工智能时代的隐私保护[J].法律科学,2019(2).

118. 孙保学.自动驾驶汽车事故的道德算法由谁来决定[J].伦理学研究,2018(2).

119. 王康.机动车交通事故共同侵权损害赔偿中的保险责任研究[J].保险研究,2010(4).

120. 王康.交通无过错事故的损害救济问题研究——兼及修订后的《道路交通安全法》第76条的立法疏漏及其弥补[J].行政与法,2010(4).

121. 杨立新.多数人侵权行为及责任理论的新发展[J].法学,2012(7).

122. 张继红,肖剑兰.智能网联汽车侵权责任问题研究[J].上海大学学报(社会科学版),2019(2).

123. 袁曾.人工智能有限法律人格审视[J].东方法学,2017(5).

124. 张建文,贾章范.《侵权责任法》视野下无人驾驶汽车的法律挑战与规则完善[J].南京邮电大学学报(社会科学版),2018(4).

125. 杨宏芹,黄淑君.智能网联汽车事故的责任认定[J].长安大学学报(社会科学版),2018(7).

126. 江朔.智能网联汽车对法律的挑战[J].中国法律评论,2018(2).

127. 杨立新.中国大陆地区道路交通事故责任立法司法的基本状况及评价[J].河南社会科学,2018(3).

128. 赵申豪.自动驾驶汽车侵权责任研究[J].江西社会科学,2018(7).

129. 冯洁语.人工智能技术与责任法的变迁——以自动驾驶技术为考察[J].比

较法研究,2019(2).

130. 谢一驰.我国智能网联汽车法律规制探析[J].北京工业大学学报(社会科学版),2018(6).

131. 司晓,曹剑锋.论人工智能的民事责任——以智能网联汽车和智能机器人为切入点[J].法律科学,2017(5).

132. 郑志峰.自动驾驶汽车的交通事故侵权责任[J].法学,2018(4).

133. 张龙.自动驾驶型道路交通事故责任主体认定研究[J].苏州大学学报(哲学社会科学版),2018(5).

134. 胡元聪.智能网联汽车对《道路交通安全法》的挑战及应对[J].上海交通大学学报(哲学社会科学版),2019(2).

135. 杨剑锋.论自动驾驶事故的法律责任归属[J].河北科技大学学报(社会科学版),2018(1).

136. 贾平,魏慧楠.无人驾驶汽车的相关法律问题及对策[J].长安大学学报(社会科学版),2018(4).

137. 吴英霞.无人驾驶汽车规范发展法律路径研究[J].科技管理研究,2019(2).

138. 杨立新.用现行民法规则解决人工智能法律调整问题的尝试[J].中州学刊,2018(7).

139. 殷秋实.智能汽车的侵权法问题与应对[J].法律科学,2018(5).

140. 任家仪.自主驾驶系统的"人类驾驶人标准"——产品责任的解释论研究[J].东北农业大学学报(社会科学版),2019(5).

141. 岳洪强.我国民法典中危险责任制度的建构[J].法商研究,2019(6).

142. 汪松明.论高度危险作业致害的赔偿责任[J].西南民族学院学报(哲学社会科学版),2001(3).

143. 袁曾.驾驶汽车侵权责任的链式分配机制——以算法应用为切入点[J].东方法学,2019(5).

144. 侯郭垒.自动驾驶汽车风险的立法规制研究[J].法学论坛,2018(5).

145. 郑戈.人工智能与法律的未来[J].探索与争鸣,2017(10).

146. 臧怿.从 ADAS 到无人驾驶:智能驾驶的法律风险与监管模式探究[J].哈尔滨学院学报,2019(1).

147. 周新军.论产品责任因果关系的证明与举证责任[J].求索,2007(7).

148. 王翔.关于产品责任抗辩事由的比较研究[J].政治与法律,2002(4).

149. 李俊,马春才.欧美发展风险抗辩制度及其启示[J].河南社会科学,2018(12).

150. 赵可.我国民法上的高度危险作业[J].江汉论坛,2010(2).

151. 杨立新.网络交易法律关系构造[J].中国社会科学,2016(2).

152. 刘士国,熊静雯.健康医疗大数据中隐私利益的群体维度[J].法学论坛,2019(3).

153. 李后卿等.中国健康医疗大数据国家战略发展研究[J].图书馆,2019(11).

154. 戴明锋,孟群.医疗健康大数据挖掘和分析面临的机遇与挑战[J].中国卫生信息管理,2017(2).

155. 梅夏英.数据的法律属性及其民法定位[J].中国社会科学,2016(9).

156. 肖冬梅,文禹衡.法经济学视野下数据保护的规则适用与选择[J].法律科学,2016(6).

157. 周汉华.探索激励相容的个人数据治理之道——中国个人信息保护法的立法方向[J].法学研究,2018(2).

158. 蒋言斌,李想.我国医疗大数据患者隐私权保护及其模式选择[J].医学与法学,2018(1).

159. 高富平.个人信息使用的合法性基础——数据上利益分析视角[J].比较法研究,2019(2).

160. 郑家宁.知情同意原则在信息采集中的适用与规则构建[J].东方法学,2020(3).

161. 杨朝晖、王心、徐香兰.医疗健康大数据分类及问题探讨[J].卫生经济研究,2019(3).

162. 舒影岚,陈艳萍,吉臻.健康医疗大数据当前研究进展[J].中国医学装备,2019(1).

163. 高富平、王苑.论个人数据保护制度的源流——域外立法的历史分析与启示[J].河南社会科学,2019(11).

164. 张世红,史森,杨晓冉.健康医疗大数据面临的挑战及策略探讨[J].中国卫生信息管理杂志,2018(12).

165. 韩亦舜.健康医疗大数据应用研究[J].中国国情国力,2019(2).

166. 程啸.论大数据时代的个人数据权利[J].中国社会科学,2018(3).

167. 牟燕,何有琴,吴敏.中国健康医疗大数据研究综述——基于期刊论文的分析[J].医学与哲学,2018(11).

168. 金小桃,王光宇,黄安鹏."全息数字人"——健康医疗大数据应用的新模式[J].大数据,2019(1).

169. 王丽莎.互联网医疗大数据的法律与伦理规制研究[J].中国医学伦理学,2017(12).

170. 肖冬梅,文禹衡.法经济学视野下数据保护的规则适用与选择[J].法律科学,2016(6).

171. 龙卫球.数据新型财产权构建及其体系研究[J].政法论坛,2017(4).

172. 邓明攀,刘春林.健康医疗大数据应用中的权利保护和行为规制[J].医学与法学,2019(4).

173. 林世明.健康医疗大数据试点工作概览及问题对策研究刍议[J].大数据时代,2019(3).

174. 罗娇.大数据环境下个人信息保护法律问题研究[J].图书馆,2018(5).

175. 张建文.隐私权的现代性转向与对公权力介入的依赖[J].社会科学家,2013(6).

176. 梅夏英.数据的法律属性及其民法定位[J].中国社会科学,2016(9).

177. 齐爱民,盘佳.数据权、数据主权的确立与大数据保护的基本原则[J].苏州大学学报(哲学社会科学版),2015,36(1).

178. JONATHAN PUGH. Autonomy, Natality and Freedom：A Liberal Re-Examination of Habermas in the Enhancement Debate[J]. Bioethics, 2015(29).

179. NIU Y，SHEN B，CUI Y，et al. Generation of Gene-Modified Cynomolgus Monkey Via Cas9/RNA-Mediated Gene Targeting in One-Cell Embryos[J]. Cell，2014(156).

180. LIANG P，XU Y，ZHANG X，et al. CRISPR/Cas9 - Mediated Gene Editing in Human Tripronuclear Zygotes[J]. Protein & Cell，2015(6).

181. JIN LINDA X，et al. Robotic Surgery Claims on United States Hospital Websites[J]. Journal for Healthcare Quality，2011，33(6).

182. JACK M. BALKIN. 2016 Sidley Austin Distinguished Lecture on Big

Data Law and Policy: The Three Laws of Robotics in the Age of Big Data[J]. Journal of Ohio State Law, 2017, 78(592).

183. KAORI ISHII. Comparative Legal Study on Privacy and Personal Data Protection for Robots Equipped with Artificial Intelligence: Looking at Functional and Technological Aspects[J]. Ai & Society, 2017, 34(3).

184. ELAINE SEDENBERG, et al. Designing Commercial Therapeutic Robots for Privacy Preserving Systems and Ethical Research Practices within the Home[J]. International Journal of Social Robotics, 2016, 8(4).

185. JACK M. BALKIN. The Path of Robotics Law[J]. California Law Review Circuit, 2015, 6(536).

186. WENDELL WALLACH. From Robots to Techno Sapiens: Ethics, Law and Public Policy in the Development of Robotics and Neurotechnologies [J]. Law, Innovation and Technology, 2011, 3(2).

187. UGO PAGALLO. Designing Data Protection Safeguards Ethically[J]. Information, 2011, 2(2).

188. VIMLA L. PATEL, et al. The Coming of Age of Artificial Intelligence in Medicine[J]. Artificial Intelligence in Medicine, 2008, 46(1).

189. GLESS, SILBEMANE, WEIGENDT. If Robots Cause Harm, Who is to Blame? Self-Driving Cars and Criminal Liability[J]. New Criminal Law Review, 2016, 19(3).

190. HEVELKE A, NIDA-RüMELIN J. Responsibility for Crashes of Autonomous Vehicles: An Ethical Analysis[J]. Science and Engineering Ethics, 2015, 21(3).

191. GUIDO CALABRESI. Some Thoughts on Risk Distribution and the Law of Torts[J]. Yale Law Journal, 1961, 70(4).

192. SUSANNE BECK. The Problem of Ascribing Legal Responsibility in the Case of Robotics[J]. AI & SOCIETY, 2016(31).

193. KYLE COLONNA. Autonomous Cars and Tort Liability[J]. Journal of Law, Technology and the Internet, 2012, 4(1).

194. ANDREAS BURKERT. The First Car with a Brain[J]. Atzelektronik Worldwide，2017(12).

195. IAN Y. NOY，DAVID SHINAR，WILLIAM J. HORREY. Automated Driving：Safety Blind Spots[J]. Safety Science，2018(102).

196. BARBARA J. EVANS. Power to the People：Data Citizens Iii the Age of Precision Medicine[J]. Vanderbilt Journal of Entertainment and Technology Law. 2017，19(2).

197. NISSENBAUM HELEN. Privacy as Contextual Integrity[J]. Washington Law Review. 2004，79(1).

三、报纸

1. 陈丹."修改人类胚胎基因"论文,发还是不发？[N].中国青年报,2015 - 04 - 30(2).

2. 聂翠蓉.美国首批基因编辑人类胚胎"浮出水面"[N].科技日报,2017 - 07 - 28(2).

3. 黄修眉.全球首个基因编辑上市公司将诞生[N].每日经济新闻,2016 - 01 - 19(14).

4. 晓露.英国人兽杂交胚胎实验并非"秘密进行"[N].青年参考,2011 - 08 - 03(21).

5. 唐凤.美最高法院支持政府资助人体胚胎干细胞研究[N].中国科学报, 2013 - 01 - 10(2).

6. 赵熙熙.基因编辑峰会支持人类胚胎研究[N].中国科学报,2015 - 12 - 07(2).

7. 王攀,肖思思,周颖.聚焦"基因编辑婴儿"案件[N].人民日报,2019 - 12 - 31(11).

8. 陈雪宁."基因编辑婴儿事件"背后的人[N].民主与法制时报,2018 - 12 - 27(6).

9. 严慧芳.单身女性能不能冻卵生娃？[N].南方日报,2015 - 08 - 11(B02).

10. 李贤华,贺付琴.域外辅助生殖技术法律制度速览[N].人民法院报,2018 - 12 - 14(8).

11. 蒋永连,陆丹.人体冷冻技术与法律的碰撞[N].江苏法制报,2016 - 02 -

19(1).

12. 杨娜.冷冻卵子跨时空留住"孕动力"保险吗？[N].中国妇女报,2015 - 04 - 27(B01).

13. 吴靖.去世夫妻遗留胚胎父母寻求代孕产子[N].新京报,2018 - 04 - 10 (A12).

14. 张盖伦.死亡"暂停"：液氮罐里的阴阳穿越——中国首例本土人体冷冻的 故事[N].科技日报,2017 - 08 - 14(1).

15. 李锐.居住在人体内的机器人[N].中国妇女报,2019 - 11 - 12(7).

四、网络资料

1. 腾讯研究院.2019 腾讯区块链白皮书：产业区块链的破局之路[EB/OL]. [2020 - 04 - 03].https://tisi.org/11408.

2. 阿里巴巴达摩院.2020 年十大科技趋势[EB/OL].[2020 - 04 - 03]. https://alibabadamo.oss-cn-beijing.aliyuncs.com.

3. 何渊.为何 CCPA 比 GDPR 更适合供中国正在进行中的数据立法借鉴 [EB/OL].[2020 - 04 - 03]. https://mp. weixin. qq. com/s/O-Usyl0c_ U08YuxZ3MEe8w.

4. 桂强.英国首例机器人心瓣手术：机器暴走　病人不治身亡[EB/OL].[2020 - 04 - 03]. http://news. sina. com. cn/o/2018 - 11 - 08/doc-ihnprhzw5508598. shtml.

5. 张蕾.单身女性冻卵法律说不　我国冻卵仅限不孕夫妇[EB/OL].[2019 - 06 - 08].http://jiankang.cntv.cn/2015/07/22/ARTI15681470.shtml.

6. 邹杨."冻卵生子"有严格适应证　普通人不宜尝试[EB/OL].[2019 - 06 - 08].http://jiankang.cntv.cn/2014/04/24/ARTI1398304574964471.shtml.

7. 冉冉.丈夫单方废弃冷冻胚胎　法院判决赔偿妻子三万元[EB/OL].[2019 - 06 - 08].http://www.chinanews.com/sh/2018/02 - 26/8454946.shtml.

8. 国家卫生健康委员会.173 所器官移植医疗机构名单,人体器官移植医师培 训基地备案名单[EB/OL].[2020 - 07 - 26]. http://www.nhc. gov. cn/ wjw/qgyzjg/list.shtml.

9. 中华骨髓库.中华骨髓库备案采集、移植医院[EB/OL].[2020 - 07 - 26].

http://www.cmdp.org.cn/show/1023156.html.

10. 张田勘.骨髓捐献风波兄弟相煎如何避免[EB/OL].[2019 - 04 - 20].
http://news.ifeng.com/opinion/200901/0104_23_951143.shtml.

11. 刘光博.女孩欲捐肝救母因不满 18 岁遭拒　呼盼获法外开恩[EB/OL].
[2019 - 04 - 20].http://news.sina.com.cn/o/2017 - 04 - 11/doc-ifyeayzu7544831.
shtml.

12. 张巍,杨锐.大爱永留人间——宝贝走了！延续了 3 个伙伴的生命
[EB/OL].[2019 - 04 - 30]. http://www. organdonation. org. cn/show.
aspx?id=6542&cid=427.

13. HFEA Approves Licence Application to Use Gene Editing in Research
[EB/OL].[2020 - 03 - 19].http://www.hfea.gov.uk/10187.html.

14. KELLY SERVICK.Scientists Reveal Proposal to Build Human Genome
from Scratch[EB/OL]. [2020 - 03 - 19]. http://www. sciencemag. org/
news/2016/06/scientists-reveal-proposal-build-human-genome-scratch.

15. FRANCIS S. COLLINS. Statement on NIH Funding of Research Using
Gene-Editing Technologies In Human Embryos[EB/OL].[2020 - 03 -
19]. http://www. nih. gov/about-nih/who-we-are/nih-director/statements/
statement-nih-funding-research-using-gene-editing-technologies-human-
embryos.

16. National Academy of Sciences and National Academy of Medicine.
Human Genome Editing：Science，Ethics and Governance[EB/OL].
[2020 - 03 - 19]. http://nationalacademies. org/gene-editing/consensus-
study/index.htm.

17. National Academy of Sciences and National Academy of Medicine. On
Human Gene Editing：International Summit Statement[EB/OL].[2020 -
03 - 19]. http://www8. nationalacademies. org/onpinews/newsitem. aspx?
RecordID=12032015a.

18. DAVID CYRANOSKI. Chinese Scientists to Pioneer First Human
CRISPR Trial[EB/OL].[2020 - 03 - 19].http://www. nature. com/news/
chinese-scientists-to-pioneer-first-human-crispr-trial - 1.20302.

19. MARILYNN MARCHIONE. Chinese Researcher Claims First Gene-Edited Babies［EB/OL］.［2020 - 03 - 19］. https：//apnews. com/4997bb7aa36c45449b488e19ac83e86d?from＝groupmessage&isappinstalled＝0.

20. STEPHEN BRIDGE. The Legal Status of Cryonics Patients［EB/OL］.［2020 - 03 - 19］.https：//www.alcor.org/Library/html/legalstatus.html.

索　引